Social Change AND Welfare

사회변동과 복지

강정희

Preface

머리말

코로나 19로 인해 우리의 삶은 예전과는 다른 변화를 맞이하였다. 급격한 사회변동 과정에서 우리는 길을 잃었지만, 새로운 길을 찾아 한 발 한 발 앞으로 나아가고 있다. 현재 우리는 역동하는 상황 속에서 이전과는 질적으로 다른 사회변동을 경험하고 있고 우리를 변화시킨다.

사회복지를 전공하는 우리는 사회변동에 더 많은 관심을 가져야 한다. 사회변동은 우리의 삶과 매우 밀접하게 연관되어 있기 때문이다. 사회변동으로 사회문제가 발생하고 그 사회문제를 체계적으로 분석하고 대응하기 위해서이다. 동아대학교 사회복지학과에 입학하는 학생은 필수과목으로 '사회변동과 복지'를 수강한다. 사회변동을 다루고 있는 교재가 거의 없어 수업자료를 만들면서 학생들과 수업하였다. 강의하면서 학생들에게 괜찮은 교재가 있었으면 좋겠다고 생각했다.

학생들이 변화하는 사회를 잘 이해할 수 있도록 현재 우리가 직면하고 있는 사회변동 중에서 관심을 가져야 할 대표적인 영역을 선택하여 집중적으로 들여다보고자 하였다. 빈곤, 비정규직, 가족 변화, 저출산과 고령화, 여성의 일·가정 양립, 노후 빈곤, 인권, 치매, 건강과 보건의료, 세계화, 환경의 주제를 다루고 있다. 우리가 경험하고 있는 사회변동은 어느 것이건 그것만 사회적 맥락에서 따로 떼어내서는 제대로 이해하기 어렵다. 특정 영역에 초점을 맞춘다고 하더라도 문제의 분석과 대안의 모색은 전체를 아우르는 통합적 관점이 필요하다. 이 책을 통해 더 나은 삶을 고민하는 통합적 관점의 길을 찾는 시작이길 조심스럽게 기대해본다.

이 책에서는 사회변동을 잘 드러내기 위해 기사를 최대한 많이 활용하고 가능하면 쉽게 기술하려고 노력하였다. 학생들의 이해를 돕기 위해 생소하고 어려운 용어는 각주로 설명하였다. '생각해보기'에서는 학생들의 생각을 직접 써볼 수 있도록 칸을 만들어 학생들의 생각 근육을 키우고자 하였다. 토론을 통해 사회변동의 다양한 영역에 관심을 가지고 폭넓게 이해할 수 있기를 희망한다.

처음 기대했던 것처럼 괜찮은 책이 될 수 있도록 부족한 부분들은 채우고 오류가 있으면 수정해 가도록 하겠다. 그동안 '사회변동과 복지'를 함께해준 학생들과 앞으로 함께할 학생들에게 고마움을 전한다. 이 책을 쓰면서 참고하고 인용한 많은 저자와 출판작업에 흔쾌히 승낙해주신 (주)피와이메이트 직원들에게 감사드린다.

2023년 1월

강정희

Contenst

차례

Chapter 01 사회변동

1. 사회변동의 개념[1]

사회변동은 그 의미가 직관적으로 명확하지 않으며, 모든 학자가 같은 의미로 이해하는 것도 아니다. 같은 사항을 두고도 어떤 사람들은 사회변동이라고 하고 어떤 사람들은 사회변동이 아니라고 하기도 한다.

예를 들어, 디트로이트에서의 조사연구에 의하면, '여성이 차지해서는 안 된다고 생각하는 몇몇 종류의 직업이 있다'라는 데 동의한 사람은 1956년에서 1971년 사이에 전체 남성의 65%에서 48%로 줄어들었다. 즉, 1971년에 이르면 모든 종류의 직업에서 여성이 일하는 것에 대해 디트로이트의 남성들이 갖는 부정적 태도가 상당히 감소하였음을 알 수 있다. 이것을 변동이라고 할 수 있을까? 어떤 사람들은 그렇다고 대답할 것이지만, 어떤 사람들은 직업시장에서 남성의 태도가 여성의 실질적인 보수에는 반영되지 않았기 때문에 실제적으로는 아무것도 변동하지 않았다고 주장할 수도 있다.

어떤 사람들은 제도 자체가 변동하기 이전에는 변동이란 존재하지 않거나, 설

---

1) 출처: R. H. 라우어, 1989, 사회변동의 이론과 전망

●● 표 1 사회변동에서의 분석의 수준들

분석수준	대표적인 연구영역들	대표적인 연구단위들
전 세계적 수준	국제조직, 국제적 불평등	GNP, 무역에 관한 자료들, 정치적 동맹
문명	문명들의 순환적 생존 과정, 다른 유형의 변동들 (진화적 혹은 변증법적)	예술적·과학적 혁신들과 그 외 혁신들, 사회제도
문화	물질문화, 비물질문화	과학기술, 이데올로기, 가치
사회·공동체	계층체계, 구조, 인구학, 범죄	소득, 권력, 역할, 이주율, 살인율
제도	경제, 정치, 종교, 결혼과 가족, 교육	가족소득, 투표유형, 교회참석, 이혼율, 대학교육을 받은 사람들의 비율
조직	구조, 상호작용의 유형들, 권위구조, 생산성	역할, 각종 친목 단체들, 관리·생산비율, 노동자 일인당 산출량
상호작용	상호작용의 형태들, 커뮤니케이션	갈등이나 경쟁의 양, 상호작용에 빈번하게 참여하는 사람들과 뜸하게 참여하는 사람들의 정체성
개인	태도	다양한 문제들에 대한 신념, 열망

령 있다 하더라도 별로 의미가 없는 것으로 생각한다. 그러나 다른 사람들은 태도의 변화조차 사회생활의 유의미한 변동들을 나타낸다고 생각한다.

그렇다면 사회변동의 의미는 무엇일까? 대부분은 매우 넓은 의미로 사회변동을 정의한다. 윌버트 무어(Wilbert Moore)는 사회구조를 사회적 행위와 상호작용의 유형들로 규정하면서 변동을 '사회구조들의 유의미한 변화'로 정의하였다. 윌버트 무어(Wilbert Moore)는 그의 정의 속에 구조의 다양한 표현들, 즉 규범과 가치와 문화적 현상 등을 포함했다. 이러한 정의는 포괄적이다. 사회변동은 '사회적 과정, 유형 또는 형태의 어떤 측면에서의 변화들이나 변형들'로서 그리고 '인간관계들의 기존 유형들과 행위의 기준에서 어떤 변형들'로서 정의됐다.

사회변동은 개별적인 것에서부터 전체적인 것에 이르는 사회생활의 다양한 수준에서 발생하는 사회적 현상들의 변화를 지칭하는 포괄적인 개념이다. 다양한 수준들, 각 수준 내에서의 분석의 대표적인 몇몇 영역들, 분석의 대표적인 몇몇 단위들은 〈표 1〉에 제시되어 있다.

변동은 다양한 연구영역과 분석단위를 활용하면서 하나 혹은 그 이상의 수준에서 연구될 수 있다. 태도 변화는 제도적 변동만큼이나 정당하고 중요한 연구대상이다. 그러나 중요한 사항은 어떤 한 수준에서의 유의미한 변동들이 반드시 다른 수준들에서도 유의미한 것은 아니라는 점이다. 태도 변화는 개인 간의 관계, 조직, 제도에서의 변동을 초래하거나 반영할 수도 있고 그렇지 않을 수도 있다. 또는 한 수준에서의 변동이 다른 수준에서의 변동보다 더 완만하게 발생하는 경우에서처럼 시간 지체가 존재할 수도 있다. 사회생활의 어떠한 수준에서의 변화들도 모두 사회변동으로서 적절하게 간주할 수 있으며, 다양한 수준들에서의 변동의 방향과 속도 그리고 다른 수준들에서 발생한 변동 간의 관계에 초점을 맞추어 연구가 이루어진다. 각 수준을 구분하는 것이 특정 수준에서의 변동이 다른 수준에서의 변동과 무관하다는 것을 의미하지는 않는다.

변동은 정상적이다. 우리가 개인적 수준을 다루든 사회적 수준을 다루든 변동은 불가결한 것이다. 그리스 철학자 헤라클리토는 '모든 존재는 유전(流轉)[2]하고 끊임없이 변동·생성하며 소멸하는 과정에 있다'라고 하였다. 변동이란 사회적 삶의 본성, 나아가 '사물의 본성 바로 그 자체 속에' 내재해 있는 것이다. 우리가 현실 세계나 인간 역사, 인간 지성 그 무엇을 이야기하든, '아무것도 본래 상태대로 그 자리에 그대로 남아 있지 않으며, 오히려 모든 것이 운동하고 변동하며 생성되고 소멸한다'라는 것을 발견할 수 있다.

사회변동에서의 문제는 변동의 존재 여부의 문제라기보다는 변동의 속도이다. 왜 어떤 사회들은, 그리고 어떤 시대들은 예외적으로 빠르거나 느린 변동의 속도를 보이는가? 어떤 요인들이 어떻게 속도에 영향을 주는가? 인간의 복지를 위해 적정한 변동속도는 존재하는가? 등의 문제들을 탐구해야 한다.

변동을 억제하는 사회 심리적 요인들이 있다. 변동은 하나의 '시련', '위기', '낯설고 원치 않는 동인' 등으로 불려 왔다.[3] 스파이스(Spicer)에 따르면 세 가지 환경하에서는 변동에 저항하는 경향이 있다고 하였다. 그 세 가지 경우는 변동이 기본적인 안전에 위협이 되는 것으로 인식될 때, 변동을 이해할 수 없을 때, 그리고 변동이 그들에게 강요될 때이다. 사회변동을 급속한 것으로 인식하면 할

---

2) 유전(流轉): 여기저기 떠돌아다님.
3) 토플러(Toffler)는 아주 짧은 시간에 지나치게 많은 변동을 경험하는 데서 오는 심리적 분열을 묘사하기 위해 "미래의 충격(future shock)"이라는 용어를 사용했다.

수록, 불안 정도는 높지만, 변동들이 바람직한 것으로 정의될 때는 완화되었다는 연구결과가 있다. 개인의 성공과 같은 변동은 매우 가치 있게 여겨지는 것이며, 사랑하는 사람의 죽음과 같은 변동은 매우 바람직하지 못한 것으로 받아들여진다. 빠른 속도의 변동은 느린 속도의 변동보다 더 많은 긴장을 발생시키지만 가장 강렬한 심리적 압박은 변동이 급속하고도 바람직하지 못한 것으로 인지될 때 발생한다.

2. 사회변동의 원인

사회변동은 시간의 경과를 통하여 변화되는 것으로 하나의 요인에 의해 일어난다기보다는 복합적인 요인이 서로 얽혀서 나타난다. 사회변동이란 시간의 경과에 따라 기존의 사회질서가 다른 사회질서로 대체되고 변화되는 과정이라고 할 수 있다. 산업혁명 이전 사회인 중세까지만 해도 사회변동은 그리 심하지 않았다. 그러나 근대사회의 시작과 더불어 인간사회는 급속히 변화하기 시작하였다.4) 사회변동을 통하여 인간들의 상호작용과 집단관계를 좀 더 포괄적으로 이해할 수 있다. 사회변동은 다양한 요인에 의해 발생한다(이철우, 2017: 406).

- **물리적 환경**: 기후, 천연자원(식량), 전염병, 태풍, 지진, 쓰나미와 같은 천재지변 등이 인구구조와 사회구조를 급격히 변화시킨다.
- **인구**: 인구의 크기, 인구의 증가율, 인구밀도, 이민 등 인적자원의 많고 적음에 따라 사회변동이 초래된다.
- **문화혁신**: 지렛대의 원리나 신대륙의 발견, 증기기관과 같은 과학적 발명

---

4) 근대화(modernization)는 산업화, 서구화와 관련된 개념이다. 근대화란 산업화 이전의 전통사회인 전근대사회가 서구 선진공업사회로 변화해 가는 것을 의미하는 것으로 경제적·정치적·사회적·문화적 변동의 과정이라고 할 수 있다. 근대화는 인류역사상 가장 중요한 사회변동의 하나인데 사회생활의 모든 영역에서 여러 가지로 큰 영향을 미쳤기 때문이다(이철우, 2017: 417).

과 발견, 전파 등의 요인에 의해 사회변동이 초래된다.

- **관념:** 인간들이 지닌 신념, 가치관, 이데올로기, 종교 등도 사회변동에 중요한 요소로 작용한다. 근대화를 추진하는 과정에서 서구적 가치관의 영향, 프로테스탄트의 윤리관, 세계를 두 진영으로 분리했던 자본주의 이데올로기와 공산주의 이데올로기 등을 예로 들 수 있다.
- **기술:** 기술혁명이 산업혁명의 원동력이 되었던 것처럼 기술결정론[5]이 사회변동의 결정요인이 된다.
- **사회구조:** 사회 불평등에 의한 갈등요인과 문화의 다양성 등에 의한 요인들로 사회변동이 초래된다.

....

5) 기술결정론은 기술 발전이 사회변동의 1차적 요소라고 보면서 정치·경제·사회·문화를 주도한다는 이론이다. 사회결정론은 기술결정론과 대비되는 개념으로 사회가 기술의 변화를 결정한다는 관점으로 사회가 기술적 특성을 어떻게 받아들이는지 결정한다는 것이다.

생각해보기

1	여러분이 경험한 급하고 빠른 사회변동은 무엇인가?

_____

_____

_____

_____

2	우리가 관심을 가질 사회변동은 무엇이 있을지 탐구해보고, 새로운 사회변동으로 발생할 문제점에 대해서도 함께 토론해보자.

_____

_____

_____

_____

4차 산업혁명의 주창자이자 WEF 회장인 클라우스 슈밥은 "우리는 지금까지 우리가 살아왔고 일하고 있던 삶의 방식을 근본적으로 바꿀 기술 혁명의 직전에 와 있다. 이 변화의 규모와 범위, 복잡성 등은 이전에 인류가 경험했던 것과는 전혀 다를 것이다"라고 말했다. 정보통신기술(ICT)의 융합으로 이루어낸 혁명 시대이고 18세기 초기 산업혁명 이후 네 번째로 중요한 산업 시대이다.

- 제1차 산업혁명(1760~1840년) : 철도·증기기관의 발명 이후의 기계에 의한 생산

- 제2차 산업혁명(19세기 말~20세기 초) : 전기와 생산 조립공정 등 대량 생산체계 구축

- 제3차 산업혁명: 반도체와 메인프레임컴퓨팅(1960년대), PC(1970~1980년대), 인터넷(1990

년대)의 발달을 통한 정보 기술 시대

4차 산업혁명의 핵심은 인공지능, 로봇공학, 사물 인터넷, 무인 운송 수단(무인 항공기, 무인 자동차), 3D 인쇄, 나노기술과 같은 6대 분야에서 새로운 기술 혁신이다. 인공지능 비서, 인공지능 로봇, 스마트 홈, 본인에게 맞는 인체조직제작 등

Chapter 02 ┊ 사회변동과 사회복지

1. 사회복지의 개념[1]

사회복지의 영어는 'social welfare'이다. 사회적이란 'social'은 사회 안에서의 삶의 질을 의미한다. 개인, 집단, 사회 전체 간의 사회 내적인 관계를 뜻한다. '사회적(social)'이란 의미는 인간관계를 잘한다는 사교적이라는 의미와 같으며, 물질적이거나 영리적인 요소보다는 비영리적인 속성을 가지며, 이타적 속성의 공동체적 삶의 요소를 중시하는 것이라 할 수 있다. 복지의 'welfare'는 '만족스러운', '적절한'이란 의미의 'well'과 '지내다', '살아가다'란 의미의 'fare'가 합쳐져서 '만족스럽게 지내는 상태'를 의미한다. 웹스터(Webster) 사전에서는 복지를 "건강하고 행복하며 안락한 상태"로 정의하고 있다.

사회복지의 개념은 넓은 의미의 사회복지와 좁은 의미의 사회복지로 구분하여 정의할 수 있다. 로마니쉰(Romanyshyn, 1971)은 사회복지의 개념을 넓은 의미로 정의한 대표적인 학자이다. "사회복지는 개인과 사회 전체의 복지를 증진하려는 모든 형태의 사회적 노력을 포함하며, 사회문제의 치료와 예방, 인적자원의 개발, 인간 생활의 향상에 직접적인 관련을 갖는 일체의 시책과 과정을 포함한다. 사회복지는 개인이나 가정에 대한 사회적 서비스의 제공뿐만 아니라 사회

----

1) 김상균 외, 2011, 사회복지개론, pp.27－31.

제도를 강화하거나 개선하려는 노력을 포함하는 것"으로 정의하였다.

프리들랜드와 앞테(Friedlander & Apte, 1980)는 "사회복지란 국민의 복지를 도모하고, 사회질서를 원활히 유지하는 데 반드시 필요하다고 생각되는 사회적 욕구를 충족시키기 위한 제반 시책으로서의 입법, 프로그램, 급여와 서비스를 포함하는 제도"라고 하였다.

이러한 사회복지의 개념에서 다음과 같은 속성을 알 수 있다.

첫째, 사회복지는 인간이 만들어 낸 사회제도의 하나로서 다른 사회제도와 구별될 수 있는 고유의 사회기능을 갖는다.

둘째, 사회복지는 특수 대상층의 복지뿐만 아니라 사회구성원의 복지를 추구한다.

셋째, 사회구성원의 복지는 그들의 사회적 욕구를 충족시킴으로써 증진된다.

넷째, 사회복지는 인간 생활을 향상하려는 제반 시책과 노력을 포함한다. 따라서 사회복지는 정부에 의한 시책뿐만 아니라 민간부문에 의한 노력도 포함하는 것이며, 어느 특정 전문분야의 노력뿐만 아니라 관련 전문분야와 자원봉사 영역까지도 포함할 수 있음을 의미한다.

다섯째, 사회복지는 사회질서를 유지하고 사회안정을 도모하는 수단이 된다.

사회복지를 좁은 의미로 정의하고 있는 카두신(Kadushin, 1972)은 "사회복지는 국민 중 특수 계층의 욕구를 충족시키려는 정책, 급여, 프로그램, 서비스를 의미한다"라고 하였다.

사회복지는 사회 내에서 어떻게 기능하느냐에 따라 다르게 정의될 수 있다. 윌렌스키와 르보(Wilensky & Lebeaux)는 사회복지의 기능을 잔여적인 것과 제도적인 것으로 구분한다. 잔여적 개념에 의하면 "사회복지는 사회기능의 정상적인 공급원으로서의 가족이나 시장경제가 제 기능을 원활히 수행하지 못할 때 파생되는 문제를 보완 내지는 해소하기 위한 제도로써 필요하다"라고 보는 것이다. 따라서 사회복지는 그 기능을 임시로 보충할 뿐이며, 사회복지 활동이 사회를 유지하고 발전시키는 데 필수적이라고 생각하지 않는다. 사회복지 활동은 일시적, 임시적, 보충적, 잔여적인 것으로 간주한다.

제도적 개념은 현대의 산업사회에서 가족과 시장경제 제도는 온전히 운용될 수 없다고 본다. 그러므로 사회복지는 사회를 유지하는 데 필수적인 기능을 수행할 수밖에 없다고 본다. 사회복지의 필수적인 기능이란 사회구성원 간의 상부상조2)로 이러한 기능은 다른 사회제도가 수행하는 기능과 구별되며 독립적으로 수행된다.

현대의 산업사회에서는 핵가족화가 불가피하고 가족 기능이 약화하기 때문에 아동의 양육과 노인, 장애인의 돌봄 및 그들의 사회화를 가족이 전적으로 책임지는 것은 불가능하다. 또한, 경제 제도가 생산과 분배에 따른 제 기능을 온전히 수행할 수 없어 예상치 못한 실직과 빈곤을 경험할 가능성이 크다. 이런 상황 속에서 개인과 가정의 경제적 안정을 도모하는 수단으로서 사회복지제도는 매우 중요한 기능을 할 수밖에 없다는 것이다.

전통적으로 사회복지제도는 잔여적 성격이 강했으나, 산업화의 진전과 더불어 제도적 성격이 강조되고 있다. 윌렌스키와 르보(Wilensky & Lebeaux)에 따르면 사회문제의 발생 원인에서 잔여적 개념은 개인의 책임을 강조하는 반면, 제도적 개념은 사회 구조적 책임을 강조한다. 사회복지가 잔여적 성격에서 비롯된 자선과 구호에서 벗어나 사회문제의 발생을 예방하고 경감시키는 지속적이고 독자적인 제도로 발전해 나간다고 전망한다.

윌렌스키와 르보(Wilensky & Lebeaux)의 개념에서 라이언(Ryan)은 사회복지의 이념적 토대로 예외주의와 보편주의를 설명한다. 예외주의 이념에 의하면 사회문제란 특정범주에 속해 있는 사람들에게서 예측할 수 없이 발생하는 것이다. 즉, 사회규범에 비추어 다분히 예외적이고, 개인의 결함, 사고, 불행한 상황 속에서 발생하는 것이므로 이를 해결하기 위한 수단도 자연히 개별적인 접근방법이 되어야 한다고 본다.

보편주의 이념에 의하면 사회문제는 사회체제가 불완전하고 불공평에서

---

2) 상부상조란 사회구성원들이 주요 사회제도에 의해서 자기들의 욕구를 충족할 수 없는 경우에 필요하게 되는 사회적 기능을 말한다. 과거에는 가족제도가 사람들의 사회생활에 필요한 대부분의 상부상조 기능을 수행했다. 현대 산업사회로 넘어오면서 공동체 사회 유지에 필수적인 상부상조의 사회적 기능을 사회복지제도가 수행하고 있다.

발생한다. 그것에 대한 예측이 가능하고 공공의 노력으로서 예방할 수 있다고 보며, 사회문제가 어느 계층의 사람들에게 특수하게 발생하는 것이 아니라는 것이다.

사회복지의 성격을 잔여적 혹은 예외주의적인 것으로 규정했을 때 사회복지의 관심 분야는 문제를 가진 특수집단이나 계층이 될 것이며, 제도적 혹은 보편주의적인 것으로 규정했을 때에는 국민 전체를 사회복지의 대상에 포함하게 된다.

2. 사회문제의 개념

사회문제는 인간의 행복한 삶을 위협한다. 사회문제의 발생과 정도의 변화는 우리가 사는 사회의 변화와 관련이 있다. 현대 사회가 점점 더 발전함에 따라 이전 사회보다 더 다양하고 더 복잡한 사회문제가 발생하고 있고 그 심각성이 더해지고 있다.

사회문제는 '사회적'이라는 것과 '문제'의 합성어이다(초의수 외, 2020: 16). '사회적'이란 의미는 ① 개별적이고 개인적인 것이 아니라 집합적이고 집단적이며 다수 사회구성원과 관련되어 있다는 의미이고, ② 사회적 요소, 사회구조, 사회 환경과 깊은 관계가 있다고 할 수 있으며, ③ 우연이거나 일시적이기보다는 인과적, 관계적, 지속해서 발생한다는 것을 전제하게 된다. '문제'의 의미는 긍정적이고 수용되는 현상이 아니라, 부정적이고 바람직하지 않으며 개인이나 사회에 해를 줄 수도 있으므로 극복하고 해소해야 할 대상이라는 것이다.

호튼과 레슬리(Horton & Leslie, 1995)는 사회문제에 대한 오해를 다음과 같이 설명하고 있다(김대원 외, 2010: 19-20).

① 사회문제의 보편성 때문에 많은 사람이 이를 자연적이고 불가피한 것으로 생각하는 경향이 있다. 그러나 대부분 사회문제는 자연적이고 불가피한 것이 아니라 사회질서의 산물이다.

② 사회문제는 나쁜 사람들에 의해 발생한다고 생각한다. 그러나 많은 사회

문제는 사회제도와 이의 실천에서 비롯된다.

③ 사회문제는 그 문제를 지적함으로써 생긴다고 생각한다. 그러나 사회문제는 지적하지 않아도 사회 내적으로 존재한다.

④ 모든 사람이 사회문제의 해결을 원한다고 여기지만 그렇지 않은 집단도 있을 수 있다. 예를 들면, 부동산 가격 급등 현상에 대해서는 가진 자와 못 가진 자 사이에 인식의 차이가 있게 마련이다.

⑤ 사회문제는 스스로 해결될 것이라고 믿는 경향이 있다. 많은 사회문제가 시간이 지남에 따라 해결되거나 경감되어 온 것이 사실이다. 그러나 주택, 범죄, 교통, 환경문제에서 알 수 있듯이 문제의 심각성이 가중되는 경우도 많다.

⑥ 사회제도의 변화 없이 문제를 해결할 수 있을 것으로 생각한다. 그러나 제도 모순에서 비롯된 문제가 제도의 변화 없이 해결된다는 것은 기대하기 어렵다.

여러 학자의 정의를 참고하여 최일섭과 최성재는 사회문제를 어떤 사회적 현상이, 사회적 가치(또는 규범)에서 벗어나고, 상당수의 사람이 그 현상에 의해 부정적인 영향을 받고 있으며, 그 원인이 사회적이며, 다수의 사람이나 영향력 있는 일부의 사람들이 문제로 판단하고 있고, 사회가 그 개선을 원하고 있고, 개선을 위하여 집단적 차원의 사회적 행동이 요청되는 것으로 정의하고 있다(김대원 외, 2010: 21).

사회문제의 개념을 자세히 알아보면 다음과 같다(이철우, 2017: 34-38).

• 사회적 가치나 규범에서 벗어남

사회문제는 사회구성원 대다수가 지배적인 가치나 규범에서 벗어난 것으로 판단하는 현상이다. 즉, 사회문제는 한 사회의 지배적인 가치나 규범에 어긋나는 행동이라 할 수 있다. 따라서 사회문제는 사회구성원들이 사회에 바람직하지 못한 결과를 가져오는 것으로 생각하는 문제이다.

• 상당수의 사람이 그 현상으로 인하여 부정적인 영향을 받고 있음

대다수의 사람이 사회문제로 직접 피해를 보거나, 다수의 다른 사람에게

피해를 주는 경우가 여기에 포함된다. 상당수의 사람이란 어느 일정한 수 이상이 되어야겠지만 또한 상대적인 비율도 고려해야 하므로 정확히 몇 명이라고 규정하기는 곤란하다. 그러나 전체 사회의 인구수에 따라 상대적으로 결정될 수 있다.

• 그 원인이 사회적임

사회문제는 그 원인이 사회적인 데에 있는 문제이다. 사회문제의 원인이 사회적인 데 있다는 것은 사회문제가 불완전한 사회체계에 의하여 발생함을 의미한다. 폭풍이나 홍수, 지진 등은 그 발생 원인이 사회적인 것이 아닌 자연적이기 때문에 사회문제가 아니다. 가령, 홍수는 사회문제가 아니지만, 홍수나 지진으로 인한 주택 파괴가 장기간 복구되지 못하고 인간들의 불편을 넘어서 생활의 위협으로 변질될 때는 사회문제가 된다. 어떤 사회적 현상이 사회문제가 되기 위해서는 그 원인이 지진이나 홍수, 태풍 등과 같은 자연적인 현상이 아니라, 인간관계 및 인간이 만든 사회의 조직, 구조 및 제도 등과 같은 인위적인 현상이어야 한다는 것이다. 이와 같은 조건은 어떤 현상이 사회문제인지 또는 자연재해 문제인지를 판단하는 기준이 될 수 있다.

• 다수의 사람이나 영향력 있는 일부의 사람이 문제로 판단하고 있음

어떤 현상이 사회문제가 되기 위해서는 그 사회의 구성원 전체는 아닐지라도, 다수의 사람이나 사회에 영향을 미칠 수 있는 일부의 사람이 그 현상을 사회문제라고 판단해야 한다. 영향력 있는 일부의 사람은 그 사회의 권력을 가지고 있는 사람, 경제적 · 사회적 · 정치적 문제에 더욱 강력한 영향력을 행사할 수 있는 사람, 잘 조직되어 있는 시민단체 등이 될 수 있다.

사회문제는 사회적인 관심을 불러일으킨 것으로서 시민들의 관심을 불러일으키는 데에 성공한 문제이다. 사회문제의 조건을 갖춘 것이라고 하더라도 시민들의 관심 밖에 있다면 그것은 사회문제가 아니다. 사회구성원이 객관적인 조건들과 주관적인 판단에 따라 사회의 소중한 가치에 대한 위협이라고 인식하고 관심을 가질 때 그것이 비로소 사회문제가 되는 것이다.

- 사회가 그 개선을 원하고 있음

어떤 바람직하지 못한 현상이 사회에 만연하여 많은 사람에게 피해를 주거나 부정적인 영향을 미칠 때, 다수의 사람이 이에 대해 사회적으로 어떤 조처를 해야 한다고 인정하여야 한다. 사람들이 그 문제를 해결할 수 있다고 생각하고 그것을 해결하기를 원할 때, 그 문제는 비로소 사회문제가 되는 것이다. 어떠한 사회문제도 개선의 여지가 있고, 문제의 예방과 대책이 있을 수 있다. 개선의 여지가 없는 것은 사회문제가 아니다.

- 개선을 위하여 집단적 차원의 사회적 행동이 요청됨

어떤 사회적 현상이 사회문제로 규정되기 위해서는 그 문제의 해결방안이 집단적 차원에서 이루어지는 것이 전제된다. 사회문제는 다수의 사람에게 부정적인 영향을 미치고 사회적인 요인에 의하여 야기된 것이므로, 개인적 또는 가족적 차원의 노력으로는 해결이 거의 불가능하고, 그 문제의 해결을 위해서는 집단적 차원에서의 사회적 행동이 요청된다. 대부분은 집단적 차원의 사회적 행동은 사회정책을 수립하여 해결하는 방법을 취하고 있다.

따라서 사회문제의 해결이나 그 문제에 따른 고통의 완화를 위해서는 개인적인 차원이 아닌 사회적인 차원에서의 개입, 즉 거시적·정치적·가시적인 노력이 있어야 한다. 사회문제를 해결하기 위한 국가적 개입은 사회적 비용이 발생하는데, 결국 그 사회적 비용은 대부분 국민의 세금으로 충당되기 때문에 사회문제는 그것의 직접적인 피해당사자뿐만 아니라 사회구성원 전체에게도 간접적으로 영향을 미치게 된다.

3. 사회변동, 사회문제와 사회복지정책

사회변동은 다양하고 광범위하게 진행되고 있다. 한국처럼 빠르게 성장하고 있는 나라에서는 거시적인 사회변동이 한 사람의 일생 주기 내에 나타나고 있을 정도이다. 농업사회에서 청소년기를 보내고, 성인기에 산업사회, 노년기에는 정보화 사회 혹은 지식 기반사회를 맞이할 정도로 시대는 급속히 변화하고 있다 (서용석 외, 2012: 5).

사회문제는 사회변동에서 비롯되며 사회복지정책은 사회문제에 대한 반응이다. 어떤 사회문제에 대한 반응으로서 사회복지정책이 마련되면 사회복지정책은 다시 사회변동을 유발하는 효과를 가져오기도 한다(박귀영 외, 2013: 19).

> 사회변동 → 사회문제 → 사회복지정책 → 새로운 사회변동

사회문제는 국가 전체의 정치적, 경제적 체제의 변동 때문에 야기되고, 국가의 사회 정책적 대응을 유발하는 측면을 갖지만, 다른 한편으로 국가의 정책을 매개로 발현되는 측면을 지니고 있다. 문제적 조건이 존재한다고 해서 국가의 사회정책적 대응이 자동적으로 이루어지는 것은 아니다. 대부분 사회에서, 특히 민주화의 전진이 더딘 사회의 경우, 사회문제가 국가 또는 정책결정자들의 관심을 끌고 정책 형태로 대응이 결정되기 위해서는 정책결정자들이 그 문제를 심각한 것으로 인식하거나, 또는 국민의 불만이 저항을 유발하면서 체제에 위기를 야기하는 경우 등의 조건을 만족시켜야 한다. 그리고 이러한 과정에서 만들어진 사회정책은 원래의 문제를 해결하는 것이 주목적이 아니라 국민의 불만을 무마하여 체제의 위기를 모면하는 것이 주목적이기 때문에 때때로 왜곡되거나 불충분한 형태로 나타나게 되고, 결국 새로운 사회문제가 나타나는 악순환을 보이는 경우가 일반적이다.

따라서 사회문제와 사회정책은 상호작용하는 실체로 이해할 필요가 있는 것이다. 사회정책은 사회문제에 대한 대응이면서 동시에 사회문제를 유발하는 원인으로 작용하기도 한다. 즉 어떤 문제에 대한 사회정책은 필연적으로 목적한 것 이외의 부산물을 낳기 마련이며 이러한 부산물이 곧 또 다른 사회문제로 나타나게 되는 것이다. 오늘날 대부분 사회문제의 근원은 이전의 사회정책에서 찾을 수 있다고 해도 과언이 아닐 것이다(이영환, 2001: 29-30).

생각해보기

1 현재 쟁점이 되는 사회문제는 무엇인가?

_____

_____

_____

_____

2 사회복지학과에서 사회변동에 관심을 가지고 배워야 하는 이유는 무엇인가?

_____

_____

_____

_____

복지국가(welfare state)라는 용어는 영국 템플 주교가 1941년에 간행된 「시민과 성직자」라는 팸플릿에서 독일 나치 시대의 '권력 국가(power state)'와 대비하여 사용하면서부터라고 알려져 있다. 복지국가라는 용어는 1945년 집권한 영국 노동당 정부가 베버리지 보고서를 근간으로 1948년 「요람에서 무덤까지」의 사회보장제도를 시행함으로써 일반적으로 사용되기 시작했다(박병현, 2007: 11).

베버리지 보고서(Beveridge Report)는 복지국가 발전의 시작점으로 상징성을 갖는다. 영국에서 제2차 세계대전이 한창이던 1941년 '사회보험 및 관련 사업에 관한 각 부처의 연락위원회'가 조직되었고, 위원장이었던 윌리엄 베버리지의 주도하에 1942년 12월경에 포괄적인 사회보장체계 구축에 관한 내용을 담은 보고서가 발간되었다. 이 보고서는 대중의 커다란 관심을 끌었고, 새로운 복지국가의 시대를 여는 청사진으로 받아들여졌다.

베버리지 보고서는 영국 사회의 진보를 가로막는 '5대 해악(Five Giants)'으로 궁핍·결핍·빈곤(want), 질병(disease), 무지(ignorance), 불결(squalor), 나태(idleness)를 지목했고, 이에 대항해 국가를 재건하기 위해 사회보장체계 구성을 주장했다. 사회보장제도를 성공적으로 구성하기 위한 기본 조건으로 가족수당, 포괄적인 보건 서비스, 완전고용 등을 제시했다(윤홍식 외, 2019: 74).

복지국가의 사회정책을 연구한 브리그스(Briggs, 1961)는 "복지국가는 시장기제의 작동에서 오는 문제들을 수정하기 위한 노력의 목적으로 정치와 행정을 통해 조직화한 권력을 다음과 같은 세 가지 방향에서 의도적으로 사용하는 국가를 말한다. ① 개인의 능력과 재산이 시장에서 가지는 가치와는 무관하게 모든 개인과 가족에게 최소한의 수입을 보장한다. ② 개인과 가족에게 위기를 초래하는 제반 사회적 위험(질병, 실업, 노령 등)에 대응할 수 있도록 보호를 제공하여 삶의 불안전을 감소시킨다. ③ 지위나 계급의 차이와 관계없이 모든 국민에게 일정 범위의 사회적 서비스를 가능한 한 최고의 수준으로 제공한다."라고 정의하였다(김태성·성경륭, 2016: 57).

Chapter **03** 빈곤

1. 빈곤의 개념과 측정

　　유엔의 지속가능발전목표(UN-SDGs)는 빈곤을 "선진국과 개도국 모두를 포함해 전 세계가 풀어야 하는 가장 거대한 전 지구적 과제"로 설명한다.[1] 빈곤은 어느 사회에나 존재하는 사회문제이면서 동시에 일상적 용어로 사용되고 있다. 하지만 빈곤의 개념은 시대와 사회, 개인이 가진 주요 가치에 따라 다르게 정의될 수 있어서 명확하지 않다.

---

[1] 2015년 제70차 UN 총회에서 2030년까지 달성하기로 결의한 의제인 지속가능발전목표(SDGs: Sustainable Development Goals)는 지속가능발전의 이념을 실현하기 위한 인류 공동의 17개 목표이다. '2030 지속가능발전 의제'라고도 하는 지속가능발전목표(SDGs)는 '단 한 사람도 소외되지 않는 것(Leave no one behind)'이라는 슬로건과 함께 인간, 지구, 번영, 평화, 파트너십이라는 5개 영역에서 인류가 나아가야 할 방향성을 17개 목표와 169개 세부 목표로 제시하고 있다. 빈곤은 지속적인 생계를 보장하기 위한 수입과 자원의 부족에 그치지 않는 그 이상의 결핍을 의미한다. 여기에는 기아와 영양실조, 교육 및 생활서비스에 대한 제한, 사회적 차별과 배제, 의사결정 참여의 제약 등이 포함된다(지속가능발전포털 참고).

chapter 03 빈곤　19

> ## 빈곤 현황
>
> - 전 세계 인구의 10%, 7억 명이 넘는 사람들이 하루 1.9달러 미만으로 생존하며 극심한 빈곤 속에 놓여 있다.
> - 직업을 갖는 것은 생존을 보장하지 못한다. 2018년 세계 노동인구 중 8%는 그들의 가족과 함께 극심한 가난 속에서 살고 있다.
> - 전 세계적으로 같은 연령대 남성 100명과 비교하면 25세에서 34세 사이의 여성 122명은 극도의 빈곤 속에서 살고 있다.
> - 국제 빈곤선 1.9달러 미만으로 살아가는 대부분의 사람은 남아시아와 사하라 이남 아프리카 지역에 속해 있다.
> - 높은 빈곤율은 규모가 작고, 약하며, 갈등에 시달리는 국가에서 나타난다.
> - 빈곤은 아동의 발달 불균형을 유발한다. 5명 중 1명의 아이는 극심한 가난에 처해있다.
> - 2018년 기준, 전 세계 인구의 55%가 사회보장을 전혀 받고 있지 않다.
> - 2018년에는 출산한 여성 중 41%만이 출산장려금을 받았다.

출처: UN 홈페이지 (https://www.un.org/sustainabledevelopment/poverty/)

일반적으로 빈곤은 '생존을 위해 필요한 최소한의 기본적 욕구가 충족되지 않은 상태' 혹은 '그러한 욕구를 충족하는 데 필요한 자원이 충분하지 않은 상태'로 정의된다. 빈곤의 개념 정의가 중요한 이유는 빈곤의 개념을 사회경제적·구조적 조건, 권력 관계, 문화, 개인의 행동 중 어느 쪽을 강조하느냐에 따라 그 사회의 빈곤 대응 정책이 달라지기 때문이다.

페인·루비·데폴·스미스(Payne, Ruby, DeVol, Smith)는 빈곤을 자원의 결핍이라는 차원에서 다루고 있다(진재문, 2011: 15-18). 자원(resources)은 경제적 자원, 감정적 자원, 정신적 자원, 영적 자원, 신체적 자원, 지지체계, 관계·역할 모델, 숨겨진 규칙에 대한 인지, 대응 전략 등으로 설명하고 있다. 빈곤은 단순하게 경제적 자원의 결핍만을 의미하지 않으며 경제적 자원 이외의 다양한 사회·심리적 자원의 결핍을 고려해야만 정확한 진단과 문제 해결이 가능하다.

첫째, 빈곤은 경제적 자원의 결핍으로 나타난다. 경제적 자원은 시장에서 재화나 서비스를 구매할 수 있는 화폐를 소유하는 것을 의미하는 것으로 소득,

소비, 재산 등으로 측정할 수 있다.

둘째, 빈곤은 감정적 자원의 결핍을 포함한다. 감정적 자원은 자기 파괴적 행동 없이 부정적 상황에 대한 감정적 반응을 선택하고 통제하는 것을 의미하는데 참을성, 신중한 선택 등을 통해 나타난다.

셋째, 빈곤은 정신적 자원의 결핍을 포함한다. 정신적 자원은 사람들이 일상생활을 수행하기 위한 정신적 능력 및 후천적 기술(읽기, 쓰기, 계산하기 등)의 소유를 의미한다. 정신적 자원은 다른 많은 자원으로부터의 정보에 접근할 수 있고 그만큼 빈곤한 사람들을 자립적으로 만들 수 있다.

넷째, 빈곤은 영적 자원의 결핍을 포함한다. 영적 자원은 신성한 목적과 인도(guidance)를 믿는 것을 의미한다. 누구나 자존감 없이 정상적인 생활을 할 수 없다. 영적인 힘은 빈곤자들이 자신을 희망 없고 쓸모없는 존재로 인식하는 것을 막아준다.

다섯째, 빈곤은 신체적 자원의 결핍을 포함한다. 신체적 자원은 신체적인 건강과 이동능력을 가지는 것을 의미한다. 많은 경우 육체 능력의 저하가 빈곤을 초래하기도 하고 빈곤을 지속시키며, 빈곤의 결과 신체적 건강과 능력이 저하되기도 한다.

여섯째, 빈곤은 지지체계의 결핍을 포함한다. 지지체계(support systems)는 빈곤자나 빈곤 가구가 필요할 때 접근이 가능한 친구, 가족, 후원자 등의 자원들을 가지는 것을 의미한다. 지지체계를 통해서 경제적 혹은 감정적 욕구의 충족은 물론 매우 다양한 도움을 줄 수 있다.

일곱째, 빈곤은 관계·역할 모델의 결핍을 포함한다. 관계·역할 모델은 지지체계와 연결되기도 하지만, 관계 자체의 중요성과 이를 통해 생애주기의 역할모델을 제공하는 데 좀 더 중요한 의미가 있다. 관계·역할 모델이 결핍되어 있다는 것은 적절한 어른들, 아이들을 양육할 사람들, 자기 파괴적 행동을 하지 않는 사람들을 자주 접할 기회가 배제되어 있음을 의미한다. 한 개인으로서 빈곤한 사람이 자신의 인생을 어떻게 살아가는가에 대한 학습은 다양한 관계와 역할모델을 통해 얻어질 수 있기 때문이다.

여덟째, 빈곤은 숨겨진 규칙에 대한 인지의 결핍을 포함한다. 숨겨진 규칙은 모든 계급이나 계층에 존재하며, 자신이 살아가고자 하는 계층이나 계급이 있다면 해당 계층이나 계급의 숨겨진 규칙을 익혀야 한다. 중요한 정보는 많은 경우 비언어적으로 표현된다. 어느 집단이라도 집단 내에서 말로 표현되지 않는 단서(cues)나 관행을 인지하는 것이 중요한 자원이 될 수 있다. 만일 어느 개인이 취업하고 싶은 집단이나 조직의 숨겨진 규칙을 모르고 있다면 기회가 주어지지 않거나 주어지더라도 쉽게 적응하지 못할 가능성이 커진다.

아홉째, 빈곤은 대응 전략의 결핍을 포함한다. 대응 전략은 일련의 자기 암시와 같은 테크닉, 심적 경향을 통해 쟁점을 구체적인 것에서 추상적인 것으로 이동시킬 수 있는 능력을 말한다. 빈곤한 사람들이 자신의 문제를 개인적인 것에서 사회적 쟁점(issue)으로 전이시키는 능력을 의미한다. 이것은 고도의 능력이다. 사실상 빈곤한 사람들이나 집단은 앞에서 열거한 많은 자원이 결핍되어 있어서 자신들의 문제나 욕구를 사회적인 쟁점으로 만들어갈 여력이나 능력이 결핍된 경우가 많다. 바로 이런 점 때문에 사회복지사들의 역할이 중요하며, 단순한 서비스 제공과 보호 역할을 넘어 주민들을 조직화하고 대변하는 역할이 필요하다.

일반적으로 빈곤은 절대적 빈곤, 상대적 빈곤, 주관적 빈곤으로 구분하여 정의하고 측정한다. 객관적으로 정의된 절대적 최소보다 적게 가지고 있는 것, 상대적으로 그 사회의 다른 사람들보다 적게 가지고 있는 것, 스스로가 생활을 꾸려나가기 어렵다고 느끼는 것이다(여유진 외, 2005: 63).

절대적 빈곤은 생존에 필요한 일정한 생활 수준과 기본 욕구, 최소한의 소득수준에 도달하지 못한 상태를 말한다. 즉 최소한의 생존수준에도 미치지 못하는 상태로 먹을 것과 안전한 물과 집, 신체적 건강과 같은 기본적인 욕구를 충족하지 못하는 상태로 개념화하는 것이다.

절대적 빈곤은 전물량방식과 반물량방식으로 측정된다. 전물량방식과 반물량방식에 의해 계측되는 절대적 빈곤개념에서 '일정한 생활 수준'과 '기본적인 욕구'는 그것을 규정하는 사람이 누구냐, 언제 어떤 사회에서 정의되느냐에 따라 변화할 수밖에 없다는 점에서 자의적이고 가변적인 개념이라는 비판에 직면하게 된다. 절대적 빈곤은 생존의 수준에만 관심을 두고 일반 국민의 생활 수준은 전혀 고려하지 않는다. 경제가 성장해 일반 국민의 생활 수준이 전체적으로 올라가면 일반 국민의 생활 수준과 절대적 빈곤선 간에 격차가 커진다.

전물량방식은 생활 필수품목에 대해 최저한의 수준을 설정하고 화폐가치로 환산하여 최저생계비를 구하는 측정방법이다. 전물량방식은 라운트리(Rowntree)가 1차적 빈곤과 2차적 빈곤으로 구분하였다. 그는 총수입이 육체적 효율성의 유지에 필요한 최저수준 이하의 상태를 1차적 빈곤이라고 정의하고 음식, 연료, 주거, 의복 등과 같은 물량의 가격을 계산하였다. 2차적 빈곤은 음주, 도박, 부주의, 낭비 등과 같이 빈민의 잘못된 생활 태도에 의해서 발생하는 것으로 정의하였다. 이러한 구분은 빈곤의 원인을 숙명적이거나 개인적 생활 태도에서 발견하고 물질적 최저생계만을 보장하려는 정치적 의도가 있다. 라운트리는 절대적 빈곤을 측정하는 기준으로 한 사람의 1일 평균 영양필요량을 측정하고, 그 영양필요량을 구입하기 위해 필요한 각종 음식물과 물품의 목록과 양을 결정한다. 그리고 그것을 구매하는 데 필요한 시장가격을 환산한 후에 가족 수를 고려하고 최소한의 피복비, 연료비, 잡비 등을 더하여 계산하였다(안홍순, 2013: 266). 과거 우리나라 국민기초생활보장제도의 최저생계비가 이 방식에 기초해 계산되었다.

반물량방식은 전물량방식이 가지는 복잡함을 극복하고 보다 간편하게 빈곤선[2]을 측정하기 위해 고안된 방법으로, 미국 사회보장청의 오르샨스키(Orshansky)라는 학자가 제안한 방식이다.[3] 반물량방식은 저소득층의 최소한의 식료품 지출에 엥겔계수의 역수를 곱한 화폐액을 빈곤선으로 설정한다(윤홍식 외, 2019: 294). 엥겔계수란 음식비가 가구 소득 또는 가구지출에서 차지하는 비율을

---

2) 빈곤선(poverty line)은 빈곤여부를 확인하기 위해 준거가 되는 기준선이다. 빈곤개념은 추상적으로 빈곤을 이해하는 데 도움을 주지만, 실제 빈곤자가 누구인가를 확인하는 좀 더 구체적인 수단이 필요하다. 빈곤정책을 실행하기 위해서는 빈곤자와 비빈곤자를 구분할 수 있는 기준이 필요하며 그것이 빈곤선이다.
3) 오르샨스키(Orshansky)가 제안하여 오르샨스키방식이라고도 하고, 엥겔지수를 이용하기 때문에 엥겔방식이라고도 한다.

말한다. 엥겔계수는 가구 소득이 높을수록 음식비가 차지하는 비중이 작아지고 저소득층일수록 높아진다. 미국의 사회보장청은 미국의 저소득층이 1961년 평균소득의 $\frac{1}{3}$을 식비로 지출한다는 소비자조사의 결과에 근거하여 최소한의 식비에 3을 곱하여 최저생계비를 산정한다.

　　상대적 빈곤은 사회구성원 전체와 비교해서 빈곤 여부를 규정한다. 상대적 빈곤은 사회구성원 대다수가 누리는 생활 수준을 누리지 못한 상태로 정의할 수 있다.

　　상대적 빈곤은 아주 넓은 의미에서 소득과 자원 배분에서의 불평등으로 인해서 발생하는 상대적 박탈감으로 정의되기도 한다. 상대적 박탈감이란 그가 사는 곳에서 상식적으로 인정되는 생활양식 또는 생활상을 누리지 못하여 불평등을 인지하는 상태를 말한다. 사람들은 그들 주위의 사람들과 비교하여, 즉 타인의 생활 수준과 비교하여 느끼는 상대적 박탈감에 따라 빈곤할 수도 있고 빈곤하지 않을 수도 있다. 상대적 빈곤은 사회의 불평등 수준에 큰 영향을 받는다. 소득불평등이 심한 사회일수록 상대적 빈곤 상황도 심하다. 절대적 빈곤이 빈곤의 탈피가 중요하다면 상대적 빈곤은 불평등 해소라는 관점에서 접근한다.

　　상대적 빈곤은 중위소득이나 평균소득의 특정 비율로 빈곤선을 설정하여 측정한다. 이를 측정할 때 가장 논란이 되는 부분은 측정 기준과 빈곤선을 정하는 소득의 비율에 대한 것인데, 평균소득을 기준으로 측정할 경우 극단적으로 소득이 높은 소수에 의해 빈곤선이 상승할 수 있으므로 주로 중위소득이 활용된다.[4]

●● 표 1 상대적 빈곤선

	상대적 빈곤선
OECD	중위 가구소득의 40%
World Bank	개발도상국은 평균가구 소득의 ⅓, 선진국은 평균가구소득의 ½
EU	평균소득의 50%
V. Fuchs	중위 가구소득의 50%
P. Townsend	빈곤층은 평균가구 소득의 80% 이하, 극빈층은 50% 이하

출처: 진재문, 2011, p.20.

....

4) 중위소득이란 전체 가구를 소득순으로 순위를 매겼을 때 정확히 가운데를 차지한 가구의

사회의 대부분 사람이 절대적인 생존의 위협에 처해있을 때는 절대적 빈곤의 문제가 중요한 관심사로 주목받는다. 이런 사회에서는 상대적 빈곤개념의 적용이 현실성이 떨어질 수도 있다. 경제발전에 따라 소득수준이 상승하면 절대적 빈곤의 문제보다는 상대적 빈곤의 문제로 초점이 옮겨지기도 한다. 절대적 빈곤의 문제는 경제발전으로 일정 부분 완화될 수도 있지만, 상대적 빈곤의 문제는 불평등과 상대적 박탈감과 밀접한 관련이 있기 때문이다.

주관적 빈곤은 빈곤 여부를 가장 잘 평가할 수 있는 사람은 본인이라는 전제에서 출발한 개념으로, 생존에 필요한 기준을 스스로 설정하고 이를 통해 빈곤을 규명한다. 이러한 과정을 통해 사회구성원이 빈곤한 것으로 간주하는 수준이 어느 정도인지를 더 직접 포착할 수 있지만, 객관성을 확보하기 어렵다는 한계를 갖는다.

주관적 빈곤은 개인에게 직접 질문을 통해 그 규모를 측정하는데, 구체적인 방법은 라이덴방식과 델릭방식, 갤럽방식 등이 있다. 라이덴방식은 회귀분석을 이용하여 응답자가 최소한의 소득이라고 생각하는 소득과 실제 소득의 접점을 찾는 방법이고, 델릭방식은 각자 응답한 최소생계비와 실제 소득이 일치하는 가구들의 평균소득을 최저생계비로 간주하는 방법이다. 갤럽방식은 생존에 필요한 최소비용이 얼마인지를 묻는 말에 응답한 금액의 평균을 최저생계비로 설정하는 방법이다(윤홍식 외, 2019: 294).

연구자들의 빈곤개념

▶ Adam Smith(1776)
내가 이해하기에 필수품은 생활의 유지를 위해 불가피하게 필요한 재화뿐만 아니라, 관습상

소득수준을 말한다. 평균소득은 전체 가구 소득의 총합을 가구 수로 나눈 값이다. 예를 들어 100가구의 평균소득은 100가구의 소득을 모두 더한 값을 100으로 나눈 것이고, 100가구의 중위소득은 50번째에 해당하는 가구의 소득수준이 된다. 일반적으로 평균소득이 중위소득보다 높은데, 고소득층이 평균소득을 끌어올리기 때문이다. 평균소득은 일부 고소득층의 영향을 받아 상당히 높게 나타날 수 있다. 따라서 중위소득이 보통 사람들의 생활수준을 좀 더 잘 반영한다고 볼 수 있다.

최하위층의 사람일지라도 그것 없이는 신망 있는 사람으로서의 체면을 유지할 수 없는 그러한 재화이다. 예컨대, 린넨셔츠는 엄격히 말해서 생활필수품은 아니다. 그러나 현재 신망 있는 일용노동자라면 린넨셔츠 없이 공공장소에 나타나기에 남부끄러울 것이며, 린넨셔츠가 없는 것은 수치스러운 빈곤 상태를 나타내는 것이다.

▶ K. Marx(1867)
필수품의 수와 정도는 역사발전의 산물이므로 그것은 한 국가의 문명화의 정도에 크게 의존할 수밖에 없다.

▶ Seebohm Rowntree(1899)
어떤 가족의 총소득이 단순히 물리적 효율성을 위한 최소한의 필수품을 획득하기에 충분치 않다면 빈곤한 것으로 간주한다.

▶ William Beveridge(1942)
소득 중단 시기 동안 노동 나이의 사람이 생존을 위해 필요한 최소소득을 고려할 때, 지출의 비효율성으로 인해 약간의 여분이 허용되어야 하기는 하지만 식품, 의류, 연료, 조명과 가구 집기, 집세만을 고려하는 것으로 충분하다.

▶ Peter Townsend(1979)
인구에서 개인, 가족, 그리고 집단은 그들이 속한 사회에서 적절한 영양을 섭취하고, 활동에 참여하며, 관습적인 혹은 최소한으로 널리 장려되거나 인정되는 생활조건과 설비를 갖추기 위한 자원이 모자랄 때 빈곤 상태에 있다고 말할 수 있다.

▶ Amartya Sen(1992)
빈곤은 최소한으로 받아들일 수 있는 특정 수준에 도달하기 위한 기본적 능력(capability)의 결여(failure)이다. 이와 관련된 기능성(functioning)은 영양을 잘 섭취하고, 적절하게 입고 주거하며, 예방 가능한 질환을 피하는 것 등과 같은 기본적인 신체적인 것에서부터, 공동체 생활에 참여하고, 수치스럽지 않게 공적인 자리에 나설 수 있는 등과 같은 더욱 복잡한 사회적 성취에 이르기까지 다양할 수 있다.

▶ World Bank(Liu, 1998)
빈곤은 정치적으로 받아들일 수 있는 생활 수준을 달성할 수 있는 능력이 없는 상태이다.

출처: 여유진 외, 2005: 61-62

2. 빈곤의 원인[5]

가난한 사람들이 가난한 이유는 무엇일까? 가난[6]의 이유는 크게 두 가지로 구분된다. 가난은 개인의 책임이라는 것과 가난은 사회의 구조적인 힘에 의해서 생산되고 재생된다는 것이다. '희생자 나무라기' 이론과 '체계 나무라기' 이론이라고 불리기도 한다.

가난 문제를 다룰 때 오래전부터 가난은 개인의 모자람이나 병약함 때문에 생긴 것이라는 믿음이 강했다. 가난한 사람은 기술이 없거나 정신이나 육체가 연약하여 동기가 없거나, 혹은 능력이 평균 이하라서 사회에서 성공할 능력이 없는 사람이라고 여겨졌다. 사회적 지위는 개인의 능력이나 노력의 결과여서, 성공한 사람은 그럴 만하니까, 실패한 사람은 능력이 없어 그럴 수밖에 없다고 받아들여졌다. 오스카 루이스(Oscar Lewis)의 빈곤 문화론은 가난한 사람의 삶의 방식이나 그들이 지녔다고 믿어지는 태도와 모습으로 가난을 설명하였다. 가난의 문화가 가난한 사람들에게 있다는 것이다. 가난의 문화는 대대로 전승되는데 그 이유는 젊은 세대가 어려서부터 보아 온 환경에서 더 많은 것을 바란다는 것이 아무런 의미가 없다는 것을 보고 배우기 때문이라는 것이다. 그들은 가난의 삶을 숙명으로 받아들인다.

빈곤을 설명하는 두 번째 방식은 개인이 극복하기 어려운 빈곤 상황을 만들어 내는 더 큰 사회적 과정을 강조하는 것이다. 즉 계급이나 성, 인종, 직업적 위치, 교육 등 사회 내의 구조적 힘들이 자원을 배분하는 방식을 결정한다. 이러한 구조적 설명을 지지하는 사람들은 가난한 사람들에게 야망이 없는 현상은 가난의 원인이라기보다는 억압된 상황의 결과라고 본다. 이들은 개인의 태도를 바꿈으로써 가난을 줄일 수 있는 것이 아니라, 소득과 자원을 사회에 골고루 분배하는 정책이 필요하다고 주장한다.

---

5) 앤서니 기든스, 2007: 287-289

6) 빈곤과 가난은 모두 결핍 특히 경제적인 결핍을 말하는데, 빈곤은 사회적인 수준에서 문제나 집단을 명명할 때, 가난은 개인의 경험이나 상황을 표현할 때 사용하는 경우가 많다 (김윤영, 2021: 4).

3. 빈곤의 현황

국민기초생활수급자는 「국민기초생활보장법」에 따른 급여를 받는 사람을 말한다. 〈표 2〉는 전 국민 대비 기초생활수급자의 수와 비율이다. 기초생활수급자의 수와 비율은 지속해서 증가하고 있다.

●●● 표 2 기초생활보장 수급 현황(단위: 천명, %)

	2012	2013	2014	2015	2016	2017	2018	2019	2020
수급자수	1,394	1,351	1,329	1,646	1,630	1,582	1,744	1,881	2,134
수급률	2.7	2.6	2.6	3.2	3.2	3.1	3.4	3.6	4.1

출처: 보건복지부

가구유형별 수급가구 수를 보면 〈표 3〉과 같다. 빈곤은 일반세대를 제외하면, 노인세대, 장애인세대, 모자세대에 집중되면서 증가하는 경향이 있다.

●●● 표 3 가구유형별 수급가구 수(단위: 가구)

	2012	2013	2014	2015	2016	2017	2018	2019	2020
노인세대	236,617	235,601	236,548	262,124	261,680	263,475	337,788	391,096	439,135
소년소녀 가장세대	8,105	6,945	5,882	5,188	4,324	3,544	2,972	2,467	2,214
모자세대	78,333	76,270	74,925	123,497	132,277	130,506	135,862	143,810	163,950
부자세대	18,820	18,366	18,362	37,753	37,753	36,675	38,095	40,368	45,097
장애인세대	174,112	175,867	178,397	193,585	193,585	197,081	211,010	219,889	229,395
일반세대	259,866	251,372	251,333	328,282	328,282	322,918	340,597	359,017	407,012

출처: 국가통계포털(KOSIS)

한국 '상대 빈곤율' OECD 국가 중 4번째로 높아

경제협력개발기구(OECD)의 발표에 따르면 2018년~2019년을 기준으로 한국은 상대적 빈곤율이 16.7%로 4위를 차지했다. 6명 중 1명은 전체 사회 구성원의 중위값 소득보다 훨씬 적은 돈을 벌어 생활하는 것이다. 한국의 중위소득 50%는 1인 가구 기준으로 91만 4천 원, 2인 가구는 154만 4천 원, 3인 가구 199만 2천 원, 4인 가구 243만 8천 원이다. 여기에 못 미치는 소득을 버는 사람이 16.7%에 달한다는 의미다. 상대적 빈곤율이 한국보다 높은 나라는 코스타리카(20.5%/1위), 미국(17.8%/2위), 이스라엘(16.9%/3위)뿐이다. 한국의 상대 빈곤율은 OECD 평균인 11.1%보다 5.6%포인트나 높다. 일본(15.7%), 이탈리아(14.2), 영국(12.4%), 캐나다(11.6%), 프랑스(8.5%) 등 주요 선진국과 상당한 격차가 있고 핀란드(6.5%)나 덴마크(6.1%), 아이슬란드(4.9%) 등 북유럽 국가와는 더 큰 차이가 있다. 한국은 인구 고령화에 따라 상대 빈곤율도 악화된 것으로 보인다. 65세 이상 노인의 상대 빈곤율이 43.2%로 OECD 회원국 평균(15.7%)의 약 3배이자 OECD 최고 수준이다. 통계청 '2021 고령자 통계'를 보면 지난해 기준 혼자 사는 고령자(65세 이상) 가구가 전체 고령자 가구의 35.1%인 166만 1,000가구에 달한다. 혼자 사는 노인 중 노후 준비를 하는 경우는 33.0%에 불과했고, 3명 중 2명꼴인 67%가 준비를 하지 않는다고 답했다.

출처: 경향신문, 2021. 10. 25

〈그림 1〉은 우리나라 2011년부터 2020년까지 상대적 빈곤율을 나타낸 것이다. 상대적 빈곤율은 중위소득의 50% 이하에 해당하는 가구의 비율이다. 통계청 「가계금융복지조사」 자료로 계산한 상대적 빈곤율은 2020년 15.3%로 지난 2011년의 18.6%에서 크게 개선되지 않고 있다.

●●● 그림 1 우리나라 상대적 빈곤율

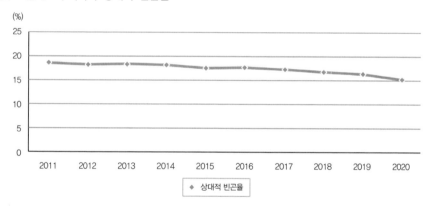

출처: 통계청, 「가계금융복지조사」; 통계청, 「소득분배지표」 각 연도

> **"코로나 대유행으로 전 세계 7천 700만 명 극심한 빈곤층으로 추락"**
>
> 코로나 19 대유행으로 지난해 세계에서 7천 700만 명이 극심한 빈곤층으로 떨어졌으며, 많은 개발도상국이 과도한 부채상환 부담 때문에 회복하지 못하고 있다고 AP 통신이 유엔 보고서를 인용해 보도했다.
>
> 보고서는 부유한 국가들은 초저금리로 막대한 자금을 빌려 팬데믹 경기침체 회복을 지원할 수 있지만, 빈곤국들은 부채상환에 수십억 달러를 쓰고 높은 차입 비용을 부담하느라 교육, 의료 개선, 환경보호, 불평등 축소 등에 대해 지출을 하지 못하고 있다고 지적했다.
>
> 유엔 사무부총장은 기자회견에서 "자연계에 대한 기후의 공격과 코로나 19 팬데믹 장기화로 인한 복합적 위기에 우크라이나 전쟁이 세계에 충격을 더하고 있다. 인류의 노력이 중요한 순간을 맞고 있다"고 말했다.
>
> 보고서는 개발도상국 가운데 20%는 러시아의 우크라이나 침공 영향을 고려하지 않더라도 2023년까지 코로나 19 대유행 전인 2019년 수준을 회복하지 못할 것으로 전망했다. 이어 가난한 개도국들은 평균적으로 수입의 14%를 부채에 대한 이자로 지불하고 있으며 이들 국가 중 다수가 교육과 기반시설, 팬데믹으로 인한 자본 지출 등의 예산을 삭감할 수밖에 없는 상황이라고 밝혔다. 부유한 선진국은 수입 중 3.5%만 이자로 지불하고 있다.
>
> 또 우크라이나 전쟁이 에너지와 원자재 가격 상승, 공급망 붕괴 초래, 인플레이션 상승, 성장 둔화, 금융시장의 변동성 증가 등을 가져올 것으로 예상했다.
>
> 유엔 사무부총장은 "부유한 공여국들이 우크라이나 전쟁의 영향으로 군사비를 늘리고 개발도상국에 대한 원조를 삭감하고 기후위기 해결을 위한 노력을 줄인다면 비극이 될 것"이라며 전 세계 수억 명이 굶주림과 빈곤에서 벗어나도록 세계 각국이 책임감을 가지고 행동에 나설 것을 촉구했다.

출처: MBC 뉴스, 2022. 4. 13.

4. 빈곤의 심각성

많은 사람이 빈곤층으로 전락하게 되면 사회통합에 영향을 미쳐서 사회안정에 위협이 될 수 있다. 빈곤층의 증가에 따른 가족해체 문제와 부양가족의 빈곤까지 초래되는 연쇄적인 충격 효과로 이어지기 때문에 큰 문제이다.

빈곤 문제는 오래된 사회적 위험이다. 빈곤 문제는 자본주의 이전의 전근대 시대에서부터 복지국가체계가 도입된 20세기에 이르기까지 해결되지 못하였다.

저출산·고령화, 가족과 여성의 역할 변화, 세계화, 이주노동자 등과 같은 사회 변동으로 신사회적 위험이라 불리는 사회문제가 등장하면서 빈곤 문제를 더욱 복잡하게 만들고 있다.

최근 근로빈곤층이 증가하면서 빈곤선의 경계를 넘나드는 집단의 규모도 커지고 있다. 빈곤선 경계에 있는 사람들은 조사 시점에 따라 빈곤 여부가 달라질 수 있고, 빈곤과 비빈곤을 반복하면서 실제로는 빈곤한 생활을 하고 있을 가능성이 높다.

빈곤의 고착화는 매우 심각하다. 빈곤탈출율이 감소하면서 빈곤의 고착화가 심화하면 사회적 이동이 줄어들게 된다. 이 같은 현상은 소득 양극화로 사회계층간 갈등이 심화될 위험이 커진다.

금융위기 이후 100명 중 6명만 '가난 탈출'

소득하위 30%의 '빈곤' 가구가 가난에서 탈출할 경우는 6%에 불과한 것으로 나타났다. 재정학연구에 발표한 '소득계층이동 및 빈곤에 대한 동태적 관찰' 논문은 재정패널조사 자료(전국 15개 시도 가구의 소득·지출·조세·자산·복지 내역 조사)를 활용해 2007~2015년 각 가구가 다른 소득분위(1~10분위)로 이동할 확률을 계산했다.
먼저 1~3분위(소득하위 30%) 가구를 '빈곤층'으로 정의해 분석한 결과, 2007년~2015년 중 가구가 1년 뒤 빈곤층에 진입할 확률은 7.1%, 빈곤층을 유지할 확률은 86.1%, 빈곤층을 탈출할 확률은 6.8%로 집계됐다.
특히 빈곤유지율은 2007~2008년 84.1%에서 2014~2015년 87.7%로 증가한 반면, 같은 기간 빈곤탈출율은 감소(8.2→5.9%)했다. 연구원은 "이것은 빈곤의 고착화가 심화하고 있다는 것을 시사한다"고 하였다.
전체적인 소득이동성도 시간이 갈수록 악화하고 있는 것으로 나타났다. 전체 조사기간을 2007~2009년, 2010~2012년, 2013~2015년의 3개 구간으로 세분화해 소득이동성을 분석한 결과, 가구가 1년 뒤 같은 소득분위에 머물러 있을 확률은 37.6% → 41.8% → 42.5%로 점점 증가했다. 반면 더 높은 소득분위로 올라갈 확률은 32.1% → 30.1% → 28.4%로 낮아졌다.
연구원은 "2007년 이후 소득계층의 이동성이 눈에 띄게 줄어드는 추세이며, 이 같은 현상이 사회활력 감소, 중산층 붕괴, 양극화 등으로 이어지고 있다고 평가된다. 무엇보다 빈곤층 자녀가 양질의 교육에 접근할 수 있도록 정부의 중·장기적 지원이 필요하다"고 강조했다.

출처: 한국일보, 2018. 3. 12.

빈곤은 매우 오래된 문제이다. 상대적인 기준으로 빈곤을 판단한다면 사회가 부유해지더라도 빈곤이 사라지기는 쉽지 않다. 사회의 불평등이 존재하는 한 가난은 지속할 수밖에 없는 것이다. 빈곤 문제의 심각성과 위험성을 인정하는 데서 출발해야 빈곤을 극복할 수 있다.

현대사회에서 빈곤 문제는 심각하고 복잡한 양상을 띠고 있다(김수현 외, 2010: 292−295). 첫 번째, 빈곤의 위험 범위가 매우 넓어졌다. 전통적으로 근로 능력이 없는, 즉 스스로 일해서 돈을 벌기 어려운 사람들이 가난에 빠졌지만, 지금은 근로 능력이 있는 사람도 쉽게 가난해질 수 있는 상황이 되었다. 급격한 산업구조의 변화 속에서 갈수록 불안정해지는 노동시장과 상대적으로 낮아진 보상 때문에 일할 의지가 있고 또 실제 일하고 있는데도 가난에서 벗어날 수 없는 사람들이 많아졌다. 이들의 어려운 사정은 곧바로 이들의 부양을 받는(일할 수 없는) 사람들의 가난으로 이어진다. 근로 능력자들의 가난이 일할 수 없는 사람들의 전통적 가난에도 영향을 미치는 것이다.

두 번째, 가난을 느끼는 영역이 확대되었다. 전통적으로 빈곤은 소득의 부족으로 파악해왔다. 기본적인 생활에 필수적인 물품을 구할 수 있는 소득이 있는지로 빈곤 여부를 결정한 것이다. 그러나 현실에서 빈곤은 이보다 훨씬 더 복잡한 양상을 띤다. 주거, 의료, 교육, 문화생활 등 다양한 영역에서 단순히 소득의 높낮이만으로는 파악할 수 없는 문제가 발생하고 있다. 우리나라처럼 소득과 비교하면 주거비가 많이 들고 특히 전세로 방을 구해야 해서 목돈이 필요한 사회에서는 주거문제가 빈곤에 큰 영향을 끼친다. 의료의 경우도 지금의 치료뿐만 아니라 질병 예방이나 건강관리를 할 수 있는지가 빈곤의 새로운 척도가 되었다. 교육 역시 공교육비를 충당할 수 있느냐 없느냐로 빈곤 여부를 판단하지만, 현실에서 교육비는 그런 수준을 훨씬 넘어선다. 문화생활도 빈곤 정책에서 고려되는 수준과 국민이 실제 느끼는 수준은 매우 큰 차이를 보인다. 그만큼 빈곤을 결정하는 영역이 기존의 협소한 '생존'수준의 문제에서, '인간다운 생활'로 확장된 것이다.

세 번째, 가난의 결과가 물질적 결핍을 넘어 사회적 고립으로 나타나고 있다. 가난은 고립과 단절을 의미한다. 가족 및 이웃과도 단절되며, 사회와 소통할 기회는 더욱 협소해진다. 가난으로 가족이 해체되고, 빈곤층은 쉽게 자존감과 자신감을 잃고 무기력에 빠진다. 더구나 사회적·문화적 단절은 가난한 사람들의 정치적 목소리를 더욱 작게 만든다. 사회와 소통하면서 참여할 기회를 잃고, 사회에서 자신의 목소리를 낼 수 없을 때, 정치적으로도 무기력한 존재가 되어가는 것이다. 가난이 시민권의 문제와도 연결되는 지점이다

네 번째, 빈곤은 경제가 나아지거나 경기가 회복되면 저절로 해결되는 문제가 아닌 것이 되었다. 소득의 문제가 기회의 박탈로 이어지고 있기 때문이다. 극심한 사교육 경쟁에서 이미 청소년들은 부모의 경제력이 자신의 미래를 규정할 것으로 예감하고 있다. 대학 진학만으로 미래는 보장되지 않는다. '스펙 쌓기'를 위해서는 다시 그 가정의 경제력이 문제가 된다.

5. 빈곤의 대책 방안

한국 사회는 급격한 산업화를 거치며 눈부신 경제성장을 이루었다. 우리 사회는 분배주의적 가치관보다는 성장주의적 가치관을 토대로 사회 양극화가 심화하여 빈곤층의 증가, 중산층의 붕괴, 청년실업, 노인 빈곤 등과 같은 사회문제가 대두되었다. 자본주의의 불완전성과 결함이나 모순으로 인간들의 삶의 조건이 더욱 불안해지고 있다. 더 심각한 것은 이러한 상황 속에서 핵가족화에 의해 가족체계가 무너짐에 따라 국민의 생존이 각 개인의 능력에 맡겨지게 되었다(이철우, 2017: 252).

빈곤은 최저생활에 필요한 소득이 없는 상태다. 필수적인 최저생활인 의식주와 치료하는 것, 자녀를 공부시키는 것이 어렵다는 것을 의미한다. 사회가 빈곤층에게 필수적인 생활이 가능하도록 지원하는 것이 필요하다. 우리나라는 국민기초생활보장제도가 있다.

우리나라는 1961년 「생활보호법」이 제정되어 빈곤층은 이 제도를 통해 국가로부터 원조를 받았다. 1997년 IMF 외환위기 이후 구조조정과 대량실업을 경험하

면서 실업과 빈곤 문제가 심화하였지만, 인구통계학적으로 특정 범주의 사람들만[7] 보호하는 생활보호제도는 사회안전망의 기능을 제대로 수행하지 못하였다.

「국민기초생활보장법」은 저소득 국민, 영세 도시빈민, 실업자 등을 지원하여 빈곤 문제에 대한 사회안전망의 기초를 튼튼히 하는 한편, 빈곤가구별로 자활지원계획을 수립하고 그에 맞는 자활급여를 실시함으로써 빈곤의 장기화를 방지하고자 1999년 제정되었고 2000년 시행되었다.

「국민기초생활보장법」의 제정은 시혜적 단순 보호 차원의 생활보호제도에서 저소득층에 대한 국가의 책임을 강화하는 복지시책으로의 대전환을 의미한다. 복지는 국민의 권리이며 국가의 의무로 보는 복지철학의 대전환을 가져오게 되었다.

국민기초생활보장제도는 이미 발생한 빈곤층을 대상으로 최소한의 인간다운 생활을 보장하는 빈곤층 보호정책이다. 대상자의 소득과 자산을 조사하고 기준에 부합하는 빈곤층에게만 급여를 제공한다. 빈곤선 아래로 내려온 사람들만을 대상으로 하기 때문에 빈곤층에게 직접적인 효과가 신속하게 나타난다는 특징이 있다. 그러나 빈곤해진 이후 국가의 대응이 이루어지기 때문에 국민의 일부만 혜택을 받는 만큼 낙인을 주는 단점이 있다. 공공부조제도가 확대되면 빈곤층의 근로 동기를 떨어뜨린다는 점을 지적하기도 한다.

빈곤이라는 사회적 위험이 발생하기 전에 미리 예방할 수 있는 사회적 안전망이 필요하다. 바로 사회보험제도이다. 우리나라는 5대 사회보험제도를 시행하고 있다. 국민연금, 건강보험, 고용보험, 산업재해보상보험, 노인장기요양보험이다. 소득이 있을 때 미리 보험료를 갹출하면서 사회적 위험에 대비하는 방식으로 강제가입을 원칙으로 하고 있다. 노령으로 은퇴했을 때 국민연금을, 병원을 이용할 때는 건강보험을, 실직했다면 실업급여를, 작업 중 산업재해를 당했을 경우에는 산업재해보상보험을, 노인성 질환으로 장기간 요양이 필요하다면 노인장

---

7) 보호대상자는 부양의무자가 없는 자로서 65세 이상의 로쇠자, 18세미만의 아동과 임산부, 불구·폐질·상이 기타 심신장애로 인하여 근로능력이 없는 자와 기타 보호를 필요로 하는 자로 함.

기요양보험을 적용받을 수 있다.

빈곤선 아래로 내려가지 않도록 지원하는 빈곤을 예방하는 정책에는 수당제도도 있다. 아동, 노인, 장애인과 같이 빈곤의 위험이 큰 인구 집단에 보편적으로 일정한 수준의 현금을 지원하는 제도이다. 자녀에 따라 일정액을 지원하는 아동수당제도, 장애인에게 지원하는 장애인수당제도, 일정 연령 이상 노인에게 지급되는 노인수당 등이 있다. 수당제도는 자산조사를 하지 않고, 보험료로 미리 일정 부분을 기여하지도 않는다.

불안정한 일자리를 개선하고, 소득 활동의 보상을 높이는 일도 빈곤선 아래로 내려가지 않도록 하는 중요한 예방정책이다. 공공임대주택을 시장가격보다 싸게 공급받는다면 그 차액만큼 정부로부터 지원을 받는 것이 되며, 생계비 지출을 줄일 수 있는 효과가 있다. 치매 노인에게 간병이나 낮 시간 보호를 제공한다면 가족들은 소득활동 참여 시간을 늘릴 수 있다. 지역아동센터나 방과후 학교에서 자녀를 좀 더 늦은 시간까지 보호해주고 사교육비 부담을 줄여준다면 소득활동 기회가 늘어나고 생계비 절감 효과가 발생한다. 이렇게 다양한 서비스를 폭넓게 제공하면 빈곤 문제를 완화할 뿐 아니라 실제 국민의 삶의 질이 높아지는 효과가 있다(김수현 외, 2010: 271 – 272).

빈곤층이 빈곤에서 탈출할 수 있도록 지원하는 빈곤 탈출정책이 있다. 빈곤에서 탈출할 수 있도록 지원하는 정책은 직업능력을 개발하고 취업을 촉진하며 적절한 소득이 보장될 수 있도록 지원하는 정책이다.

복지 선진국들은 국가가 실업이나 노동시장 불안정에 적극적으로 개입하는 '적극적 노동시장정책'을 시행하고 있다. 실직하더라도 일정 기간 생계를 유지할 수 있도록 지원하고, 취업이나 직업훈련을 적극적으로 지원함으로써 재취업을 할 수 있도록 지원하고 있다.

빈곤에 대응하는 정책은 다양하다. 빈곤 정책의 내용은 한 사회의 선택이 만들어 낸 결과이기 때문이다. 선진국 중에서도 빈곤율이 낮은 나라들의 상황을 보면, 공통으로 공공부조, 사회보험, 사회서비스 3대 사회안전망이 튼튼히 구축된 가운데 적극적 노동 시장정책이 활성화되어 있음을 알 수 있다. 사회보험이 실업과 질병 또는 노령에 대한 기본적인 안전망을 형성하는 가운데, 보육 및 병간호 등 돌봄서비스와 다양한 사회적·문화적 욕구에 대한 사회서비스 지원을 강화함으로써 빈곤을 예방하고 삶의 질을 높이는 체계가 구축되어 있다. 이에 더해 빈곤선 아래로 내려가면 인간적인 생활을 보장하는 공공부조 제도가 마지막 단계의 안전망 구실을 한다. 물론 국가에 따라서는 사회보험이 더 큰 역할을 하는 경우가 있고, 사회서비스가 좀 더 강화되기도 한다.

우리가 직면한 빈곤 문제는 경제가 회복된다고 저절로 해결될 성격의 것이 아니다. 우리가 빈곤 문제에 집중해야 하는 이유이다. 더 튼튼한 사회안전망과 더 많은 일할 기회, 적절한 노동의 대가가 필요하다. 그러나 우리나라의 사회안전망은 그물이 너무 성기게 짜여 있다. 사회안전망과 빈곤 정책의 확대를 위해서는 가장 기본적으로 사회복지예산 확대가 전제되어야 한다.

우리나라는 경제 수준과 비교하면 복지투자가 가장 미흡한 국가 중의 하나이다. 우리나라는 GDP 대비 공공사회복지지출이 지속해서 증가하고 있으나 여전히 OECD 평균에도 못 미치는 수준이다.

OECD 국가의 복지체계는 국민부담률[8]과 공공사회복지지출 수준 간에 정(+)의 상관관계가 존재하는데 이를 바탕으로 세 가지 유형으로 분류할 수 있다.[9]

- 저부담-저복지 국가: 한국, 미국, 스위스, 아일랜드, 호주, 터키, 멕시코 등
- 중부담-중복지 국가: 일본, 영국, 뉴질랜드, 캐나다, 폴란드, 체코, 스페인 등
- 고부담-고복지 국가: 스웨덴, 덴마크, 핀란드, 프랑스, 독일, 이탈리아 등

---

[8] 국민부담률은 조세와 사회보장기여금(공적연금과 사회보험 납부액)이 GDP에서 차지하는 비율이다.

[9] OECD 주요국의 공공사회복지지출 현황, 국회예산정책처, 2021.2.24

●● 표 4 공공사회복지지출(단위 %, GDP 대비)

국가명	1990	2000	2009	2015	2019
벨기에	24.9	25.3	29.7	29.5	28.9
덴마크	25.1	25.8	30.2	29.9	28.3
핀란드	24.2	24.3	29.4	30.5	29.1
프랑스	25.1	27.9	32.1	31.8	31.0
독일	22.3	26.2	27.8	25.0	25.9
일본	11.4	16.5	22.4	22.2	-
한국	2.9	5.0	9.4	9.6	12.2
멕시코	3.6	5.8	8.2	7.7	7.5
네덜란드	25.6	19.8	23.2	17.6	16.1
뉴질랜드	21.8	19.4	21.2	19.4	-
노르웨이	22.3	21.3	23.3	24.8	25.3
스웨덴	30.2	28.5	29.8	26.2	25.5
영국	17.0	19.2	24.1	21.5	20.6
미국	13.4	14.5	19.2	18.5	18.7
OECD 평균	18.1	19.3	22.1	20.4	20.5

자료: 국가통계포털(KOSIS)

6. 기본소득보장제도

　　기본소득보장제도는 프랑스의 경제학자 앙드레 고르의 책 「경제이성비판」 에서 "한 사회의 생산력은 점진적으로 발전하고, 갈수록 같은 양을 생산하기 위해 더 적은 양의 노동이 요구되므로, 노동이 대가로 주어지는 노동비례소득을 유지하는 것은 합리적이지 못하여 사회구성원들의 삶을 지탱할 수 없다"라고 주장하였다. 그 대안으로 사회의 구성원에게 조건 없이 소득을 지급하는 기본소득을 주장했다(이철우, 2017: 272).

　　기본소득은 국가나 지방자치단체가 모든 시민에게 아무런 조건 없이 지급하는 소득을 말한다. 소득 및 자산 조사를 하거나 근로 여부를 따지지 않고 모든 구성원에게 정기적으로 일정 현금을 지급하는 제도다. 기본소득은 기초생활수급, 실업수당 등 기존 사회보장제도와 달리 재산이나 소득이 얼마인지, 취업 경험이나 구직 의사가 있는지 등을 따지지 않고, 사회 공동체 구성원이라면 누구에게나 '무조건적'으로 지급한다. 평생, 충분한 금액을 규칙적으로 지급한다는 구상이다.

기본소득이 추구하는 가장 기본적인 취지는 노동과 소득을 분리하고, 모두의 인간다운 삶을 보장한다는 것으로, 인간의 실질적인 자유를 영위할 수 있는 일종의 '기본권'으로 접근한다. '권리'로 간주하는 만큼 '가구'가 아닌 '개인'에게 지급되며, '실질적 자유'의 취지에 따라 현물이 아닌 현금 지급을 원칙으로 한다.

기본소득은 오랜 기간 논의가 되어 왔으며, 코로나 19 극복을 위해 전국민 재난지원금이 지급되는 과정에서 더욱 논쟁거리가 되었다. 우리나라에서도 기본소득제도 도입과 관련된 여러 논의가 있으며, 교육 기본소득 도입의 필요성을 제기하거나,[10] 농민 기본소득[11]을 실시하는 지역도 있다. 한국 사회의 실정에 맞게 기본소득 도입에 관한 논의가 필요한 시기이다.

전 국민을 대상으로 보편적으로 지급함으로써 급여 수준을 어떻게 하느냐에 따라 기본소득 재원 마련의 문제와 근로 연령층의 근로 유인을 낮추지 않을까 하는 문제가 제기된다. 기본소득의 보편성과 급여충분성에 대한 문제의 대안으로 범주형 기본소득, 생애주기 혹은 선택적 기본소득, 참여소득 등 여러 형태의 기본소득이 제시되고 있다(김태완, 2022: 51). 범주형 기본소득은 사회수당의 변형된 형태로 생애주기, 나이를 기준으로 단계적으로 기본소득을 시행하는 것이다. 현재 아동수당과 기초연금이 시행 중이므로 아동수당은 나이를, 기초연금은 노인 대상을, 근로 연령층은 청년에서 시작해 단계적으로 나이를 확대하면서 기본소득을 지원한다는 것이다. 생애주기 기본소득 혹은 선택적 기본소득은 기본소득을 평생 지급하기보다는 특정 시점, 개인이 원하는 일정 기간에만 급여를 제공하는 것이다. 참여소득은 사회적으로 가치가 있는 일(자원봉사, 노인·장애인

---

10) 전남도 교육감은 7일 "교육 기본소득을 반드시 실현해야 한다"라고 말했다. 중장기적으로 초·중·고 학생 1인당 매월 20만 원을 지급하기로 하고, 우선 소멸위험 지역 초등학교 입학생 1인당 매월 20만 원 지급을 추진하기로 하였다(연합뉴스, 2022년 7월 7일).

11) 용인시에서 시행하고 있는 농민 기본소득은 농민 생존권 보장을 위해 농업생산에 종사하는 농민에게 분기별 지역 화폐로 15만 원(연 최대 60만 원)을 지급하는 제도이다(브레이크뉴스, 2022년 7월 13일).

돌봄 등)을 하는 경우 노무 제공자에게 기본소득 형태로 급여를 지급하자는 제안이다.

코로나 19가 장기간 지속되면서 불안정 고용층, 영세 소상공인, 돌봄 위기 계층 등의 생계가 위협을 받고 있으며, 현재의 소득보장제도로는 국민의 삶을 안전하게 보호하고 지원할 수 없다는 점이 확인되면서 대안적인 소득보장제도가 논의되고 있다.

스위스 국민 월 300만 원 기본소득안 거부한 이유는?

스위스 전 국민에게 매달 300만 원가량의 생활비를 지급하는 기본소득안이 5일 국민투표에서 77%의 반대로 부결됐다. 직업, 수입과 상관없이 무조건 기본소득을 제공해 스위스를 지상 최고의 '복지 천국'으로 만들 제도로 기대를 모아왔지만, 증세와 기타 부작용에 대한 우려의 벽을 넘지 못하고 좌초됐다.
모든 성인 국민에게 매달 2,500스위스프랑(약 300만 원)을 지급하는 스위스의 기본소득안은 투표 전 여론조사에서도 부정적 의견이 많았다. 일부 조사에서는 반대 여론이 70%를 넘었다.

출처: 한국일보, 2016. 6. 6.

'기본소득 실험해 본 나라들이 공통적으로 내린 결정은 이랬다'

미국은 소규모 실험을 도시별로 이어가고 있다. 미국은 캘리포니아주 도시 스톡턴은 20대 신임시장 마이클 텁스가 2019년 빈곤층 주민 125명에게 아무 조건 없이 기본소득 매달 500달러를 지급하는 실험을 시작했다. 스톡턴은 빈곤율이 18%에 이르는 가난한 도시로 과거 파산을 경험한 적도 있는 곳이다. 스톡턴에서 8개월 뒤 성과를 자체 분석결과 대부분 주민이 돈을 흥청망청 쓰기보다 체계적으로 관리하고 있었고, 지급되는 돈이 구직 의욕을 떨어뜨리지도 않는 것으로 나타났다. 지출 항목을 분석하면, 식료품 구매 40%, 생필품 24%, 공과금 11%, 유류비 9%로 나타났다. 구직단념자도 2%에 불과했다.
스톡턴의 실험이 효과를 드러내자 같은 시도를 하는 도시가 줄을 이었다. 캘리포니아 오클랜드, 뉴저지 뉴어크, 미시시피 잭슨, 미네소타 세인트폴 등 10개가 넘는 도시가 현재 이와 유사한 기본소득 실험에 참여하고 있다.

미국에서 기본소득은 시 단위를 넘어 주 단위에서도 도입됐다. 캘리포니아주 의회는 지난달 16일 '기본소득 보장 프로그램'을 도입하기로 결의했다. 이 프로그램이 시행되면 임신부와 위탁양육 가정을 떠나는 성인에게 매달 500~1,000달러의 현금이 지급된다.

사실 미국은 세계에서 사실상 유일하게 기본소득 제도를 운용하는 주 정부를 보유하고 있는 나라다. 알래스카는 1982년부터 지금까지 전 주민에게 기본소득을 지급하고 있다. 석유를 판 수입으로 기금을 운용해 주민에게 일종의 배당금을 주는 형식이다. 매년 100~200만 원의 기본소득이 지급된다.

기본소득 실험은 앞으로도 계속될 전망이다. 독일이 사상 최대규모, 최장기 실험을 계획 중이다. 실험은 2023년부터 3년간 진행될 예정으로, 지원자 200만여 명 중 무작위 추출한 122명을 대상으로 매달 150만 원을 준다. 이들과 비교할 대조 집단은 1,378명인데, 실험의 독특한 점은 기본소득 집단과 대조 집단 사이에 '통계적 쌍둥이'를 둔다는 점이다. 한 집단에 중위권 대학을 졸업하고 도시에 사는 건강한 28세 여성 택시기사가 있다면 다른 집단에도 이런 조건을 갖춘 '도플갱어'를 두고 비교를 진행하는 것이다. 결과 분석도 설문에만 의존하는 것이 아니라 머리카락을 채취해 스트레스 호르몬을 분석하는 등 자연과학적 연구방법도 적용한다.

출처: 중앙일보, 2021. 8. 11.

생각해보기

> **1** 여러분은 인간다운 생활을 하면서 충만하고 의미 있게 사회에 참여하기 위하여 얼마만큼의 월수입이 필요하다고 생각하는가?

_____

_____

_____

_____

> **2** 빈곤의 원인에 대한 관점에서 개인 vs 사회구조의 관점 중 본인의 생각과 더 가까운 관점은 무엇인가? 그렇게 생각하는 이유는 무엇인가?

_____

_____

_____

_____

빈곤의 원인은 개인적 요인인가? 사회구조의 문제인가? 빈곤 문제에 대한 관점은 개인과 사회구조의 양극을 사이에 두고 다양한 스펙트럼이 있다. 어떤 부분에서는 개인의 문제, 또 어떤 부분에서는 사회구조 문제가 더 설득력 있게 다가오기도 한다. 그러나 어떤 시각으로 바라보든지 국가와 사회는 빈곤 문제에 개입하지 않을 수 없다. 경제의 변동성이 심화하면서 누구라도 빈곤의 위험에서 벗어날 수 없는 상황에 놓이면서 빈곤은 이제 모두의 문제가 되었다. 본인의 의지나 노력과 무관하게 수많은 사람이 빈곤의 위험에 처할 수 있음을 보여주고 있다. 결코, 나와 무관한 일이 아니니다.

빈곤 문제해결을 위한 빈곤 정책은 어떤 관점을 가지고 수립해야 한다고 생각하는지 논의해보자.

_____

_____

_____

「풍요의 시대, 무엇이 가난인가—숫자가 말해 주지 않는 가난의 정의, 루스 리스터 지음, 갈라파고스」에서 '빈민'과 '비빈민' 사이 그어진 이 임의적 경계를 지우고, '인류 구성원 모두가 지닌 존엄에 대한 존중', 즉 인권의 차원에서 빈곤을 정의해야 한다고 주장한다. 빈곤을 물질적, 사회적 자원의 결핍으로 이해하기보다 인권과 시민권의 부정으로 개념화할 것을 요구한다. 빈곤한 사람도 존중받고 참여하고 결집할 수 있도록 정책을 마련하는 것은 '수혜'가 아닌 인권 수호를 위한 마땅한 일이 돼야 한다고 말한다. 지금까지 빈곤 해결의 열쇠로 주목받던 '재분배' 외에도 '인정과 존중의 정치'가 집중적으로 실행될 필요가 있다고 주장한다.

Chapter **04** | **비정규직**

1. 비정규직의 개념

OECD는 비정규 고용(non-regular employment)을 '고용보호에 있어서 표준 법규에 의한 이득을 보지 못하는 모든 형태의 고용'이라고 정의하고 있다.

비정규직 근로자는 근로자의 고용형태별로 다양한 이름으로 불리고 있다.[1] 정규직 근로자는 ①~⑧에 해당하지 않는 근로자로 근로계약기간을 정하지 않거나 특별한 사정이 없는 한 계속 고용이 보장되는 근로자이다.

① **특수형태근로종사자**: 스스로 고객을 찾거나 맞이하여 상품·서비스를 제공하고 일한 만큼 소득(수수료, 수당 등)을 얻고 노무 제공의 방법이나 노무 제공시간 등은 본인이 독자적으로 결정하는 자. 근로자와 자영인의 중간영역에 있음.

② **재택/가내 근로자**: 근로 제공의 방법이나 근로시간 등을 전적으로 본인이 결정하는 자로, 재택근로자는 근로의 장소가 사용자와 공간적으로 분리되어 있고 업무성취도에 따라 고정급을 지급받는 자(예: 114 전화 안내 등)이

---

1) 고용노동부에서 시행하는 고용형태별 근로실태조사의 고용형태로 이것은 노사정위원회에서 합의된 정의이다.

며, 가내 근무자는 대개 가정주부 등이 고용 관계없이 부업으로 물품의 가공 등 가내 수공업적인 용역을 제공하고 그 대가를 지급받는 자(예: 의류·모피 제품에 단추 달기 등)

③ **파견근로자**: 파견사업주에게 고용되어 있으나 사용사업주의 사업체에 파견되어 근로하는 자. 임금이나 신분상의 고용 관계는 파견사업주의 관리를 받지만, 업무상 지휘·명령은 사용업체로부터 받음

④ **용역근로자**: 용역업체가 고용하고 다른 사업주의 사업체에서 근로하는 자. 임금, 신분상의 고용 관계 및 업무상 지휘·명령 등 모두를 용역업체의 지휘·감독을 받음

⑤ **일일 근로자**: 근무 지속성, 규칙성 없이 아는 사람이나, 업체, 협회, 취업알선기관 등의 호출을 받아 일자리가 생겼을 경우 일시적으로 단기간 근무하는 자. 고용·근무형태와 관계없음.

⑥ **단시간 근로자**: 통상근로자(사업체 내 가장 일반적 형태의 근로자)의 1주간 소정근로시간(보통은 1주일에 40시간 또는 44시간 전후)보다 1시간이라도 짧은 소정근로시간(예를 들면 1주일에 35시간) 동안 근로를 제공하는 근로자(파트타임 근로자 포함)

⑦ **기간제 근로자**: 일정 기간의 근로계약기간을 정하여(구두 또는 묵시적 약속이나 계약도 포함) 근로를 제공하는 근로자로, 계약 기간의 장·단, 계약의 반복갱신 여부, 명칭(계약직, 촉탁직, 임시직, 계절 근로자, 계약사원 등) 등과 관계없음

⑧ **기간제가 아닌 한시적 근로자**: 일정 기간의 근로계약을 정하지는 않았으나, 회사 사정에 따라 언제든지 근로계약을 종료한다는 조건으로 근무하게 하는 근로자

		2017	2018	2019	2020	2021
근로자수	임금근로자	20,006	20,045	20,559	20,446	20,992
	정규직	13,428	13,431	13,078	13,020	12,927
	비정규직	6,578	6,614	7,481	7,426	8,066
	한시적 근로자	3,725	3,823	4,785	4,608	5,171
	기간제	2,930	3,005	3,799	3,933	4,537
	시간제근로	2,663	2,709	3,156	3,252	3,512
	비전형근로	2,112	2,071	2,045	2,073	2,278
비율	임금근로자	100.0	100.0	100.0	100.0	100.0
	정규직	67.1	67.0	63.6	63.7	61.6
	비정규직	32.9	33.0	36.4	36.3	38.4
	한시적근로자	18.6	19.1	23.3	22.5	24.6
	기간제	14.6	15.0	18.5	19.2	21.6
	시간제근로	13.3	13.5	15.3	15.9	16.7
	비전형근로	10.6	10.3	9.9	10.1	10.8

주: *임금근로자＝경제활동인구－실업자－비임금근로자(자영업자＋무급가족종사자)
  *비정규직근로자＝한시적 근로자(기간제근로자 포함) ∪ 시간제근로자 ∪ 비전형근로자
  **한시적 근로자: '고용의 지속성'을 기준으로 분류한 비정규직이며, 근로계약기간을 정한 자 또
   는 정하지 않았으나 계약의 반복갱신으로 계속 일할 수 있는 근로자와 비자발적 사유로 계속
   근무를 기대할 수 없는 자로 나누어짐
  **시간제근로자: '근로시간'을 기준으로 분류한 비정규직이며, 근로시간이 짧은 근로자(파트타임
   근로자)
  **비전형근로자: '근로제공방식'을 기준으로 분류한 비정규직이며, 파견근로자, 용역근로자, 특
   수형태근로자, 가정 내 근로자(재택, 가내), 일일(호출)근로자로 분류됨
출처: 통계청, 경제활동인구조사 근로형태별 부가조사(매년 8월)

2. 비정규직의 현황

고용불안과 저임금, 차별이 고착된 비정규직이 끊임없이 증가하는 추세다.

비정규직 800만 명 첫 돌파… 정규직과 임금 157만 원 差 '최대'

비정규직 근로자 수가 2021년 800만 명을 넘어섰다. 통계청의 '2021년 8월 경제활동인구
조사 근로 형태별 부가조사 결과'에 따르면 임금 근로자는 2,099만 2,000명으로 2020년
대비 54만 7,000명(2.7%) 증가했다. 이 가운데 비정규직 근로자가 64만 6,000명(8.6%)
증가해 806만 6,000명을 차지했다. 반면 정규직은 같은 기간 0.7% 줄어든 1,292만

7,000명이었다. 정규직 근로자는 2018년 이후 3년 연속 감소세를 이어가고 있다. 이에 따라 전체 임금근로자 가운데 비정규직이 차지하는 비중은 2020년 36.3%에서 2021년 38.4%로 뛰었다. 비정규직 근로자 수와 비중은 2003년 관련 통계작성 이래 최대치다.

출처: 중앙일보, 2021. 10. 26.

비정규직이 정규직과 비교하면 차별받는 열악한 노동조건 중 가장 불만이 높은 것이 바로 임금문제이다. 같은 업무를 수행하고 있는 정규직에 비하여 현저하게 열악한 상태이기 때문에 비정규직이 느끼는 심리적 박탈감은 매우 높다고 할 수 있다. 비정규직 노동자의 낮은 임금은 경제적 고통을 주는데 최근의 높은 물가상승으로 실질적인 생활수준의 향상을 기대하기가 어렵다.

〈표 2〉는 정규직과 비정규직의 시간당 임금총액을 나타낸 것이다. 정규직 시간당 임금총액을 100으로 봤을 때 정규직과 비정규직의 시간당 임금총액 격차가 비정규직은 정규직의 72.9% 수준이다.

●● 표 2 정규직과 비정규직의 시간당 임금총액(단위: 원, %)

	2019	2020	2021
정규직 근로자	22,193	20,731	21,230
비정규직 근로자	15,472	15,015	15,482
임금 격차	69.7	72.4	72.9

주: • 임금 격차: 정규직 근로자 대비 비정규직 근로자의 임금수준 차이
　　• 시간당 임금총액 = (정액 급여 + 초과급여 + 전년도 연간특별급여월환산액)/총근로시간 × 정액
　　급여 = 기본급 + 통상수당 + 기타수당
출처: 고용노동부(2021년 6월 기준) 「고용형태별 근로실태조사」

2021년 300인 이상 정규직 근로자의 시간당 임금총액을 100으로 봤을 때 300인 미만 비정규직 근로자는 45.6% 수준이다.

●● 표 3 300인 이상 정규직 시간당 임금 대비 상대수준(단위:%, 원)

		2017	2018	2019	2020	2021
300인 이상	정규직	100.0	100.0	100.0	100.0	100.0
	비정규직	65.1	63.2	64.5	68.9	69.1
300인 미만	정규직	54.3	56.8	57.0	57.3	58.6
	비정규직	40.3	41.8	42.7	44.5	45.6

출처: 고용노동부(2021년 6월 기준) 「고용형태별 근로실태조사」

〈표 4〉는 인적 특성별 시간당 임금총액을 나타낸 것이다. 시간당 임금총액에 대한 남성을 100으로 봤을 때 여성의 임금수준을 보면, 정규직은 71.0%, 비정규직 72.8% 수준으로 나타났다.

●● 표 4 성별 시간당 임금총액(단위: 원, %)

구분	정규직	비정규직
남성	23,901(100)	17,911(100)
여성	16,977(71.0)	13,042(72.8)

출처: 고용노동부(2021년 6월 기준) 「고용형태별 근로실태조사」

〈표 5〉는 나이별 시간당 임금총액을 나타내고 있다. 정규직과 비정규직 모두 나이가 많아질수록 시간당 임금총액이 증가하다가 40대를 정점으로 감소하였다.

●● 표 5 나이별 시간당 임금총액(단위: 원, %)

구분	정규직	비정규직
19세 이하	11,746	10,359
20~29세	15,593	11,907
30~39세	20,803	16,593
40~49세	23,674	17,765
50~59세	23,395	17,425
60세 이상	18,703	15,105

출처: 고용노동부(2021년 6월 기준) 「고용형태별 근로실태조사」

〈표 6〉은 학력별 시간당 임금총액을 나타낸 것이다. 학력이 높을수록 시간당 임금총액이 많아지며, 학력별 차이는 정규직이 비정규직에 비해 큰 것으로

●● 표 6 학력별 시간당 임금총액(단위: 원, %)

구분	정규직	비정규직
중졸 이하	15,038	12,598
고졸	16,814	14,646
전문대졸	18,867	13,383
대졸	24,212	16,551
대학원 졸	36,989	38,550

출처: 고용노동부(2021년 6월 기준) 「고용형태별 근로실태조사」

나타났다. 대학원 졸업 비정규직은 정규직을 100으로 봤을 때 104.2% 수준으로 정규직보다 높았다.

ㄴ58

2021년 전체 근로자의 사회보험 가입률은 90% 이상이며, 특히 산업재해보상보험 가입률은 정규직과 비정규직 간 차이가 없는 편이다. 정규직과 비정규직 간의 가입률 차이가 가장 큰 것은 국민연금으로 35.3%로 조사되었다. 정규직의 사회보험 가입률은 최소 94% 이상이고, 비정규직은 63~76%로 정규직과 큰 차이가 있다. 비정규직의 경우 사회보험의 적용을 받지 못하고 있어 사회안전망이 구축되어 있지 못한 심각한 상황이다.

●● 표 7 고용형태별 사회보험 가입률 현황(단위: %)

구분	고용보험		건강보험		국민연금		산재보험	
	2020	2021	2020	2021	2020	2021	2020	2021
전체	90.3	90.5	91.1	91.5	91.3	91.7	97.8	97.8
정규직	94.4	94.2	98.5	98.5	98.3	98.3	97.9	97.8
비정규직	74.4	76.1	64.9	66.4	61.7	63.0	97.5	97.6

출처: 고용노동부(2021년 6월 기준) 「고용형태별 근로실태조사」

3. 비정규직의 문제

비정규직은 한국 사회 불평등의 상징으로 여겨진다. 비정규직은 고용불안 심리와 저임금구조 확산으로 근로 빈곤층(working poor)[2]과 양극화 문제의 실체로 인식되며 심각한 사회문제로 대두되었다. 한국 노동시장은 정규직과 비정규직 간 임금, 고용안정 등에서 매우 격차가 큰 이중구조로 되어있다. 이러한 상태가 지속하면 소득불평등이 심화하고 사회통합이 저해될 수 있다.

개인과 가족은 생활에 필요한 재화와 서비스를 상품시장에서 구매해야 하고, 이를 위해서는 노동시장에서 임금을 벌어들여야 한다. 노동시장에서 노동을 판매하지 못하면(즉, 일자리를 얻지 못하면) 임금을 얻을 수 없게 되어 생활에 필요한 재화와 서비스를 구매할 수 없게 된다. 따라서 개인의 복지는 시장에서 소비할 수 있는 재화와 서비스의 양에 의해 결정되고 결국 노동시장에서의 지위에 따라 개인의 삶의 질이 결정된다고 할 수 있다. 여러 가지 이유로 노동시장에 참여할 수 없거나 고용이 불안하게 되면 빈곤에 직면하게 된다.

비정규직은 노동시장의 유연화로 인하여 고용구조가 취약해지고 고용불안에 시달리게 된다. 비정규직은 불안정한 고용으로 인해 상시적인 실업 위험에 처하게 되며 삶의 질이 지속해서 저하될 수 있다. 특히 비정규직은 코로나 19로 인해 고용이 불안정해지면서 심각한 문제가 나타나고 있다.

비정규직은 사회보험으로부터 배제되는 경우가 많다. 사회보험은 국민에게 발생하는 사회적 위험을 보험의 방식으로 대처함으로써 국민의 건강과 소득을 보장하는 제도이다. 비정규직의 사회보험 가입률은 정규직과 비교하면 매우 낮다. 국민연금 미가입으로 노후 소득을 보장받지 못해 불안하고, 건강보험 미가입으로 의료보장에서 취약하게 되고, 고용보험 미가입으로 실업이라는 위험을 제대로 대처하지 못하는 문제가 발생할 수 있다. 사회보험을 받는다고 하더라도 불안정한 고용과 낮은 임금으로 인해 적절한 보장 수준이 되지 못하는 문제도 있다.

비정규직은 자격 기준이 엄격한 공공부조의 혜택을 기대하기도 어렵다. 공

----

2) 근로 빈곤층(working poor)은 일할 능력과 의지가 있으나 잦은 실직과 낮은 소득 때문에 일하더라도 빈곤에서 못 벗어나는 계층이다. 근로 빈곤층을 지원하는 근로장려세제가 2009년에 도입되었다. 열심히 일은 하지만 소득이 적어 생활이 어려운 근로자 또는 사업자(전문직 제외) 가구에 대하여 가구원 구성과 총급여액 등에 따라 산정된 근로장려금을 지급함으로써 근로를 장려하고 실질 소득을 지원하는 근로연계형 소득지원 제도이다.

공부조는 국가와 지방자치단체의 책임하에 생활 유지 능력이 없거나 생활이 어려운 국민의 최저생활을 보장하고 자립을 지원하는 제도이다. 자산조사를 통해 선별하며 규제적인 성격을 가지고 기준에 부합하는 극빈층에게만 급여를 제공하기 때문이다.

4. 비정규직 증가의 원인

1990년대 들어 비정규직 근로자가 증가하고 있는 것은 세계 주요국가들 사이에서 나타나고 있는 공통적인 현상이다. 우리나라는 특히 1997년 IMF 외환위기 이후 노동시장의 유연화 정책과 더불어 비정규직 근로자의 비율은 급속하게 늘어났다. 노동시장 유연화는 노동시장을 더욱 분절화시키고 고용의 형태를 불안하게 만들고 있다. 노동의 유연화는 노동을 부드럽고 연하게 쓸 수 있다는 의미로 사용자가 고용과 해고를 자유롭게 한다는 뜻이다. 비정규직 근로자는 언제든지 해고될 수 있으며, 승진이나 실업수당, 건강보험, 산재보험, 퇴직금 등을 받지 못하는 매우 불안정한 고용형태이다.

노동시장 유연화를 제도적으로 뒷받침하는 노동관계법 등 제도적 요인도 비정규직 근로자 증가의 주요한 원인으로 파악할 수 있다. 비정규직 근로자가 급증하기 시작한 것은 1998년 「파견근로자보호 등에 관한 법률」[3]이 제정된 시기와 일치한다(박귀영 외, 2013: 209). 이 법에서 근로자파견은 '파견사업주가 근로자를 고용한 후 그 고용 관계를 유지하면서 근로자파견계약의 내용에 따라 사용사업주의 지휘·명령을 받아 사용사업주를 위한 근로에 종사하게 하는 것을 말한다'라고 규정하고 있다. 이것은 근로자 관점에서 고용 관계의 상대방과 지휘명령의 주체가 다르다는 것을 의미한다. 즉 근로자의 지위가 불안정해질 수 있다는 것이다. 또한, 「파견근로자보호 등에 관한 법률」이 파견근로자의 '고용안정과

----

3) 「파견근로자보호 등에 관한 법률」은 근로자파견사업의 적정한 운영을 도모하고 파견근로자의 근로조건 등에 관한 기준을 확립하여 파견근로자의 고용안정과 복지증진에 이바지하고 인력 수급을 원활하게 함을 목적으로 한다.

복지증진' 및 '인력 수급을 원활하게 함'을 목적으로 규정하고 있으나, 현실적으로는 전자보다는 후자에 비중이 더 크다. 파견근로에 대한 기업의 선호도를 고려한다면 정규직 고용의 감소로 이어지고 비정규직의 증가로 나타나게 된다.

기업들이 비정규직을 선호하는 가장 큰 이유는 원활한 고용조정과 간접비용(퇴직금 등 현금 외 지급)의 부담을 줄일 수 있기 때문이다. 기업은 비정규직 근로자 고용을 통해 인건비를 절감할 수 있다. 특히 기업은 종신고용에 대한 부담을 덜 수 있다. 비정규직 근로자를 고용하면 경기변동이 발생하거나 생산기술과 산업 구조 등의 변화를 적극적이고 능동적으로 대처할 수 있다.

비정규직 증가의 중요한 요인으로 실업률의 증가도 있다. 높은 실업률은 노동의 공급량 증가로 나타나고 낮은 임금과 열악한 근로조건을 수용하고 노동력을 제공할 의사가 있는 근로자가 증가하게 되고 기업에서도 양질의 인력을 비정규직으로 채용할 여지가 충분하게 되었다.

5. 비정규직 대책

노동시장 이중성의 심화는 비정규직 근로자들의 근로 동기와 의욕을 약화해 인적 자원의 손실을 발생시킨다. 특히 경제위기 등 외부 충격으로 이들의 상당수가 실직에 처하게 되면 실업급여와 생계지원 등 사회적 비용을 증가시키고 경기회복에 악영향을 미친다는 점에서 정부의 강력한 정책 의지, 제도와 관행의 개선이 필요한 과제라 할 수 있다.

비정규직의 남용을 방지하여 차별을 철폐하고 근로자로서의 노동권을 보장하기 위한 실효성 있는 정책이 필요하다. 실질적으로 비정규직의 문제를 해결하는 방법은 적극적으로 비정규직을 정규직으로 전환하는 것이다. 공공부문 비정규직의 정규직 전환정책을 민간 기업으로 확대해야 한다. 기업은 필요에 따라서 인력을 신축적으로 운용하고 인건비를 줄이고 있다. 기업이 이윤추구를 위해 인력을 조정할 수 있다는 것은 기업으로서는 매우 편리하고 효율적인 방법이다. 그러나 기업에서도 조직몰입도 저하, 팀워크나 집단생산성 저하, 잦은 입·퇴사에 따른 업무 단절과 비효율 및 이에 따른 교육비용 등을 추가로 부담하게 되는 등 부정적인 부분도 있다. 기업의 사회적 책임을 고려한다면 더 이상의 노동 유연화 전략을 추구하는 것은 바람직하지 않은 것으로 판단된다(박귀영 외, 2013: 218).

「근로기준법」 제6조에는 "(균등한 처우) 사용자는 근로자에 대하여 남녀의 성(性)을 이유로 차별적 대우를 하지 못하고, 국적·신앙 또는 사회적 신분을 이유로 근로조건에 대한 차별적 처우를 하지 못한다"라고 규정되어 있다. 여기에 고용형태인 정규직과 비정규직의 차별 금지를 명문화하는 것도 필요하다.

'동일노동 동일임금의 원칙'을 통한 균등한 처우를 정착시켜야 한다. 고용형태가 다양하더라도 일하는 시간과 계약 방식의 차이가 있을 뿐 급여와 복지를 정규직과 같게 처우를 하면 차별을 느끼지 못할 것이다. 비정규직의 권리가 보호받기 위해서는 사회적 합의 과정이 필요하다. 국가가 법과 제도로 보장하는 것도 필요하지만, 비정규직의 불합리한 차별을 철폐하고 근로자로서의 노동권을 보장하고 삶의 질을 향상하려는 방법을 근본적으로 논의해야 한다.

「기간제 및 단시간 근로자 보호 등에 관한 법률」 제8조 1항은 '사용자는 기간제 근로자임을 이유로… 차별적 처우를 해선 안 된다'라고 규정되어 있다. 기간제 노동자의 임금이 차별인지 판단하려면 비교 대상이 있어야 한다. 즉 같거나 비슷한 일을 하는 정규직이 있어야 한다는 의미이다. 같은 일을 하는데 정규직 임금이 기간제보다 높다면 차별이다. 현실에서는 정규직이 하는 일과 비정규직이 하는 일이 분리된 경우가 많다. 이런 경우 비교 자체가 어렵고 균등대우 조항이 무력해진다. 직무 내용이 다르더라도 그 일의 가치가 동일하다면 '동일노동 동일임금의 원칙'에 의해 동일임금을 주도록 해야 한다. 그러나 문제는, '어떤 일이 얼마만큼의 가치를 갖는지' 자체가 한국 사회에서 합의된 바가 없다는 점이다.

비정규직 고용안정, 노동기본권 보장 촉구 기자회견

한국은 상위 1%가 자산의 25.4%를, 상위 10%가 58.5%를 차지하고, 상위 10%의 소득이 하위 50% 소득의 14배에 달하는 심각한 불평등사회이다. 코로나 19로 불평등은 더욱 심화하는 가운데 초고령화, 기후 위기, 디지털 기술 변화 등의 구조적 전환의 흐름 안에 있다. 지금 극단으로 치닫는 불평등을 해결하지 못하고 노동자들을 빈곤과 불안정 고용으로 내몰아가게 된다면 가장 먼저 닥쳐올 2025년 초고령 시대(65세 이상 1천만 명)에 과연 사회보장제도라도 유지할 수 있을지 불확실하다.

- ■ 비정규직 고용안정과 노동기본권 보장을 위한 제안
- – 상시지속업무에 비정규직 고용 금지, 비정규직 사용 사유 제한
- – 공공부문 비정규직의 정규직 전환정책을 민간 대기업으로 확대
- – 불법 파견 근로감독 및 처벌 강화
- – 비정규직 사회보험 적용확대 및 개선
- – 노조법상 원청사용자의 개념 확대해 간접고용 등 비정규직 노동자의 단체교섭권 보장
- – 노조법상 근로자 범위 확대하여 특수고용·플랫폼 노동자의 노조를 설립할 권리 보장

출처: 참여연대, 2021. 12. 22.

생각해보기

| 1 | '비정규직 vs 정규직' 이중구조 해법은 무엇이 있을지 논의해보자. |

'외국에서는 비정규직이 정규직보다 임금이 높다'라는 이야기를 흔히 듣는다. 오스트레일리아의 경우, 임시직 시간당 임금을 같은 일을 하는 정규직 대비 25% 더 주게 되어 있다(캐주얼 로딩 'casual loading'). 오스트레일리아의 임시직들은 휴가를 가지 못하고, 해고에 대한 보호도 사실상 없기 때문이다. 프랑스는 기간제 계약이 기간 만료로 종료될 경우, 해당 기간 지급된 총임금의 10%를 '계약종료수당'으로 준다. 프랑스에서는 1년 이상 근무한 정규직을 해고할 때 해고수당을 주는데, 계약 만료로 일자리를 잃는 기간제 노동자에게는 해고수당이 없기 때문이다. 스페인도 임시직 계약종료 시 근속기간 1년당 12일분의 임금을 '근로계약 종료수당'으로 준다.

그러나 비정규직 근로자에게 추가 보상을 주는 제도는 위 나라들을 제외하면 그리 일반적이지 않다. 정승국 중앙승가대 교수(사회복지학)에 따르면, 유럽 국가(일부 남유럽 국가 제외)들에서는 비정규직의 정규직 전환율이 높으므로 큰 필요성이 없다. 어차피 몇 년 뒤 정규직으로 고용할 비정규직에게 굳이 추가로 보상할 이유가 없는 것이다.

유럽 노동시장에 대한 연구 결과에 따르면, 고숙련직과 전문직을 제외하면 같은 일을 할 경우 정규직이 비정규직보다 임금을 15% 정도 더 받는 것이 현실이다. 정규직은 노동조합 단체협약의 보호를 받으며 비정규직보다 숙련도가 상대적으로 높은 직무에 종사하는 경향이 있기 때문이다. (출처: 시사인, 2022. 1. 31.)

Chapter 05 가족변화

1. 가족의 개념

제도로서 가족과 결혼은 여전히 존재하면서 우리 삶에 중요한 의미를 부여하지만, 그 성격은 엄청나게 변화를 거듭해왔다.

우리나라 「건강가정기본법」 제3조에 있는 가족과 관련된 정의는 다음과 같다.

- "가족"이라 함은 혼인·혈연·입양으로 이루어진 사회의 기본단위를 말한다.
- "가정"이라 함은 가족구성원이 생계 또는 주거를 함께 하는 생활공동체로서 구성원의 일상적인 부양·양육·보호·교육 등이 이루어지는 생활단위를 말한다.
- "1인가구"라 함은 1명이 단독으로 생계를 유지하고 있는 생활단위를 말한다.
- "건강가정"이라 함은 가족구성원의 욕구가 충족되고 인간다운 삶이 보장되는 가정을 말한다.

가족이라는 용어 속에는 다양한 현실을 담아내는 의미가 포함되어 있다(앤서니 기든스, 2007: 194－195). 가족이란 친인척 관계로 직접 연결된 집합체로서 성인들에게는 자녀 양육이라는 의무가 전제된 집단이기도 하다. 친인척 관계는 결혼이나 혈연에 의한 친족(부, 모, 형제자매, 자손 등) 관계에 기반한 사람 사이의 연결망이다. 결혼이란 두 명의 성인 사이에 주고받는 성애에 기반한 관계로서 사회적으로 인정되고 용인된 결합체이다. 특정의 두 사람이 결혼하면, 이들은 상대방에 대한 친인척 관계가 성립된다. 부모, 형제자매 및 기타 혈연관계에 입각한 친척들이 결혼이 계기가 되어 배우자와의 친인척 관계를 성립하게 된다.

가족관계는 광범위한 친인척 집단 속에서 자리매김한다. 핵가족은 출생 또는 입양한 자녀와 한 가구에서 동거하는 두 명 성인들의 연합이다. 대부분 전통사회의 경우, 핵가족은 광범위한 친인척 연계망의 한 일부분이었다. 기혼 부부와 그들의 자녀 이외에 가까운 친인척들까지 한 지붕 밑의 동일 가구에서 함께 동거하거나 서로 간에 긴밀하고 지속적인 인간관계를 유지할 때 확대가족이라고 불린다. 확대가족은 조부모, 기혼의 형제자매들과 그들의 배우자들, 고모, 이모와 조카들이 구성원이 될 수 있다.

서구 사회의 경우, 결혼 및 이로 인해 성립되는 가족은 단혼제(monogamy)에 기반한다. 단혼제는 특정의 기간 내의 한 명 이외의 배우자를 선택하는 것은 불법으로 규정한다. 그러나 이 단혼제가 예외 없이 보편적으로 적용되는 것은 아니다. 20세기 중반의 결혼 제도를 비교한 조지 머독의 유명한 연구에 의하면, 두 명 이상의 배우자 선택이 허용되는 복혼제(polygamy)가 연구 대상 지역의 80% 이상에서 실시되고 있음을 밝혀냈다. 복혼제에는 두 종류가 있는데, 일부다처제(polygyny)는 한 명의 남편이 두 명 이상의 부인과 결혼 할 때이고, 일처다부제(polyandry)는 아내가 두 명 이상의 남편을 거느리는 제도로써, 그렇게 흔히 일어나는 관행은 아니다(앤서니 기든스, 2007: 193－194).

가족은 사회의 주요한 제도로써 중요한 기능을 담당해 왔다. 가족의 기능은 사회변동에 따라 어떤 기능은 강화되기도 하고 어떤 기능은 약화하기도 하였다.

스토롱과 드볼트(Strong & DeVault, 2010)는 가족의 기능을 다음과 같이 설명하고 있다(김보기 외, 2016: 223－224).

① 친밀한 관계의 근원을 제공한다.

사회가 산업화하고 복잡해질수록 사람들은 가족 내에서 친밀성을 발견하려고 노력한다. 사회 내에서 개인은 대부분 역할로서 지각되기 때문에 타인과 개인적 수준에서 친밀성을 공유하기는 쉽지 않다. 그러나 가족체계 내에서 서로를 완전히 노출한 상태에서 배우자와 희망을 공유하고 함께 자녀를 양육하면서 살아간다.

② 경제적 협조의 단위로서 기능한다.

전통적으로 가족은 성별에 따라 일을 분담하는 경제적 협조의 단위이다. 가족은 보통 하나의 소비단위로 생각되기 쉬우나 동시에 중요한 생산단위이다. 가정 내에서 이루어지는 가족 구성원의 역할 수행은 임금으로 지급되지 않으므로 생산단위의 기능이 무시되기 쉽다. 가족 내에서 이루어지는 자녀 양육, 가사 노동 등은 모두 생산적 활동에 포함된다.

③ 자녀를 출산하고 그들을 사회화시킨다.

전통적으로 자녀출산은 가족의 주된 기능이었다. 가족은 그 사회를 구성하는 노인세대가 사망할 때 그들을 대치할 아동을 출산하고 양육하여 사회가 계속 유지될 수 있도록 하는 기능을 수행한다. 인간은 대단히 무력한 상태로 출생하기에 한 사람의 책임감 있는 성인으로 성장하기 위해서는 여러 해 동안의 양육이 제공되어야 한다. 가족은 그들에게 걷고 말하고 자신을 돌보는 방법을 가르치며, 특정 문화에 맞게 인간답게 살아갈 수 있도록 각종 기술을 습득시키는 사회화를 담당한다. 가족의 사회화기능은 인간을 인간답게 만드는 중요한 역할을 한다.

④ 가족 구성원에게 지위와 사회적 역할을 할당한다.

결혼으로 새로운 가족이 형성되면 남편이나 아내의 새로운 가족 역할이 부과되는데, 그것이 사회에서 진정한 성인의 지위를 획득하도록 돕는다. 부모나 형제자매에 대한 일차적 헌신이나 애정은 배우자로 이동되고, 자녀출산은 아버지와 어머니로서의 새로운 역할을 개인에게 부여한다. 가족은 개인의 인종, 사회경제적 수준, 종교 등을 결정하기 때문에 사회 내에서 특정한 지위와 위치를 획득하게 하는 역할을 한다. 가족과의 동일시를 통하여 소속한 계층의 생활 방식을 학습하고 문화적 가치와 기대를 형성한다. 가족 구성원으로서의 다양한 역할 수행을 통하여 개인적, 사회적 정체감의 많은 부분이 형성되는 것이다.

3. 가족실태조사

여성가족부는 「건강가정기본법」 제20조(가족실태조사)에 근거하여 3년마다 가족실태조사[1]를 시행하고 있다. 가족실태조사에서 가족의 범위에 대한 인식, 가족의 정의, 가장 의지가 되는 사람, 삶의 방식과 가족 가치관에 대한 생각, 다양한 가족의례 및 문화에 대한 생각, 성역할 태도, 부모 부양 및 부모 책임에 대한 생각, 자녀와 자녀 양육에 대한 생각, 평소 가족에 대한 생각, 부부의 가사수행 분담 및 분담의 공평성에 대한 인식 등을 조사하였다.

1) 가족의 범위에 대한 인식

조사 참여자들이 생각하는 '우리 가족'의 범위를 살펴본 결과(복수 응답), 부모(87.4%), 자녀(85.4%), 배우자(83.5%), 형제자매(76.1%)로 응답한 비율이 높은 가운데, 배우자의 부모(55.8%), 배우자의 형제자매(42.1%), 친조부모(41.6%), 형제자매의 배우자(35.7%), 며느리(34.5%), 친손 자녀(34.0%), 외조부모(32.2%), 사위(30.5%), 외손자녀(29.6%), 배우자의 형제자매의 배우자(27.2%), 조카(23.2%), 이모(23.1%), 고모(22.7%), 아버지의 형제 및 배우자(22.5%), 외삼촌(21.3%)의 순으로 나타난다.

----

1) 가족실태조사는 2005년 「건강가정기본법」이 제정되면서 법적 근거를 가지고 작성되기 시작하였다. 가족실태조사는 혼인 등 가족 형성과 변화, 부부관계, 부모 자녀 관계, 가사 참여 등 가족 내 역할 수행, 가족 여가 등 가족생활 전반에 관한 내용과 더불어 가족에 대한 인식과 태도 등 가족 의식을 조사하고 있다. 가족 관련 가치관 및 인식과 더불어 가족관계 등 개인과 가족의 전반적인 생활실태를 조사하는 국내 유일무이한 조사로 한국 가족의 횡단적 변화를 보여줄 수 있는 핵심 자료이다. 2005년 1차 조사가 시행되었고, 2020년은 제4차 조사이다. 2020년에는 조사 주기가 5년에서 3년으로 변경되었다(여성가족부, 2020년 가족실태조사).

함께 사는 비혈연자를 가족이라고 응답한 비율은 전체 3.5%이다. 이러한 결과는 2015년 조사 결과와도 유사한 패턴으로, 여전히 가족은 부모와 자녀, 배우자, 형제자매 등 좁은 범위의 혈연·혼인 관계를 중심으로, 가부장적, 남성 중심적 가족관계의 순위에 따라 확장됨을 확인할 수 있다.

남성의 경우 전체와 마찬가지로 부모(88.8%) – 자녀(83.8%) – 배우자(83.1%) – 형제자매(77.7%) – 배우자 부모(56.7%)의 순으로 응답했지만, 여성은 자녀(86.9%)라고 응답한 비율이 가장 높고 부모(86.0%) – 배우자(84.0%) – 형제자매(74.5%) – 배우자 부모(55.0%)의 순으로 응답하여 차이를 보인다.

30세 미만의 경우 부모(20세 미만 96.9%, 20~30세 미만 97.6%), 형제자매(20세 미만 86.0%, 20~30세 미만 88.8%)로 응답한 비율이 뚜렷하게 높았지만, 30세 이상~40세 미만에서는 부모(89.7%) – 배우자(87.6%) – 자녀(85.2%) – 형제자매(79.0%)의 순, 40세 이상에서는 자녀 – 배우자 – 부모 – 형제자매의 순으로 응답하여 연령이 어릴수록 부모, 형제자매를 중심으로, 연령이 많을수록 자녀, 배우자를 중심으로 '가족'을 인식하는 것으로 나타난다. 한편, 30세 미만에서는 함께 사는 비혈연자를 가족으로 생각한다는 응답(20세 미만 4.7%, 20~30세 미만 4.8%, 전체 3.5%)이 전체에 비해 높아 변화의 조짐도 발견된다.

2) 가족의 정의

가족의 정의는 '① 가족은 혈연관계다, ② 가족은 법적으로 연결된 관계이다, ③ 가족은 경제적으로 생계를 함께 하는 관계이다, ④ 가족은 함께 거주하며 생활을 공유하는 관계이다, ⑤ 가족은 심리적으로 유대감을 느끼는 친밀한 관계이다(함께 살지 않아도 됨), ⑥ 가족은 내가 선택하고 구성할 수 있는 관계이다'의 6개 문항에 대해 '전혀 그렇지 않다'를 1로, '매우 그렇다'를 5로 응답하도록 하였다.

조사 결과, 6개 문항에 대한 동의 정도(대체로 그렇다+매우 그렇다)는 '가족은 혈연관계'(89.0%), '가족은 법적으로 연결된 관계'(83.7%), '가족은 심리적으로 유대감을 느끼는 친밀한 관계(동거 여부 관계없음)'(82.8%), '가족은 경제적으로 생계를 함께 하는 관계'(68.8%), '가족은 함께 거주하며 생활을 공유하는 관계'(64.7%)

의 순이며, '가족은 내가 선택하고 구성할 수 있는 관계'에 대한 동의 정도가 38.7%로 가장 낮다. 이는 가족이 외형적으로는 혈연과 혼인에 기반하여 주어지는 관계로 인식되는 동시에 속성적 측면에서는 경제적·물리적 생활보다는 정서를 공유하는 관계로 인식되고 있음을 보여준다.

3) 가장 의지가 되는 사람

어려운 일이 닥쳤을 때 가장 의지가 되는 사람으로는 '배우자'가 48.0%로 가장 많고, 부모(27.5%), 자녀(11.1%), 형제자매(4.0%), 친구(3.2%), 본인(3.0%) 등의 순으로 나타난다. 의지할 사람이 없다고 응답한 사례는 전체 응답자의 1.5%이다.

2015년 조사 결과와 비교하면, 배우자라고 응답한 비율은 소폭 하락(−0.5%p)한 반면, 부모(0.1%p)와 자녀(1.2%p)라고 응답한 비율은 다소 늘어났다. 친구(−0.3%p), 성직자(−0.3%p), 자기 자신(−0.4%p)이 의지가 된다고 응답한 비율은 다소 감소하였고, 의지할 사람이 없다는 응답은 0.2%p 증가하였다.

4) 삶의 방식과 가족 가치관에 대한 생각

삶의 방식과 가족 가치관에 대한 생각은 '① 결혼하지 않고 독신으로 사는 것에 동의한다, ② 결혼하지 않고 남녀가 함께 사는 것에 동의한다, ③ 이혼이나 재혼하는 것에 동의한다, ④ 결혼하고 아이를 낳지 않는 것에 동의한다, ⑤ 결혼하지 않고 아이를 낳는 것에 동의한다, ⑥ 부부가 따로 떨어져 사는 것(직장 등으로 주말부부가 된 경우 제외), ⑦ 결혼생활에 대한 계약서를 쓰는 것이 필요하다, ⑧ 자녀의 성을 부부가 합의하여 어머니 성으로 결정하는 것에 동의한다'의 8개 문항에 대한 동의 정도(1: 전혀 그렇지 않다, 5: 매우 그렇다)로 측정하였다.

조사 결과, 8개 문항에 대한 동의수준(대체로 그렇다+매우 그렇다)은 '이혼이나 재혼하는 것'이 36.0%로 가장 높고, '결혼하지 않고 독신으로 사는 것'(34.0%), '결혼하고 아이를 낳지 않는 것'(28.3%), '결혼하지 않고 남녀가 함께 사는 것'(25.9%), '자녀의 성을 부부가 합의하여 어머니 성으로 결정하는 것'(24.1%), '부부가 떨어져 사는 것'(23.6%), '결혼생활에 대한 계약서를 쓰는 것이 필요'(16.3%)의 순이며, '결혼하지 않고 아이를 낳는 것'에 대한 동의 정도가 15.4%로 가장 낮다.

이 같은 결과는 이혼이나 재혼, 독신, 무자녀, 비혼 동거 등 가족의 형태적 다양성에 대해서는 상대적으로 높은 수용성을, 자녀의 성을 어머니의 성으로 결정하거나 부부가 떨어져 사는 것, 결혼생활에 계약서를 작성하는 등 가족의 운영 질서, 규범의 변화에 대해서는 상대적으로 낮은 수용성을 보여준다. 특히 비혼 상태에서 자녀를 출산하는 것에 대한 수용성은 매우 낮은 수준이다.

연령별로는 대체로 연령이 어릴수록 동의수준이 높고, 연령에 따른 응답 격차도 큰 편이다. '결혼하고 아이를 낳지 않는 것'에 대해 20~30세 미만이 52.4% 동의했지만, 70세 이상은 7.5%만이 동의하는 것으로 나타난다. '자녀의 성을 부부가 합의하여 어머니 성으로 결정하는 것'에 대해서도 20세 미만과 20~30세 미만은 각각 49.6%, 42.0% 동의한 데 반해 70세 이상의 동의비율은 7.5%에 불과하다.

5) 다양한 가족의례 및 문화에 대한 생각

다양한 가족의례 및 문화에 대한 생각은 '① 부부가 각자의 가족과 명절을 보내는 것에 동의한다, ② 제사를 지내지 않는 것에 동의한다, ③ 장례식을 가족 중심으로 치르는 것에 동의한다, ④ 결혼식을 결혼당사자 중심으로 치르는 것에 동의한다, ⑤ 가부장적 가족 호칭(도련님, 아가씨, 처남 등) 개선에 동의한다'의 5개 문항에 대한 동의 정도(1: 전혀 그렇지 않다, 5:매우 그렇다)로 측정하였다.

조사 결과, 5개 문항에 대한 동의수준(대체로 그렇다+매우 그렇다)은 '결혼식을 결혼당사자 중심으로 치르는 것'(60.2%), '장례식을 가족 중심으로 치르는 것'(58.9%), '가부장적 가족 호칭의 개선'(46.7%), '제사를 지내지 않는 것'(45.7%), '부부가 각자의 가족과 명절을 보내는 것'(29.9%)의 순이다.

대체로 연령이 어릴수록 각 문항에 대해 더 동의하는 경향이 발견되며, 세대 간 응답 격차도 큰 편이다. '부부가 각자의 가족과 명절을 보내는 것'(20세 미만 48.7%, 70세 이상 13.0%, 35.7%p 차이), '제사를 지내지 않는 것'(20~30세 미만 63.5%, 70세 이상 27.8%, 35.7%p 차이), '가부장적 가족 호칭 개선'(20~30세 미만

56.4%, 70세 이상 27.1%, 29.3%p 차이), '결혼식을 결혼당사자 중심으로 치르는 것'(20~30세 미만 70.1%, 70세 이상 43.8%, 26.3%p 차이)에 대한 응답 차이가 두드러진다.

6) 성 역할 태도

성 역할 태도는 '① 가족의 경제적 부양은 주로 남성이 해야 한다, ② 가족의 의사결정은 주로 남성이 해야 한다, ③ 가사는 주로 여성이 해야 한다, ④ 가족 돌봄(자녀, 부모 등)은 주로 여성이 해야 한다'이다.

조사 결과, 4개 문항 모두에 대해 전반적으로 낮은 동의수준(대체로 그렇다＋매우 그렇다)이 확인되어 전형적인 성 역할 태도에 대한 동의수준은 매우 낮은 것으로 파악된다.

세부 항목별 동의수준은 '가족의 경제적 부양은 주로 남성'(22.4%)에 대한 동의가 가장 많고, '가사는 주로 여성'(12.7%), '가족 돌봄은 주로 여성'(12.3%), '가족의 의사결정은 주로 남성'(9.8%)의 순이다. 연령이 많을수록 4개 문항에 대한 동의수준이 높고, 연령별 응답 격차가 매우 크다.

연령에 따른 응답 격차가 가장 큰 문항은 '가족의 경제적 부양은 주로 남성'으로, 20세 미만(7.2%)과 70세 이상(41.4%)의 응답 차이가 34.2%p에 달한다.

'가사는 주로 여성'(20세 미만 2.9%, 70세 이상 34.6%, 31.7%p 차이), '가족 돌봄은 주로 여성'(20세 미만 3.4%, 70세 이상 30.2%, 26.8%p 차이), '가족의 의사결정은 주로 남성'(20세 미만 3.1%, 70세 이상 26.3%, 23.2%p 차이)에 대해서도 상당한 응답 차이를 보인다.

7) 부모 부양 및 부모 책임에 대한 생각

부모 부양 및 부모 책임에 대한 생각은 '① 자식은 나이 든 부모를 모시고 살아야 한다, ② 자식은 나이 든 부모를 경제적으로 부양해야 한다, ③ 부모는 자녀가 취업할 때까지 책임져야 한다, ④ 부모는 자녀의 결혼 준비(혼수, 신혼집 마련) 비용을 책임져야 한다, ⑤ 부모는 자녀가 결혼한 이후에도 자녀를 돌볼 책임이 있다(경제적 도움, 손자녀 돌보기 등)'에 대해 5점 척도(1: 전혀 그렇지 않다, 5:

매우 그렇다)로 측정하였다.

조사 결과, 5개 문항에 대한 동의수준은 크게 높지 않은 가운데, '자식은 나이든 부모를 경제적 부양해야 한다'에 대한 동의수준(대체로 그렇다＋ 매우 그렇다)이 39.4%로 가장 높고, '부모는 자녀가 취업할 때까지 책임져야 한다'(37.6%), '자식은 나이 든 부모를 모시고 살아야 한다'(25.8%), '부모는 자녀의 결혼 준비 비용을 책임져야 한다'(16.8%), '부모는 자녀가 결혼한 이후에도 돌볼 책임이 있다'(9.8%)의 순이다.

연령별로는 '나이 든 부모와 동거'(20세 미만 28.0%, 70세 이상 31.2%), '나이 든 부모에 대한 경제적 부양'(20세 미만 43.7%, 20~30세 미만 44.5%, 70세 이상 42.1%)에 대해서는 30세 미만과 70세 이상의 동의수준이 전체 및 다른 연령집단에 비해 높다. 반면 '자녀가 취업할 때까지 책임', '자녀의 결혼 준비 비용 책임', '자녀가 결혼한 이후에도 돌볼 책임'에 대해서는 연령이 많을수록 동의하는 경향을 나타내며, 특히 50세 이상의 동의수준이 높다. 자녀 관련 책임과 관련해서는 연령별 응답 차이도 큰 편이다. '자녀 취업 시까지 책임'에 대해서는 22.3%p(20세 미만 27.9%, 70세 이상 50.2%), '자녀 결혼 준비 비용 책임'에 대해서는 20.7%p(20세 미만 10.4%, 70세 이상 31.1%) 차이를 보이며, '자녀가 결혼한 이후에도 돌볼 책임'에 대한 차이가 가장 작다(20세 미만 9.8%, 70세 이상 17.4%, 7.6%p 차이).

8) 자녀와 자녀 양육에 대한 생각

자녀와 자녀 양육에 대한 생각은 '① 자녀의 성장을 지켜보는 것이 인생에서 가장 큰 즐거움이다, ② 노후를 위해서는 자녀가 필요하다, ③ 자식의 성공은 나의 성공과 같다, ④ 자녀를 돌보는 일은 힘든 일이다, ⑤ 자녀 때문에 하고 싶은 일을 못 할 수 있다, ⑥ 자녀를 키우는 것은 경제적으로 부담이 된다'의 6개 항목에 대한 동의수준(1: 전혀 그렇지 않다, 5: 매우 그렇다)을 통해 살펴보았다.

조사 결과, 6개 항목 중 응답자들이 가장 많이 동의한 항목은 '자녀의 성장을 지켜보는 것이 인생에서 가장 큰 즐거움이다'로 전체 응답자의 65.2%가 대체로 그렇다, 매우 그렇다고 응답하였다. 다음으로는 '자녀를 키우는 것은 경제적으로 부담이 된다'(63.2%), '자녀를 돌보는 일은 힘든 일이다'(57.6%), '자녀 때문에 하고 싶은 일을 못 할 수 있다'(49.3%), '자식의 성공은 나의 성공과 같다'(46.9%), '노후를 위해서는 자녀가 필요하다'(34.6%)의 순이다. 이를 통해 자녀 양육은 더 없는 즐거움인 동시에 경제적 비용이나 부모 됨의 기회비용 부담 또한 큰 것으로 인식되고 있음을 알 수 있다.

연령별로 살펴보면, '자녀의 성장을 지켜보는 즐거움'(20세 미만 45.4%, 70세 이상 84.6%, 39.2%p 차이)과 '노후를 위한 자녀의 필요성'(20세 미만 29.2%, 70세 이상 66.5%, 37.3%p 차이), '자녀의 성공은 나의 성공'(20세 미만 38.5%, 70세 이상 76.7%, 38.2%p 차이)에 대해서는 연령이 많을수록 동의하는 비율이 높은 경향을 보이며, 연령별 응답 격차도 큰 편이다. '자녀 돌봄의 힘겨움'(20~30세 미만 64.9%, 30세~40세 미만 62.8%, 전체 57.6%)과 '자녀로 인해서 하고 싶은 일을 못 할 수 있다'(20~30세 미만 59.3%, 30~40세 미만 60.9%, 전체 49.3%), '자녀 양육의 경제적 부담'(20~30세 미만 68.3%, 30~40세 미만 65.5%, 전체 63.2%)에 대해서는 20~40세 미만 응답자의 동의수준이 뚜렷하게 높다.

9) 평소 가족에 대한 생각

평소 가족에 대한 생각은 '① 의무감, 책임감이 느껴져 부담스럽다, ② 의지할 수 있다고 느껴져 든든하다'의 2개 문항에 대한 동의 정도(1: 전혀 그렇지 않다, 5: 매우 그렇다)로 측정하였다.

조사 결과, 조사 참여자들은 가족에 대해 의무감, 책임감(대체로 그렇다＋매우 그렇다, 27.2%)보다는 든든함(68.8%)을 더 크게 느끼는 것으로 나타난다.

연령이 많을수록 의무감, 책임감으로 부담스럽다는 응답이 많으며, 40세 이상의 경우 전체 평균을 상회하는 응답 비율을 보인다. 의지할 수 있어 든든하다는 응답은 60세 이상 응답자에게서 많다.

10) 부부의 가사수행 분담 및 분담의 공평성에 대한 인식

부부의 가사수행은 '시장보기, 식사 준비, 청소 등 가사 노동, 자녀 양육과 교육, 본인 부모 또는 친척들과의 교제, 배우자 부모 또는 친척들과의 교제, 가족생활 유지를 위한 계획과 준비 등' 5개 항목에 대하여 남편과 아내 중 누가 주로 하는지, 공평하다고 생각하는지에 대하여 조사하였다.

아내가 하는 비율이 높은 항목은 시장보기, 식사 준비, 청소 등 가사 노동 (70.5%), 자녀 양육과 교육(57.9%)이며, 남편과 아내가 똑같이 하는 비율이 높은 항목은 본인 부모 또는 친척들과의 교제(60.2%), 배우자 부모 또는 친척들과의 교제(60.4%), 가족생활 유지를 위한 계획과 준비(65.7%)로 나타났다.

항목별 부부의 가사수행을 연령별로 구분해보면 연령이 낮을수록 가사수행을 공평하게 분담하는 것으로 나타났다. 시장보기, 식사 준비, 청소 등 가사 노동을 '남편과 아내가 똑같이' 담당한다는 응답률은 30세 미만 56.4%, 30대 37.9%인 데 반해 50대 22.6%, 60대 23.3%로 나타났다.

시장보기, 식사 준비, 청소 등 가사 노동을 분담하는 정도가 '공평'(매우 공평＋약간공평)하다고 인식하는 비율은 30세 미만 78.1%, 30대 67.5%인 데 반해 40대 58.2%, 50대 58.2%로 나타났다. 자녀 양육과 교육은 40대에서 '불공평'(매우 불공평＋약간불공평)하다고 인식하는 비율이 36.8%로 가장 높았다(전체 평균은 31.1%).

4. 가족구조의 변화와 원인

오늘날 우리 사회는 다변화와 더불어 가족 역시 변화하면서 다양한 형태의 가족들이 등장하였다. 사회변동이 되어도 가족은 인간에게 기본적인 사회제도로 작용하고 가장 기초적인 집단이다. 가족은 인간이 공동체로 인생을 살아가면서 삶의 태도와 자세를 형성하는 데 가장 큰 영향을 미친다고 할 수 있다. 가족은 개인과 사회의 중간지점에 위치하면서 사회의 기초를 이루고 개인의 성장과 발달에 중요한 역할을 담당하는 체계이다.

가족의 체계는 사회구조의 지속적인 변화에 적응하고 있다. 가족은 과거에 주로 보였던 획일성보다는 다양성이, 정형화된 모습보다는 유연화된 모습으로 단일한 가치가 지배하기보다는 다양한, 복잡한 가치관이 공존하는 곳으로 변화하고 있다(이철우a, 2017).

우리나라에서 가족의 모습이 많이 변한 것은 산아제한 정책 때문이다. 산아제한은 여러 이유로 출산을 억제하거나 임신의 간격을 늘리는 제도나 이념을 말한다. 산아제한은 가족 규모의 축소를 위한 것이었으며, 한국에서는 1960~1980년까지 산아제한을 목적으로 한 가족계획이 경제발전계획과 함께 정부 주도의 국가적인 사업으로 추진되었다. "덮어놓고 낳다 보면 거지꼴을 못 면한다", "둘만 낳아 잘 기르자" 등은 산아제한 정책을 위한 구호들이었다.

전통적인 가족구조와 그에 기반한 남성과 여성의 성 역할은 붕괴하고 다양한 형태의 가족구조가 형성되었다. 한부모가족, 미혼모 가족, 무자녀 가족, 노인 가족, 재혼 가족, 입양 가족, 국제결혼 가족, 비혈연 가족, 동거가족 등 비정형적이고 새로운 형태의 가족구조가 등장한 것이다.[2] 또한, 미혼 성인과 독거노인의 증가 등으로 가족의 규모는 점차 축소되지만, 가족의 수는 증가하였다(서용석 외, 2012: 43).

가족구조가 변화한 주요 원인은 가치관의 변화, 사회적 요인, 인구학적 요인으로 구분할 수 있고, 이 원인은 독립적이라기보다 서로 영향을 주고받으며 상호 연관되어 있다고 할 수 있다(서용석 외, 2012: 43-46).

1) 가치관의 변화

가치관은 빠르게 변화하고 있다. 가치관은 인간이 자기를 포함한 세계나 대상에 대해 부여하는 가치나 의의에 관한 견해나 입장이다. 상대적으로 안정된 농업사회와는 달리 빠른 기술 변화와 경쟁에 근거한 산업사회는 사람들의 의식을 신속히 변화시켜 왔다.

전통적 가치에서 결혼은 반드시 해야 하는 절대적 가치였다. 그러나 결혼은 개인의 선택이라는 상대적 가치관으로 변화하였다. 남녀 간 성 역할에 대한 가치도 변화하여 경제활동, 자녀 양육, 가사분담 등에서 평등주의적 사고가 확산하였다.

....

 2) 전통적 가족구조를 기준으로 할 때 한부모가족은 자녀의 관점에서 부 또는 모가 부재한 가족이고, 무자녀 가족은 부모의 관점에서 자녀가 없는 가족이며, 노인 가족은 평생 자녀가 없었거나, 자녀가 있더라도 현재 함께 생활하지 않는 가족을 의미한다.

여성의 교육수준 향상과 경제활동 증가는 일과 가사의 분담이 상대적으로 변화하는 데 이바지하였다. 자녀에 대한 가치관도 크게 변화하였다. 과거 농경사회에서의 자녀는 가계 계승, 노동력 창출, 노후 부양 기대 등의 의미에서 매우 중요시됐다. 그러나 탈산업사회3)에서는 많은 수의 자녀가 양육 부담을 증가시키며 개인 중심의 가족생활을 중시함에 따라 적은 수의 자녀를 희망하게 되었다.

2) 사회적 요인

사회적 요인으로는 탈산업화 진행에 따른 여성의 노동시장 참여가 있다. 여성들이 유급노동 시장으로 진입할 수 있었던 것은 탈산업사회의 경제를 이끌어 가는 주요 동력인 서비스 부문이 여성 중심적이라는 특성이 있기 때문이다. 제

---

3) 다니엘 벨(Daniel Bell, 1973)에 의하면, 탈산업화된 사회는 서비스업 비중이 노동인구와 국민총생산(GNP)의 절반 이상을 차지하고 경제의 기조가 재화로부터 지식이나 서비스로 이행해가는 사회이다. 이것은 재화를 생산하던 제조업 중심의 산업사회에서 다양한 서비스의 창출이 중심이 되는 서비스사회로의 변화를 의미한다. 국가 경제에서 서비스 산업이 차지하는 비중이 절반 이상인 사회를 '서비스 경제' 혹은 '서비스사회'라 한다. 서비스 경제로의 전환은 산업화 시기와는 다른 새로운 사회적 위험들을 유발하게 된다. 이는 서비스 경제로의 전환으로 인하여 사회복지의 대상들이 새롭게 제기된다는 의미이다. 과거 산업사회에서 주된 사회복지의 대상은 남성 산업노동자에게 초점이 맞추어져 왔다. 남성 노동자는 자신의 노동력을 팔아서 벌게 되는 임금으로 가정생활을 유지하고 노부모를 부양하며 자녀를 양육할 수 있었다. 제조업에서의 평생 고용을 통해 안정적인 소득의 확보가 가능하였다. 사회보장시스템도 이러한 남성 노동자가 노동시장으로부터 이탈함으로 인해 발생할 수 있는 위험들에 대비하는 것이 대부분이었다. 그러나 서비스 경제로의 전환은 이전과는 다른 형태의 새로운 사회적 위험들을 양산하게 된다. 제조업이 쇠퇴함에 따라 남성 노동자는 상시적인 실업 위기에 놓이게 되며, 생산성 저하에 따른 임금하락으로 인하여 가정의 생계를 유지하기가 어려워졌다. 가정생활을 유지하기 위한 여성의 노동시장 참여가 확대되었으며, 이러한 현상은 서비스 경제에서 서비스 직종의 확대와 맞물려 대규모의 저임금 여성 노동자를 양산하는 결과를 초래하였다. 여성의 노동시장 참여는 기존에 여성이 가정에서 담당했던 가사 노동과 직장에서의 일을 병행하기 어려워지게 되었다. 여성이 직장에서의 일과 가정생활을 병행하는 문제가 새로운 사회적 위험으로 등장한 것이다. 여성이 가정에서 담당했던 노부모에 대한 부양과 자녀들에 대한 양육이 또 하나의 주요한 사회적 위험으로 제기되었다. 여성의 노동시장 참여는 노인부양뿐만 아니라 자녀 양육을 어렵게 함으로써 노인과 아동에 대한 돌봄 문제가 사회적인 문제로 나타나게 된 것이다. 서비스 경제에서 창출되는 고용이 낮은 임금을 전제로 함으로써 저임금·미숙련 노동자를 양산하게 된다. 이러한 근로빈곤층은 고용상의 불안정한 지위와 함께 저임금으로 인해 빈곤층으로 전락할 가능성이 높다. 서비스 경제로의 전환은 새로운 사회적 위험들에 직면하는 여성, 노인, 아동, 근로빈곤층과 같은 대상자들이 사회보장시스템의 대상으로 떠안게 된 것이다(서용석 외, 2012: 24−30).

조업 중심인 산업사회는 남성의 대규모 고용을 가능하게 해 주는 반면 탈산업사회에서는 제조업이 쇠퇴하고 서비스업이 증가하기 때문에 여성의 노동참여 비율이 높아지게 된다. 여성의 교육기회 증가와 교육수준의 향상은 이 같은 상황을 더욱 가속하고 있다.

여성의 경제활동 증가는 자녀 양육 기능의 약화를 우려한 여성들이 출산을 꺼리거나 포기하도록 만들었으며, 여성의 경제적 자립능력은 배우자의 부정이나 가족 기능 수행에 대한 불만족을 여성이 더는 인내하지 않도록 하였다.

3) 인구학적 요인

인구학적 요인으로는 초혼연령 상승, 혼인 감소, 미혼자 증가, 저출산[4]과 고령화 등이 있다. 이러한 인구학적 요인들은 가치관 변화와 노동시장 변화와 연계되어 있으며, 평균 가족 규모의 축소와 가족의 해체라는 결과를 초래하였다. 가족 형성을 의미하는 혼인을 지연하거나 아예 꺼리는 경향은 초혼연령의 상승 및 혼인율의 감소와 미혼 인구의 증가로 나타났다.

또한, 이혼율의 증가와 다른 가족 없이 혼자의 힘으로 살아가려는 노인과 젊은이들의 수가 점차 증가하는 추세이다. 그 결과 이민을 제외할 경우 인구 증가가 거의 모든 OECD 회원국들에서 멈추었지만, 가족의 수는 점차 증가하는 것으로 나타났다.

5. 가족구조 변화의 영향

가족구조 변화의 영향은 빈곤 가구의 증가, 여성의 빈곤화, 국가의 재정부담 증가를 중심으로 살펴볼 수 있다(서용석 외, 2012: 46-50).

---

4) 2019년 기준 OECD 38개 회원국의 평균 합계출산율(여성 1명이 평생 낳을 것으로 예상되는 평균 출생아 수)은 1.61명이다. 한국의 합계출산율은 0.92명이다. 저출산 경향은 개인의 선호도나 생활양식의 변화도 한몫하지만, 일상에서 노동시장의 불안정, 안정된 주택확보의 어려움, 감당할 수 없는 아동 양육 등 부부가 직면하게 되는 새로운 위험 요소들의 등장과 불충분했던 사회정책에도 그 원인이 있다.

1) 빈곤 가구의 증가

가족구조의 변화가 초래하는 중요한 문제 중 하나는 가족생활의 불안정을 일으키는 빈곤의 문제이다. 특히 한부모가족일 경우 빈곤의 가능성은 더욱 커진다. 낮은 소득으로 인해 빈곤에 처할 위험이 다른 가구들보다 높으며 일과 육아의 병행에서 오는 부담 역시 양부모가구에 비해 훨씬 더 크다. 아동에게 부적절한 양육환경과 열악한 교육여건으로 이어져 교육 성취에 부정적인 영향을 주게 되어 사회적 상승 이동의 기회가 차단되어 빈곤의 악순환이 되풀이되기 쉽다.

노인 가족 상당수가 낮은 가구 소득으로 경제적 빈곤을 겪고 있다. 대가족 형태는 자원을 공유할 수 있고, 노인의 부양과 아동의 양육을 공동으로 책임질 수 있지만, 노인 단독가족이거나 노인 부부 가족과 같은 소규모 가족 형태는 도움을 받을 수 있는 다른 가족의 부재로 인하여 국가의 도움이 절실히 필요하다.

경제적 어려움 외에도 노인가구는 자녀나 주변 사람들의 관심과 교류 부족 등으로 더욱 정서적 소외감과 고립감을 느끼며 살아간다.

**'사회적 소외' 취약한 저소득층 응답자 18.8% "고립감 느낀다"…
전체 평균보다 6.7%P나 높아**

코로나 19 팬데믹은 저소득층에 더 극심한 소외와 사회적 고립감을 안긴 것으로 나타났다. 서울대 보건대학원 연구팀에 따르면 월 가구소득 200만 원 이하 저소득층에 해당하는 응답자의 18.5%가 고립감을 느꼈다. 이는 전체 평균(11.8%)보다 6.7% 포인트 높은 수준이다. '주변에 사람이 있지만 내 곁에 함께 있지 않다'라는 비율도 27.7%로 평균보다 8.4% 포인트 높았다.

• **"고립될 때 마음 나눌 사람 없다" 저소득층은 평균의 두 배**
저소득층은 가까운 관계에서도 소외감이 두드러졌다. 전체 응답자의 14.0%만이 '나는 친구가 없다'라고 답했으나 월 가구소득 200만 원 이하는 21.5%에 달했다. 친구 집단에 대한 소속감도 39.2%로 평균(48.7%)보다 낮았다.
정서적 위로나 간병 등 도움이 필요한 상황에서는 훨씬 더 취약했다. 저소득층 응답자의 14.6%가 '자가격리나 사회적 거리 두기 등으로 고립될 때 연락해서 마음을 나눌 사람이 없다'라고 답했는데, 이는 평균(7.2%)의 두 배나 되는 수치다.
저소득층 응답자의 33.1%가 코로나 19로 생업·가사·육아 등 부담이 커질 때 도움을 요청할 사람이 없었다. 코로나 19로 형편이 어려울 때 경제적 도움을 받을 사람이 '0명'이라는 응답이 39.2%로 평균(31.5%)을 웃돌았다.

코로나 19 기간 동안 저소득층의 우울감은 위험 수위에 다다랐다.

월 가구소득 200만 원 이하 응답자는 2021년 1월 '우울' 평균점수(PHQ-9)가 10.33점(총 27점)으로 '우울 위험군' 기준인 10점을 넘겼다. 같은 기간 전체 평균은 7.91점이었다. 2021년 8월에도 월 소득 200만 원 이하는 9.63점으로 10점에 근접했다.

출처: 서울신문, 2022. 1. 22.

2) 여성의 빈곤화

가족구조의 변화는 남성보다 여성의 빈곤화에 더욱 많은 영향을 미친다. 여성의 빈곤 문제는 성차별, 사회보장에서의 불평등한 지위, 가부장적 가족구조, 직장과 가사의 병행 등과 연관되어 심각한 상황이다.

한부모가족의 여성은 남편의 상실로 인한 소득의 감소로 생계유지를 위하여 취업하지 않을 수 없으며, 동시에 육아와 가사를 책임져야 한다. 그러나 전문적 기술의 습득이 없는 여성의 경우 가정생활을 하면서 취업할 수 있는 직종은 저임금, 서비스영역에 편중될 수밖에 없다.

또한, 여성이 고용을 통한 소득을 얻게 되었다고 해도 성별에 따른 고용상격차는 여전히 남아있으며 특히 자녀가 있는 경우는 더욱 그렇다. 고용이 된다고 해도 일하는 남성에 비해 상대적으로 낮은 수준의 일자리에서 저임금을 받으며 일하고 있다. 자녀를 둔 여성은 고용이 된다고 해도 아이 양육과 노인부양 등을 위해 경력 단절을 감수해야만 한다. 미혼모들 역시 경제적 빈곤, 자녀 양육문제, 건강문제, 주택문제 등 많은 부분에서 어려움을 겪고 있다.

아이 낳고 키우느라⋯ 영유아 가정 절반 '경력 단절'

영유아 가정의 절반이 양육 과정에서 직장을 그만두는 경험을 한 것으로 조사됐다. 육아정책연구소의 '2021년 전국 보육실태 조사-가구 조사' 보고서에 따르면 만 0~6세 미만 아이가 있는 전국 2500가구를 대상으로 자녀 양육실태를 조사한 결과, 전체 가구의 50.3%가 부모 중 1명 이상이 출산과 양육을 위해 직장을 그만두었다고 답했다.

육아로 경력 단절을 겪는 이는 대부분 여성이었다. 전체 대상 중 여성이 직장을 그만둔 경우는 48.8%였고, 남성은 0.8%에 불과했다. 부모 모두 그만둔 경우는 0.7%였다. 특히 여성 경력 단절 경험 비율은 2009년 24.6%, 2012년 25.2%, 2015년 32.3%, 2018년 40.3%로 꾸준히 늘고 있다.

여성이 직장을 그만둔 이유는 '육아를 전담하는 것이 가치가 크다고 생각해서'가 37.4%로 가장 많았다. 이어 '아이를 믿고 맡길 곳이 마땅치 않아서'라고 답한 비율이 29.5%였다. 여성들은 '업무에 지장이 있어서' 10.2%, '소득보다 아이를 외부에 맡기는 비용이 많이 들어서' 7.4%, '일이 육아에 지장을 주어서' 5.9%, '직장에서 육아 지원 서비스가 부재해서' 3.9% 등의 이유로 직장을 그만두었다.

여성의 경력 단절 시기는 '임신했을 때'가 55.5%, '출산 또는 출산휴가 직후'가 24.5%로, 대부분 임신과 출산 초기에 직장을 그만두었다.

육아휴직 경험 비율은 여성이 32.6%였고, 남성이 2.1%였다. 남녀 모두 육아휴직을 한 경우가 2.4%로, 남성만 한 경우보다 더 높았다. 남녀 모두 육아휴직을 하지 않은 경우는 63%였다.

출처: 부산일보, 2022. 7. 20.

3) 국가의 재정부담 증가

전통적인 가족구조를 벗어나 다양한 형태로의 가족구조 변화는 결과적으로 국가의 복지재정부담을 가중할 수밖에 없다. 기존의 복지 국가들은 전통적으로 남자가 돈을 벌고 여자는 육아와 노인부양을 담당하는 '남성생계부양자' 가족구조[5])에 맞춰 디자인되었다. 그동안 복지국가의 사회복지는 국가와 시장에 기초하였다기보다는 국가, 시장, 가족이라는 3자 부담에 기반하여 왔다고 할 수 있다. 여러 가지 비정형적 가족구조가 등장함에 따라 기존과 같은 가족의 역할을 기대

---

5) 기존의 성 역할이 엄격하게 구분되는 형태의 가족구조로 제조업 중심의 산업사회에서 보편화하여 있던 가사분업구조이다. 남성은 직장에서 전일제 근무를 하고 여성은 무보수의 가사와 양육을 맡는 기존의 성 역할 분담이다. '남성생계부양자' 가족구조의 변화는 남성은 직장에서 임금을 벌고 여성이 가정에서 가사와 육아, 부양을 책임지는 생활양식이 사라지고 있다는 것이다. 이는 남성의 실질임금이 하락하고 고용조건이 불안정해지는 반면 여성의 노동시장 참여가 확대되고 있기 때문이다.

하기 힘들게 되었다. 이것은 독거노인, 한부모가족의 여성, 빈곤 아동, 미혼모 등 가족을 대신해서 국가가 보호하고 지원해야 할 대상이 증가하였음을 의미한다.

노동시장에 참여하려는 여성들의 가족 내 공백을 메우기 위하여 그동안 여성이 전담했던 가족보호를 남성 등 다른 가족이 분담하거나 시장 혹은 국가가 지원해야 함을 의미한다. 이러한 문제들의 해결은 기본적으로 국가 예산의 증가를 요구하기 때문에 모든 복지 국가들에 공통적인 재정부담으로 작용한다.

가족구조의 변화는 아동 양육과 노인부양을 위한 모성 휴가, 부성휴가, 아동수당, 다양한 세제 혜택과 사회보장 크레딧,6) 많은 공적 사회보장의 확대를 요구하게 되고 이는 당연히 국가재정에 압박을 가하게 된다.

6. 건강가정지원센터

건강가정지원센터는 2005년부터 시행된 「건강가정기본법」에 따라 가족 정책의 전달체계로서 정부의 가족 정책 추진 방향에 부응하여 건강가정사업을 시행하도록 설립하였다.

가족 문제의 예방과 해결을 위한 가족돌봄나눔사업, 생애주기별 가족교육사업, 가족상담사업, 가족친화문화조성사업, 정보제공 및 지역사회 네트워크 사업을 추진하고 있다. 일반가족은 물론 한부모가족, 조손 가족, 다문화가족, 일탈청소년 가족, 군인 가족, 수용자 가족, 맞벌이 가족, 이혼 전후 가족 등의 다양한 가족 지원을 위한 상담, 교육 및 문화 프로그램이 결합한 맞춤형 통합서비스를 제공하며, 아이 돌보미 지원, 공동육아 나눔터 사업 등의 돌봄 지원사업, 취약가족과 위기 가족을 위한 취약·위기 가족지원사업, 미혼모부자 가족지원사업, 기

---

6) 국민연금 사각지대 해소 차원에서 가입 기간을 추가로 인정해주는 출산크레딧은 2008년 1월 1일 이후 둘째 자녀 이상을 출산(입양)한 경우 국민연금을 받을 시점에 가입 기간을 추가로 인정해주는 제도이다. 자녀가 2명인 경우에는 12개월을 추가 인정해주며 자녀 3명은 30개월, 4명은 48개월, 5명 이상이면 50개월까지 가입 기간이 인정된다. 저출산·고령화에 대비해 출산을 장려하고, 여성 가입자의 연금수급권 획득 기회를 확대, 연금 사각지대를 줄이려는 취지로 도입되었다.

타 타 부처와 관계기관과의 협력사업 등을 통해 다양한 가족 사업을 수행하고 있다.

요보호 가족뿐만 아니라 모든 가족 구성원을 위한 서비스제공 및 평등하고 민주적인 가족관계를 지향한다. 가족 전체를 고려한 통합적 서비스, 가족 문제 예방, 돌봄 및 가족 기능 강화를 위한 포괄적 서비스, 건강가정 서비스의 전문화를 위한 관계기관과 긴밀한 네트워크를 형성하여 효과적인 서비스제공에 노력하고 있다.

국가 및 지자체는 가정문제의 예방, 상담 및 치료, 건강가정 유지를 위한 프로그램의 개발, 가족문화 운동의 전개, 가정 관련 정보 및 자료 제공을 위하여 중앙, 시도 및 시군구에 건강가정지원센터의 설치 및 운영을 의무화(「건강가정기본법」 제35조)하고 있다.

건강가정지원센터에는 건강가정사업을 수행하기 위하여 관련 분야에 대한 학식과 경험을 가진 전문가("건강 가정사")를 두어야 한다. 건강 가정사는 대학 또는 이와 동등 이상의 학교에서 사회복지학·가정학·여성학 등 여성가족부령이 정하는 관련 교과목을 이수하고 졸업한 자여야 한다. 건강 가정사는 "가정문제의 예방·상담·개선, 건강가정의 유지를 위한 프로그램의 개발, 건강가정교육(민주적이고 양성 평등한 가족관계 교육 포함), 가정 생활문화 운동의 전개, 가정 관련 정보 및 자료 제공, 가정에 대한 방문 및 실태 파악, 아동보호전문기관 등 지역사회자원과의 연계, 그 밖에 건강가정사업과 관련하여 여성가족부 장관이 정하는 활동(「건강가정기본법」 시행령 제4조)" 업무를 담당한다.

생각해보기

| 1 | 가족은 (   )이다. 괄호 안에 넣고 싶은 단어와 그 이유는? |

_____

_____

_____

_____

가족은 하나의 작은 사회이자 작은 국가이다.

가족은 연인이다. 안 보면 보고 싶고, 보면 자주 다투기 때문이다.

가족은 자석이다. 잘 붙었다 떨어졌다 하기 때문이다.

가족은 공기이다. 잘 보이지도 않고 만질 수도 없지만, 항상 우리 주위를 맴돌면서 지켜주는 고맙고 소중한 존재이기 때문이다.

| 2 | 가족구조의 변화를 바라보는 관점은 크게 두 가지로 나뉜다. 각각의 관점에서 타당성을 이야기해보자. |

_____

_____

_____

_____

가족 변화를 바라보는 두 가지 관점이 있다. 다양한 가족 형태의 등장으로 가족 제도 자체가 위협을 받고 있다고 인식하는 것이다. 가족 해체를 방지하기 위한 정책을 제도화하자고 주장할 것이다. 다양한 가족 유형을 사회변화로 이해하는 인식이 있다. 현재의 여러 사회제도를 수정하여 다양한 유형의 가족을 새로운 유형으로 인정하고 지원하는 방향으로 정책을 개선해야 한다고 주장할 것이다.

'가족은 붕괴하고 있다'라고 주장하는 가족 가치의 옹호론자들은 가족생활에 대한 도덕성을 회복해야 한다고 주장한다. 복잡하게 얽혀 있는 가족관계보다 훨씬 더 안정되고 질서가 잡혀 있던 전통적 가족을 제 위치로 되돌려 놓아야 한다고 강조한다. 이들은 가족을 성별 분업에 기초하여 사회체제를 유지하기 위해 아동 양육, 사회화, 노동력 재생산 기능을 가장 잘 수행할 수 있는 가장 이상적인 형태로 본다. 동거, 독신, 별거, 혼외출산, 이혼 등과 같은 변화가 사회통합과 안정을 해침은 물론, 극단적인 개인주의, 가족주의 약화가 사회통합과 안정을 해친다고 본다. 따라서 이들은 가족의 사회적 역할과 사회체제의 유지, 사회통합을 위해 전통적인 핵가족 형태와 친가족주의를 강화하는 방안 마련이 필요하다고 주장한다.

이 견해에 반대하는 사람들은 '가족이 붕괴하고 있다고 생각하지만, 사실 가족은 단지 다양화되는 과정에 있으며, 모든 사람이 똑같은 삶의 틀 속에 매몰되어야 한다는 논리보다는 다양한 형태의 가족생활과 성적 관계를 적극적으로 장려해야 한다고 주장한다. 이혼 가족과 한부모가족, 동거 부부, 동성애 부부 같은 비전형적 가족은 정상 가족에서 벗어난 비정상 가족이 아니라 자율성과 평등성을 기본가치로 하는 현대사회의 대안적 가족이 될 것으로 본다. 이혼이나 저출산 문제의 근본원인은 전통적인 성 역할을 거부하려는 여성의 이기심에 있는 것이 아니라, 자녀 양육 및 출산의 모든 책임이 여성에게 과부된 전통적 가부장적 이데올로기에 도태된 성별 분업체계, 일과 가정 양립을 지원하기 위한 보육 정책 및 사회적 지원체계 부족, 여성의 가족 보호 역할에 대한 사회적 경시 등에서 비롯된다고 본다. 따라서 이들에게 가족 변화는 당연하며, 가부장제적 가족구조와 경제구조의 불안정성을 타파하는 방향으로 나아가야 하고, 적극적인 사회복지정책을 통해 전통적 가족 기능을 사회화해야 함을 강조한다.

---

3 동거는 혼인신고 없이 같이 살면서 부부관계를 맺는 성인 삶의 양식이다. 동거에 관해 이야기를 나누어보자.

_____

_____

_____

_____

4	가족구조의 다양화에 따른 가족 유형은 맞벌이 가족, 한부모가족, 재혼 가족, 무자녀 가족, 동거가족, 독신 가족, 미혼모 가족, 비혼모 가족, 입양 가족, 다문화가족, 동성 가족, 조손 가족 등이 있다. 이 중 한 가족을 선택하고 대본을 작성하여 역할을 정하고 역할극을 해보자.

_____

_____

_____

역할극은 다른 사람의 역할을 실행해 보도록 함으로써 자신이나 타인의 행동에 대한 새로운 통찰을 얻도록 하는 방법으로 소통과 공감의 계기가 될 수 있다.

> ▪ 다음은 여성가족부에서 시행한 「건강가정기본법」 제20조에 따른 가족 실태조사 설문지의 일부 내용입니다. 여러분들도 성실하게 응답해 보세요.

1. 가족에 대한 인식과 태도

다음 중 귀하가 '우리 가족'이라고 생각할 때 포함되는 사람을 모두 골라 주십시오. (복수 응답)

① 배우자(사실혼, 비혼 동거 포함)	② 자녀
③ 부모	④ 배우자의 부모
⑤ 형제자매	⑥ 배우자의 형제자매
⑦ 형제자매의 배우자(형수, 제수, 올케 등)	⑧ 배우자 형제자매의 배우자(동서, 처남댁 등)
⑨ 친조부모(친할아버지, 친할머니)	⑩ 외조부모(외할아버지, 외할머니)
⑪ 아버지의 형제와 그 배우자	⑫ 고모
⑬ 이모	⑭ 외삼촌
⑮ 조카(친조카, 배우자의 조카)	⑯ 사위
⑰ 며느리	⑱ 친손자녀
⑲ 외손자녀	⑳ 함께 사는 비혈연자
기타( )	

2. 귀하는 '가족의 정의'에 대한 다음 각각의 내용을 어떻게 생각합니까?

항목	전혀 그렇지 않다	별로 그렇지 않다	보통 이다	대체로 그렇다	매우 그렇다
1) 가족은 혈연관계이다.					
2) 가족은 법적으로 연결된 관계이다.					
3) 가족은 경제적으로 생계를 함께 하는 관계이다.					
4) 가족은 함께 거주하며 생활을 공유하는 관계이다.					
5) (함께 살지 않아도) 가족은 심리적으로 유대감을 느끼는 친밀한 관계이다.					
6) 가족은 내가 선택하고 구성할 수 있는 관계이다.					

2번 문항 설명: 법적인 가족 구성 개념이 아닌 본인이 주관적으로 생각하는 가족의 정의에 관한 생각으로, 실제 본인의 가족 구성과 관계없이 주관적인 생각을 응답한다.

1) 가족은 혈연관계다: 혈연으로 맺어진 관계임을 의미한다.

2) 가족은 법적으로 연결된 관계이다: 가족관계가 법적으로 인정된 관계를 의미한다. 법적 혼인신고, 친생자로 출생신고, 입양신고 등 가족관계등록부에 의해 입증되는 관계이다.

3) 가족은 경제적으로 생계를 함께하는 관계이다: 가족은 상호 경제적으로 부양하고 소득을 공유하는 관계라는 의미이다. 반드시 함께 살고 있지 않아도 된다.

4) 가족은 함께 거주하며 생활을 공유하는 관계이다: 같은 공간에서 함께 살아가면서 일상생활의 많은 부분을 함께 하는 관계를 의미한다.

5) 가족은 심리적으로 유대감을 느끼는 친밀한 관계이다. (함께 살지 않아도 됨): 반드시 함께 살지 않아도 서로 심리 정서적 친밀성을 가지고 있는 관계라면 모두 가족이 될 수 있다는 의미이다.

6) 가족은 내가 선택하고 구성할 수 있는 관계이다: 가족을 내가 원하는 대로 자유롭게 선택할 수 있다는 의미이다. 현재의 민법상 가족은 혼인, 혈연, 입양에 의한 관계만 법적으로 인정하고 있다. 민법상 가족의 개념과 달리 내가 가족이라고 선택하고 인정한 경우에는 가족으로 인정할 수 있다는 의미가 있다. 예를 들어 친구라 하더라도 내가 가족이라고 생각하면 가족으로 인정될 수 있다는 의미이다.

3. 귀하에게 어려운 일이 닥쳤을 때 가장 의지가 되는 사람은 다음 중 누구입니까?

(한 사람만 선택)

① 부모   ② 배우자(사실혼, 비혼 동거 포함)   ③ 자녀
④ 연인   ⑤ 형제자매   ⑥ 친구
⑦ 동료   ⑧ 이웃   ⑨ 성직자(목사, 신부, 수녀, 스님 등)
⑩ 본인   ⑪ 기타(   )   ⑫ 의지할 사람 없음

4. 귀하는 '삶의 방식과 가족 가치관'에 대한 각각의 내용을 어떻게 생각합니까?

항목	전혀 그렇지 않다	별로 그렇지 않다	보통 이다	대체로 그렇다	매우 그렇다
1) 결혼하지 않고 독신으로 사는 것에 동의한다.					
2) 결혼하지 않고 남녀가 함께 사는 것에 동의한다.					
3) 이혼이나 재혼하는 것에 동의한다.					
4) 결혼하고 아이를 낳지 않는 것에 동의한다.					
5) 결혼하지 않고 아이를 낳는 것에 동의한다.					
6) 부부가 따로 떨어져 사는 것 (직장 등으로 주말부부가 된 경우 제외)					
7) 결혼생활에 대한 계약서를 쓰는 것이 필요하다.					
8) 자녀의 성을 부부가 합의하여 어머니 성으로 결정하는 것에 동의한다.					

4번 문항 설명: 실제로 결혼이나 이혼, 재혼 등을 하였는지 아닌지와 관계없이 응답자의 일반적인 생각을 조사한다.

1) 결혼하지 않고 독신으로 사는 것에 동의한다: 평생 결혼이나 동거를 하지 않고 혼자서 사는 것을 말한다.

2) 결혼하지 않고 남녀가 함께 사는 것에 동의한다: 결혼식이나 혼인신고를 하지 않고 남녀가 함께 사는 경우를 말한다.

3) 이혼이나 재혼하는 것에 동의한다: 이혼이나 재혼에는 법률혼뿐만 아니라 사실혼, 비혼 동거도 모두 포함한다.

4) 결혼하고 아이를 낳지 않는 것에 동의한다: 결혼(사실혼, 비혼 동거 포함)한 부부가 평생 아이를 낳지 않고 사는 것을 말한다.

5) 결혼하지 않고 아이를 낳는 것에 동의한다: 결혼식이나 혼인신고를 하지 않고 자녀를 낳는 것을 말한다.

6) 부부가 따로 떨어져 사는 것(직장 등으로 주말부부가 된 경우 제외)에 동의한다: 직장 등 불가피한 사유를 제외하고 부부가 따로 사는 것을 말한다. 이때 부부관계는 유지되어야 하며, 부부관계 악화로 인한 이혼 전 단계와 유사한 별거는 제외한다.

7) 결혼생활에 대한 계약서를 쓰는 것이 필요하다: 결혼하기 전 또는 비혼 동거하기 전에 재산이나 가사분담, 상호 준수할 사항 등에 대하여 협의하여 계약서를 쓰는 것을 말한다.

8) 자녀의 성을 부부가 합의하여 어머니 성으로 결정하는 것에 동의한다: 현행법에 의하면 혼인신고 시 부부가 협의하여 자녀의 성(姓)을 어머니 성(姓)으로 정할 수 있게 되어 있다. 이에 동의하는 것을 말한다.

5. 귀하는 '다양한 가족 의례와 문화'에 대한 다음 각각의 내용을 어떻게 생각합니까?

항목	전혀 그렇지 않다	별로 그렇지 않다	보통 이다	대체로 그렇다	매우 그렇다
1) 부부가 각자의 가족과 명절을 보내는 것에 동의한다.					
2) 제사를 지내지 않는 것에 동의한다.					
3) 장례식을 가족 중심으로 치르는 것에 동의한다.					
4) 결혼식을 결혼당사자 중심으로 치르는 것에 동의한다.					
5) 가부장적 가족 호칭(도련님, 아가씨, 처남 등) 개선에 동의한다.					

5번 문항 설명: 관혼상제 및 명절 등 가족생활 의례 문화에 대한 조사이다.

1) 부부가 각자의 가족과 명절을 보내는 것에 동의한다: 부부가 각자 본가의 가족과 명절을 지내는 것을 말한다.

2) 제사를 지내지 않는 것에 동의한다: 고인의 기일을 추모하고 기억은 하지만 일정한 형식과 예를 갖춘 전형적인 방식의 제사를 지내지 않는다는 것을 의미한다.

3) 장례식을 가족 중심으로 치르는 것에 동의한다: 부고의 범위를 가족과 소규모 지인으로 국한하고 가족장으로 치르는 것을 의미한다.

4) 결혼식을 결혼당사자 중심으로 치르는 것에 동의한다: 부모가 아닌 결혼당사자가 중심이 되어 결혼식을 준비하고 하객을 초청하여 치르는 것을 의미한다.

5) 가부장적 가족 호칭(도련님, 아가씨, 처남 등) 개선에 동의한다: 남성의 가족과 친척에 대해서만 존칭하는 호칭을 개선하여 남성과 여성의 가족과 친척 모두를 동등하게 부르는 것을 말한다. 예를 들어 남편의 동생은 도련님으로 존칭을 하고 부인의 남동생은 처남으로 존칭을 붙이지 않는 것을 개선하는 것을 말한다.

6. 귀하는 '가족 내 남성과 여성의 역할'에 대한 기존의 진술들을 어떻게 생각합니까?

항목	전혀 그렇지 않다	별로 그렇지 않다	보통 이다	대체로 그렇다	매우 그렇다
1) 가족의 경제적 부양은 주로 남성이 해야 한다.					
2) 가족의 의사결정은 주로 남성이 해야 한다.					
3) 가사는 주로 여성이 해야 한다.					
4) 가족 돌봄(자녀, 부모 등)은 주로 여성이 해야 한다.					

6번 문항 설명: 가족 내 남성과 여성의 역할 구분에 대한 기존의 관행에 대한 의견을 조사한다.

    1) 가족의 경제적 부양은 주로 남성이 해야 한다: 가족을 경제적으로 책임지는 것은 남성이 주로 해야 한다는 것을 말한다.

    2) 가족의 의사결정은 주로 남성이 해야 한다: 자녀교육방식, 자산관리, 주거지 결정이나 주택 구매 등 크고 작은 의사결정을 남성이 주로 해야 한다는 것을 말한다.

    3) 가사는 주로 여성이 해야 한다: 식사, 청소, 세탁, 주거 관리 등 가정을 유지하는 데 필요한 가사노동은 여성이 주로 해야 한다는 것을 말한다.

    4) 가족 돌봄(자녀, 부모 등)은 주로 여성이 해야 한다: 자녀나 부모를 돌보는 일은 여성이 주로 담당해야 한다는 것을 말한다.

7. 귀하는 '부모 부양 및 부모 책임'에 대한 다음 각각의 내용을 어떻게 생각합니까?

항목	전혀 그렇지 않다	별로 그렇지 않다	보통 이다	대체로 그렇다	매우 그렇다
1) 자식은 나이 든 부모를 모시고 살아야 한다.					
2) 자식은 나이 든 부모를 경제적으로 부양해야 한다.					
3) 부모는 자녀가 취업할 때까지 책임져야 한다.					
4) 부모는 자녀의 결혼 준비(혼수, 신혼집 마련) 비용을 책임져야 한다.					
5) 부모는 자녀가 결혼한 이후에도 자녀를 돌볼 책임이 있다(경제적 도움, 손자녀 돌보기 등).					

7번 문항 설명: 부모 생존 여부나 자녀 유무와 관계없이 부모 부양이나 부모의 책임에 대한 일반적인 생각을 조사한다.

    1)~2) 자식은 나이 든 부모를 모시고 살아야 한다./ 자식은 나이 든 부모를 경제적으로 부양해

야 한다: 통상적으로 노인 부모를 말하며, 자식이란 아들과 딸을 모두 포함한다.

3)~5) 현재 응답자의 상황(취업 여부, 결혼 여부 등)과 관계없이 일반적으로 부모라면 어느 부분까지 자녀를 책임져야 하는지에 대한 주관적인 생각을 조사한다.

8. 귀하는 '자녀와 자녀 양육'에 대한 다음 각각의 내용을 어떻게 생각합니까?

항목	전혀 그렇지 않다	별로 그렇지 않다	보통 이다	대체로 그렇다	매우 그렇다
1) 자녀의 성장을 지켜보는 것이 인생에서 가장 큰 즐거움이다.					
2) 노후를 위해서는 자녀가 필요하다.					
3) 자식의 성공은 나의 성공과 같다.					
4) 자녀를 돌보는 일은 힘든 일이다.					
5) 자녀 때문에 하고 싶은 일을 못 할 수 있다.					
6) 자녀를 키우는 것은 경제적으로 부담이 된다.					

8번 문항 설명: 실제로 자녀가 있는지와 관계없이 자녀와 자녀 양육에 대한 응답자의 생각을 알아보기 위한 항목으로 만 12세 이상 가구원 모두 응답한다.

2) 노후를 위해서는 자녀가 필요하다: 노후란 보통 만 65세 이후의 노년기를 의미한다.

5) 자녀 때문에 하고 싶은 일을 못 할 수 있다: 하고 싶은 일은 직장뿐만 아니라 다양한 활동을 포함한다.

9. 귀하는 평소 가족을 떠올릴 때 다음 각각의 항목에 대하여 어떻게 생각합니까?

항목	전혀 그렇지 않다	별로 그렇지 않다	보통 이다	대체로 그렇다	매우 그렇다
1) 의무감, 책임감이 느껴져 부담스럽다.					
2) 의지할 수 있다고 느껴져 든든하다.					

9번 문항 설명: 내 가족에 대하여 떠오르는 느낌을 응답한다. 가족 유무와 관계없이 가족을 생각할 때의 느낌을 기입한다.

1) 의무감, 책임감이 느껴져 부담스럽다: 부양하거나 돌보는 등 경제적 또는 심리적으로 가족에 대한 의무감과 책임감을 느끼고 있어 부담을 느끼는 것을 말한다.

2) 의지할 수 있다고 느껴져 든든하다: 경제적, 정서적으로 서로 의지가 되고 위로가 된다고 느끼는 것을 말한다.

10. 귀댁의 가사수행에 대한 각각의 항목에 대하여 답해 주십시오.

항목	(10-1) 주로 누가 하고 있습니까?				(10-2) 배우자가 공평하게 일을 분담한다고 생각합니까?				
	남편	아내	남편과 아내가 똑같이	해당 없음	매우 불공평	약간 불공평	약간 공평	매우 공평	해당 없음
1) 시장보기, 식사 준비, 청소 등 가사노동									
2) 자녀 양육과 교육									
3) 본인 부모 또는 친척들과의 교제									
4) 배우자 부모 또는 친척들과의 교제									
5) 가족생활 유지를 위한 계획과 준비									

10번 문항 설명: 5가지 영역의 가사에 대하여 남편과 아내 중 누가 수행하는지, 분담 정도에 대하여 공평하다고 생각되는 정도를 조사한다.

1) 시장보기, 식사 준비, 청소 등 가사노동: 가족생활 유지를 위하여 필요한 전반적인 가사를 의미한다.

2) 자녀 양육과 교육: 자녀를 돌보고 교육하는 일을 의미한다. 자녀가 없는 경우 또는 자녀의 교육이 필요 없는 경우 10-1 '④ 해당 없음', 10-2 '⑤ 해당 없음'에 표기한다.

3)~4) 본인 부모 또는 친척들과의 교제/배우자 부모 또는 친척들과의 교제: 안부 전화, 생일, 경조사, 명절, 제사 등 부모 또는 친척 관계에서 하는 일을 의미한다.

5) 가족생활 유지를 위한 계획과 준비: 가족 관련 일을 준비하고 계획하는 기획업무 전체를 의미한다. 자녀 연령별 교육 플랜, 주택구매 등 자산관리 계획과 가족 여행 기획 등까지 모두 포함한다.

Chapter 06 | 인구변화: 저출산과 고령화

1. 저출산과 고령화의 개념과 현황

인구변동은 최근 주요한 사회변동의 하나이다. 인구변동은 사회현상의 하나로 여러 사회변동의 결과로 발생하기도 하고, 또 다른 사회변동의 원인이 되기도 한다. 노동시장의 변화가 출산율의 변화를 가져오고, 출산율의 변화가 노동력의 공급량 변화를 가져와 노동시장의 질적 변화를 초래하기도 한다.

인구변화의 핵심적인 현상은 인구의 고령화에 있다. 인구의 고령화는 전체 인구에서 노인의 인구 비율이 증가하는 현상을 말한다. 노인들이 전체 사회에서 차지하는 비율이 상대적으로 높아지면서 급속한 고령화는 사회구조에 많은 변화를 수반한다.

사회가 고령화되는 근원적 원인은 저출산율, 의학과 문명의 발달로 인한 인간의 수명이 지속해서 늘어나고 사망률이 감소하기 때문이다. 일반적으로 한 나라의 인구가 줄지 않기 위해서는 가임여성(임신을 할 수 있는 여성) 1명당 평균 2.3명 정도의 자녀를 가져야 한다고 한다. 이 수치보다 낮을 때 그 나라의 인구는 줄게 되는데 이것을 저출산이라고 할 수 있다(박귀영 외, 2013: 250). 특히 저출산 문제는 단기적으로 해결될 수 없으며 문제가 심화할 경우 사회 전반에 심각한 영향을 줄 수 있으며 국가 존립에 영향을 미치는 중대한 문제이다. 저출산을 해결하기 위해서 막대한 사회적 비용이 소요되지만, 그 정책의 효과는 아주 더디게 나타나거나 불확실하다는 특징이 있다.

우리나라는 세계에서 가장 급격한 출산율 감소와 빠른 고령화가 동시에 진행되고 있다. OECD 통계에 따르면 우리나라 합계출산율[1]은 1970년 4.53명에서 2018년 0.98명으로 연평균 3.1%씩 감소해 OECD 37개국 중 저출산 속도가 가장 빠른 것으로 나타났다. 연도별 추이를 보면, 1984년 1.74명으로 미국(1.81명)을 밑돌기 시작했고, 1993년에는 1.65명으로 프랑스(1.66명)보다 낮아졌으며, 2001년에는 1.31명으로 일본(1.33명)보다도 낮아졌다.

고령화 속도 역시 우리나라가 가장 빠른 것으로 나타났다. 1970~2018년 우리나라의 고령화 비율의 연평균 증가율은 3.3%로 OECD 37개국 중 가장 빨랐다. 우리나라는 2000년 '고령화 사회'[2]로 진입한 이후 18년 만인 2018년 '고령사회'로 진입했다. 이러한 추세대로라면 고령사회 진입 8년 만인 2026년에 '초고령사회'로 진입할 것으로 OECD는 예측했다.

OECD 회원국 중 고령 인구 비중이 높은 일본, 이탈리아, 스페인 3개국들과 비교한 결과, 우리나라는 가장 빠른 고령화 비율 상승으로 2036년에 고령화 비율 OECD 3위인 이탈리아를 제칠 것으로 예상한다. 2050년에는 고령화 비율 OECD 2위인 스페인의 37.7%보다 불과 0.3%p 낮은 37.4%로 OECD 세 번째 고령 국가가 될 것으로 전망됐다.[3] 고령화 속도가 급속도로 진행되고 사회복지 정책의 인프라 구축이 되어있지 않으면 많은 문제가 발생할 수 있다.

···

1) 합계출산율(TFR, Total Fertility Rate)은 여성 1명이 평생 동안 출산할 것으로 예상되는 평균 출생아 수를 나타낸 지표이다.
2) • 고령화(ageing)사회: 65세 이상 인구가 총인구에서 차지하는 비율이 7% 이상 14% 미만 사회, 늙어 가는 사회
   • 고령(aged)사회: 65세 이상 인구가 총인구에서 차지하는 비율이 14% 이상 20% 미만 사회, 늙은 사회
   • 초고령(hyper-aged 또는 super-aged)사회: 65세 이상 인구가 총인구에서 차지하는 비율이 20% 이상인 사회, 매우 늙은 사회
3) 한국경제연구소는 출산율과 고령화가 경제성장률에 미치는 영향을 분석한 결과, 합계출산율 0.25명이 감소할 경우 성장률 0.9%p 감소, 고령 인구 비율 1%p 상승할 때 성장률이 0.5%p 각각 감소하는 것으로 나타났다. 이는 저출산·고령화가 성장력 약화와 연결되는 것을 보여주는 결과라고 설명했다. (출처: 한국경제연구소 자료)

국가	도달연도			증가 소요 연수	
	7%	14%	20%	7% → 14%	14% → 20%
프랑스	1864	1979	2018	115	39
독일	1932	1972	2010	40	38
영국	1929	1976	2020	47	44
미국	1942	2015	2036	73	21
일본	1970	1994	2006	24	12
한국	2000	2018	2026	18	8

출처: 보건복지부(2006년)

한국 출산율 198개국 중 198등… 2년 연속 '꼴찌'

한국의 저출산과 인구 고령화 문제가 심각하다는 사실을 확인하는 유엔(UN) 보고서가 나왔다. 유엔인구기금(UNFPA)이 발간한 2021년 세계 인구 현황 보고서 '내 몸은 나의 것'에 실린 통계표를 보면, 한국 여성 1명이 평생 낳을 것으로 예상하는 아이 수를 뜻하는 '합계출산율'은 1.1명이다. 이는 조사 대상 198개 국가 및 지역 중 꼴찌다. 2019년 1.3명으로 192위였던 한국의 합계출산율은 지난해 조사에서 처음으로 꼴찌로 떨어진 뒤 2년 연속 최하위다. 2008년에 총인구가 정점을 찍은 뒤 인구 감소세로 돌아선 일본(1.4명)보다도 적다. 전체 인구에서 0~14살 사이 인구 비율도 한국이 12.3%로 일본과 함께 공동 최하위를 차지했다. 세계 평균 25.3%의 절반도 되지 않는다. 지난해 한국 0~14살 인구 비율은 12.5%로 일본(12.4%)과 싱가포르(12.3%)보다는 높았으나 꼴찌로 떨어졌다.

보고서의 인구 현황 통계표는 유엔아동기금 복수지표집합조사(MICS), 유엔 추산 자료 등을 취합한 것으로 각국 정부가 발표한 통계와는 약간 차이가 있다. 일례로 한국 통계청 자료를 보면, 한국 합계출산율은 2019년 기준 0.918명으로, 이미 1명 이하로 떨어진 상태다.

출처: 한겨레, 2021. 4. 14.

1) 발전주의적 성장으로 인한 과도한 경쟁·집중과 일 쏠림

발전주의적 성장으로 다양한 삶의 인정보다는 대학, 성공, 부 위주의 획일화된 가치관 형성, 과도한 경쟁, 수도권 쏠림 등이 유발되었다. 이것은 삶의 만족도를 저하하는 결과를 낳았다. 삶의 만족도 저하는 출산율 감소와 유의미한 상관관계를 가진다.

과도한 근무시간에 의한 '일 쏠림'은 핵가족이 보편화한 상황 속에서 일─돌봄 양립이 불가능하게 되었다. 이러한 상황은 결과적으로 출산을 포기하는 요인으로 작용하였다. 우리나라 근로시간은 OECD 국가 중 두 번째로 길며, 연간 평균 휴가 일수는 5.4일에 불과하다.

영국 주4일제 실험 두 달째… "직원 만족도 상승"

영국에서 약 두 달째 진행 중인 기업들의 주 4일 근무제 실험으로 직원들의 만족도가 올라가고 있다는 평가가 나온다고 미국 방송 CNN 비즈니스가 보도했다.

은행과 투자회사, 병원 등 영국 내 기업 70여 곳에서는 6월 초부터 6개월간 직원 3천 300명을 대상으로 주 4일제를 실험하고 있으며, 현재까지 8주가 지났다.

비영리단체 '주 4일제 글로벌'과 옥스퍼드·캠브리지·보스턴 대학 연구진 등이 기획한 이 실험은 근무시간을 기존의 80%로 줄이면서도 생산성과 임금은 종전의 100%를 유지할 수 있는지를 알아보기 위한 것이다.

참가자들은 기존 생산성을 100% 유지한다는 약속하에 임금 삭감 없이 주 4일을 근무하게 된다. 연구진은 주 4일제가 생산성과 성평등, 근무 환경과 직원 복지 등에 미치는 영향을 측정하며, 기업들은 11월 말에 주 4일제를 유지할지를 결정하게 된다.

CNN 비즈니스는 코로나 19 확산 이후 많은 직원이 번아웃(심신 소진)으로 퇴사하거나 최근의 급격한 인플레이션으로 실질 임금 감소를 겪는 가운데 이러한 실험이 진행 중이라고 소개했다.

일부 직원들은 벌써 주 4일제에 따른 생활 변화에 만족하고 업무도 더 잘하고 있다는 의견을

---

4) 출처: 제4차 저출산·고령사회기본계획
5) '인구학적 경로'에 의한 저출산 원인으로 주출산 연령대 여성인구의 감소, 혼인율의 지속적 하락과 초혼연령의 상승, 기혼가구의 평균 출생아 수 감소와 무자녀 비율의 증가가 있다.

내놓고 있다. 은행에서 대출업무를 하는 리사 길버트는 주 4일제에 따른 생활 변화에 대해 "경이적"이라면서 "(휴무인) 금요일에 집안일을 해두고 주말을 정말 잘 보낼 수 있게 됐다"고 말했다. 또 "인생을 바꿀 만한 변화"라고 찬성했다.

주 4일제로 이행한 초기에는 시행착오도 있었지만 이후 내부회의는 5분 이내, 고객과의 회의는 30분 이내에 끝내도록 하는 등 업무에 집중하고 시간을 줄일 방안을 고안했고, 4주째에는 업무가 제 속도로 돌아왔다는 것이다.

한 화장품 제조사 최고경영자(CEO)는 업무에 집중할 수 있도록 매일 4시간을 이메일이나 메신저에 응대하지 않고 도서관처럼 조용히 일에만 집중하는 시간으로 정했다면서, 기대 이상의 생산성이 나오고 있다고 평가했다. 또 다른 실험 참가자는 "주 5일제 근무는 20세기적 개념이며 더는 21세기에 맞지 않는다"고 말하기도 했다.

이번 영국 실험에 앞서 아이슬란드에서도 공공부문 근로자 2천 500여 명이 참가하는 주 4일제를 실험한 바 있다. 그 결과 주 4일제로 인해 생산성이 떨어지지는 않은 가운데 직원 복지는 크게 개선된 것으로 나타났다고 CNN 비즈니스는 덧붙였다.

출처: 연합뉴스, 2022. 8. 2.

2) 저성장 시대 속 구조적 불평등과 청년의 불안

우리나라는 상향으로 사회적 계층이동이 쉽지 않은 저성장 시대에 돌입하였다. 이런 상황에서 근면을 교육받고 경쟁을 거쳐온 청년은 이중구조화된 노동시장과 높은 주거비용에 직면하면서 좌절하였다.

이스터린(Easterlin's)의 상대소득이론에 의하면 젊은 청년들이 보수가 좋은 직장을 쉽게 구할 수 있다면, 결혼과 출산이 쉽겠지만, 직장 구하기가 어려워지면 결혼과 출산을 포기하는 것이 흔한 일이 될 것이라고 하였다. 즉 경험해온 생활 수준보다 이후 인생 수준이 좋아질 것으로 판단되면 출산을 결정한다고 설명하고 있다.

3) 여성에게 쏠린 가사·돌봄 노동과 사회 속 성차별

일-가정 양립이 어려운 환경 속에서 여성에게 쏠린 가사노동과 경력단절 등 노동시장의 불이익은 비혼, 비출산을 선택하는 것으로 귀결된다. 〈가치관 분석을 통한 저출산 대응방안(문정희 외, 2019)〉 연구에서 결혼 의향이 있는 응답자는 여성 61.6%, 남성이 75.6%로 조사되었다. 결혼하지 않는 이유는 '일에 더 충실하고 싶어서', '직장생활과 가정생활 양립의 어려움' 등으로 조사되었다.

3. 인구변화의 영향[6]

1) 경제성장 저하 및 재정 부담 심화

인구구조 변화는 노동공급·노동생산성·총수요·저축·투자에 부정적으로 작용하여 경제성장률을 하락시킬 것이라는 전망이 일반적이다. 인구구조 변화로 인해 생산가능인구의 비중은 계속해서 줄어드는데 연금, 의료비 등 사회보장 지출이 늘어나 재정수지의 부담을 가중시킬 것으로 전망된다.

선진국과 비교하면 인적 자본에 대한 투자가 많고, 중장년기와 노년기에 근로소득 감소가 빠른 한국의 특성은 이러한 현상을 가속할 우려가 있다. 한국은행(2017년)은 저출산·고령화를 고려했을 때 연평균 경제성장률을 (2000년~2015년) 3.9% → (2016년~2025년) 1.9% → (2026년~2035년) 0.4%로 추정하고 있다.

2) 사회 영역별 수급 불균형

고용, 교육, 의료, 주택 등 영역별로 일부는 초과공급, 일부는 초과수요가 발생하는 등 사회 영역별 수급 불균형이 발생하고 있다.

고용 영역은 전반적으로 인력 고령화가 심화하고 노동시장의 부조화(mismatch)가 심화하고 있다. 청년층이 선호하는 영역(대기업, 공공부문 등)이 아닌 부문(중소기업, 농업 등)은 인력확보에 어려움이 발생하고 있다.

교육 영역은 학령인구 감소로, 초·중·고등학교 인프라 공급 과잉현상이 나타나고 있다. 대표적으로 대학 입학예정자 수가 대학 입학정원 수보다 적어지고 있다.

의료 영역에서 의료수요와 인력 수요는 증가하고 있다. 전문영역별로 고령

---

6) 출처: 제4차 저출산·고령사회기본계획

층 다빈도 질환 영역(치매, 고혈압, 관절증, 당뇨병 등)의 수요는 급증하고, 유소년층 중심 영역(급성기관지염, 중이염, 편도염 등)의 수요는 감소하고 있다.

주택 영역은 중장기적 주택 수요 증가세는 완만하게 둔화할 것이다. 지방이나 노후주택 등에서 빈집 증가가 우려된다.

3) 세대 간 · 지역 간 격차와 불확실성 심화

세대 간 갈등과 불평등을 심화할 가능성이 있다. 세대 간 사회경제적 자원 배분에 대한 형평성 이슈 및 갈등이 확대되고 심화할 수 있다.

지역 간 격차가 심화하고 있다. 인구이동 관점에서 '수도권 인구집중 및 과밀'은 저출산의 핵심요인 중 하나이며, 비수도권지역의 고령화를 가속하는 요인이다. 특히, 젊은 세대의 수도권 집중은 지역 활력 저하와 경제 침체를 초래하고 있다. 인구 과소지역은 생산성 저하, 공공서비스 질 저하 등으로 인구 유출 및 소멸 위기가 우려되며, 과잉지역은 교통·환경 등 경제적 비효율이 심화하고 있다. 2017년 대비 2047년에는 11개 시도의 인구가 감소하며, 8개 시도의 고령화 비율이 40%를 넘는 등, 지역 간 인구구성 격차가 심화할 전망이다.

인구구조 변화와 기술 변화의 결합으로 인한 불확실성이 증대하고 있다. 4차 산업혁명(AI, 블록체인 등)은 인구구조 변화와 결합하여 영역별로 불균등한 영향과 미래 사회의 불확실성의 요인으로 작용할 것이다.

4. 저출산과 고령화 대책

2005년 제정된 「저출산·고령사회기본법」은 자녀의 출산 및 양육이 원활하게 이루어지고 노인이 중요한 사회적 행위자로서 건강하고 활력있는 사회생활을 할 수 있도록 국가의 책임을 정하고, 저출산·고령사회 정책의 기본방향7)과 그

---

7) 「저출산·고령사회기본법」에 규정된 '저출산 대책'은 인구정책, 인구교육, 자녀의 출산과 보육 등, 모자보건의 증진 등, 경제적 부담의 경감이 있다. '고령사회 정책'은 고용과 소득 보장, 건강증진과 의료제공, 생활환경과 안전보장, 여가·문화 및 사회활동의 장려, 평생교

수립 및 추진체계에 관한 사항 등을 규정함으로써 국민의 삶의 질 향상과 국가의 지속적인 발전에 이바지하려는 것이 목적이다.

「저출산·고령사회기본법」제20조 규정에 따라 '저출산·고령화사회 기본계획'은 5년마다 수립하고 추진하여야 한다.

- 제1차 저출산·고령화사회 기본계획(2006년~2010년)

  저출산 극복을 위한 기초가 마련되고 고령자의 삶의 질 향상을 위한 제도적 기반을 구축하였다. 영유아 보육, 교육지원 확대로 출산 양육에 대한 사회적 책임 강화, 기초노령연금과 장기요양보험 도입으로 노후소득보장과 요양보호를 위한 제도 틀을 구축하였다.

- 제2차 저출산·고령화사회 기본계획(2011년~2015년)

  국가 책임보육 실현, 임신·출산 지원 강화, 일·가정 양립 제도 확충 등 출산·양육에 대한 국가·사회의 책임을 강화하였다. 육아휴직급여 정률제(2011년~), 무상보육(2013년~) 등을 실시하였다.

- 제3차 저출산·고령화 사회 기본계획(2016년~2020년)

  경제적 요인으로 만혼·비혼 추세가 심화함에 따라 일자리, 신혼부부 주거 지원 등 구조적 대응을 시도하였다. 임금피크제[8] 확대 등을 통한 청년 일자리 확대, 신혼부부 임대주택 공급 등을 확대하였다.

- 제4차 저출산·고령화 사회 기본계획(2021년~2025년)

  개인을 노동력·생산력의 관점에 기반한 「국가 발전 전략」에서 개인의 삶의 질 제고 전략으로 관점을 전환하였다. 사회구성원 개개인들이 유아기부터 노년

육과 정보화, 노후설계, 취약계층 노인 등, 가족관계와 세대 간 이해증진, 경제와 산업, 고령 친화적 산업의 육성이 규정되어 있다.

8) 임금피크제는 사업주가 노동자의 정년을 보장하는 대신 일정 연령을 넘으면 임금을 삭감하는 제도이다. 근로자의 정년연장 또는 정년보장으로 고용안정을 도모하면서 이에 따른 회사의 인건비 부담을 완화하고, 신규 채용을 확대해 청년 일자리를 제공하는 등 노사 간 입장을 적절히 조율하기 위해 도입된 임금제도이다.

기까지 삶의 경로를 순조롭고 유연하게 이행할 수 있는 사회적 환경 조성에 중점을 두고 있다.

모든 국민이 생애주기에 따른 개별화된 삶의 권리를 보장받음으로써「모든 세대가 함께 행복한 지속 가능 사회」를 구현한다는 비전하에, '개인의 삶의 질 향상', '성평등하고 공정한 사회', '인구변화 대응 사회 혁신'이라는 목표를 설정하였다.

저출산 고령화에 대응한 개인의 권리 향유 보장을 위해 '함께 일하고 함께 돌보는 사회로의 전환과 아동의 기본권 보장', '건강한 노후의 기본생활 보장과 고령자의 능동적 역할 지원'을 추진하고 있다. 인구구조 변화에 대한 국가와 사회의 대응력 제고를 위해 '모두의 역량이 발휘될 수 있는 교육·훈련 및 삶의 기반 강화', '인구구조 변화의 뉴노멀9)에 대응한 통합적 사회로의 혁신'을 추진하고 있다.

●● 표 2 제4차 저출산·고령화사회 기본계획 추진전략

1. 함께 일하고 함께 돌보는 사회조성	2. 건강하고 능동적인 고령사회 구축
① 모두가 누리는 워라벨 ② 성평등하게 일할 수 있는 사회 ③ 아동돌봄의 사회적 책임 강화 ④ 아동기본권의 보편적 보장 ⑤ 생애 전반 성·재생산권10) 보장	① 소득공백 없는 노후 생활 보장체계 ② 예방적 보건·의료서비스 확충 ③ 지역사회 계속 거주를 위한 통합적 돌봄 ④ 고령친화적 주거환경 조성 ⑤ 존엄한 삶의 마무리 지원
3. 모두의 역량이 고루 발휘되는 사회	4. 인구구조 변화에 대한 대응
① 미래 역량을 갖춘 창의적 인재 육성 ② 평생교육 및 직업훈련 강화 ③ 청년기 삶의 기반 강화 ④ 여성의 경력유지 및 성장기반 강화 ⑤ 신중년의 품격있고 활기찬 일·사회참여	① 다양한 가족의 제도적 수용 ② 연령통합적 사회 준비 ③ 전 국민 사회안전망 강화 ④ 지역상생 기반 구축 ⑤ 고령친화사회로의 도약

9) 뉴 노멀(New Normal)이란 '새로운 표준'이란 의미로 2008년 글로벌 금융위기 이후 펼쳐진 저성장, 저금리, 고규제 경제 환경을 대변하는 경제·경영 용어이다. 제2차 세계대전 이후 60여 년간 세계 경제가 3% 이상의 줄기찬 성장을 해온 시대를 오래된 표준, 올드 노멀(Old Normal)이라고 한다면 이제 세계 경제는 뉴 노멀 환경에 놓여있다. 인구 고령화와 디지털 경제로의 급격한 변화와 같이 근본적인 환경 변화로 뉴 노멀의 시대는 지속될 것이다. 특히 코로나 19가 촉발한 뉴 노멀 사회의 도래는 경제적, 사회·문화적 장벽에 가로막혀 도입되지 못했던 혁신적 기술들을 일상에 과감히 도입하게 만드는 효과를 유발하고 있다.

10) 성·재생산권이란 인권으로 확립된 개념으로 성과 재생산 전반에 질병·기능 저하, 장애가

생각해 보기

---

1 | '장수사회'는 축복인가?

_____

_____

_____

_____

인간이라면 누구나 꿈꿔왔던 수명 연장이 현실로 나타나고 있다. 장수사회는 축복인가? 이러한 문제에 대해 두 가지 상반된 접근들이 논의될 수 있다. 하나는 기대수명의 증가가 사람들에게 축복이라는 것이고, 다른 하나는 생명 연장의 상황이 몇 가지의 필연적인 과제를 수반하기 때문에 축복이지만은 않다는 것이다. '늘어나는 노인들을 어떻게 부양할 것인가?', '더욱 길어진 은퇴 기간 노인들의 경제적 안정은 어떻게 보장할 것인가?' 하는 것이다. 이는 장수사회에서 노인들이 길어진 기대수명만큼 더욱 나은 삶을 영위할 수 있을 것인가에 대한 물음이다.

....

없는 상태를 포함해 신체적·정서적·정신적·사회적으로 안녕(well being)한 상태를 의미한다. 성·재생산권은 모든 사람이 자신의 몸과 섹슈얼리티(sexuality. 또는 성(性)은 생물의 성별과 성적 행위 따위를 통틀어 일컫는 말로, 인간의 경우 성에 대해 가지고 있는 태도, 사고, 감정, 가치관 등을 전부 의미)에 대한 자기결정권을 행사하고, 더 나아가 생애주기에 이뤄지는 재생산(피임·임신·임신중지·출산·폐경 등) 과정에서 안전과 존엄, 건강을 보장받을 권리를 말한다. 예컨대 '언제 어떤 방식으로 성생활과 결혼', '임신과 출산을 하거나 하지 않을 것인지를 스스로 결정할 권리', '성적 지향과 정체성 표현을 결정할 권리', '이런 권리 행사에 필요한 정보·자원·서비스·지원에 대해 차별과 강제, 착취, 폭력 없이 접근을 보장받을 권리' 등을 포함한다. 국제사회는 이를 '인권'으로 확립했다.

_____

_____

_____

_____

• 보수적 가치관, 완고성, 경직성, 우울 성향의 증가, 과거에 대한 회상의 증가

연령차별을 막기 위해서는 세대 간의 접촉을 늘리고, 긍정적 경험을 쌓는 것이 매우 중요하다(초의수, 2020: 199-202). 2007년 이탈리아에서 시작한 '메모로(MEMORO: 기억의 은행)'라는 사회활동은 세대 간 소통을 위해 만들어진 활동으로 연령차별주의를 해소하고자 하는 노력 중 하나이다. 인생 선배이신 분들의 기억을 사회문화적 유산으로 하여 미래 세대에게 전달하고 연결하려는 목적으로 60세 이상 분들의 옛 기억을 동영상 인터뷰나 음성이라는 형태로 일반인들로부터 수집하는 활동을 하고, 수집된 기억들은 인터넷상에서 무료로 공개한다. 일반적으로 젊은 세대가 노인 세대를 찾아가 그들의 기억과 이야기를 듣고 자료를 바탕으로 5분 내외의 동영상을 만든다. 우리나라에서도 '메모로 코리아'라는 비영리단체를 통해 취지에 맞는 동영상만 업로드가 되고, 기억을 찾아 업로드하는 사람을 Memory Seeker라고 하는데, 모든 Memory Seeker에게 사회 문화유산으로써 활용할 수 있다는 취지로 업로드된 콘텐츠 이차 이용에 대한 승낙을 받고 있다.

메모로(MEMORO)에 업로드하는 기억의 기준은 아래와 같다.

- 기억이 과거의 기억이라고 판단되는 것
- 기억이 사회문화적 유산으로서 세계와 공유하고 미래로 연결해 나가고 싶은 기억이라고 판단되는 것(사소한 일상의 기억이라 하더라도 그 시대를 잘 알지 못하는 세대에게는 귀중한 재산임)
- 60세 이상 어르신의 기억이 주된 인터뷰일 것
- 한 개 에피소드의 길이는 5분 이내(한 사람이 업로드할 수 있는 편 수의 제한은 없음)

우리는 연령분절적((age-segregated) 접근으로 사회시스템을 구축하였다. 기대수명 연장, 혼인·출산 연령 변화, 교육·노동 기간 연장 등 생애주기 변화는 연령 기반 제도들의 한계를 드러낸다. 연령에 의한 제도적 장벽은 변화된 역할 수행에 걸림돌로 작용한다. 예를 들면 고령자 은퇴, 40대 출산·양육으로 인한 취업 제한, 고령자의 대학 입학 제한 등이다.

마이클 영(Michael Young)과 톰 슐러(Tom Schuller)의 저서 《노동 이후의 삶: 무연령 사회의 도래(Life After Work: The Arrival of the Ageless Society, 1991)》에서 "연령은 사람들을 고정되고 판에 박힌 역할들에 끼워 맞추기 위해 사용되는 억압적 장치가 되어 버렸다"라고 주장했다. '연령에 갇힌 사회'에 대한 비판이다. 근대사회에서는 젊은 사람이나 늙은 사람이나 모두 개성이나 목표, 정체성 등에 의해서가 아니라 연령에 의해서 범주화되는 것을 비판하고 있다.

연령차별주의(ageism)는 사람을 연령에 기초하여 차별하는 것으로 성차별주의나 인종차별주의와 마찬가지로 하나의 이데올로기이다. 고령자에게 많은 편견이 존재한다. 예를 들면 늙은 근로자는 젊은 근로자에 비해 작업 능력이 떨어진다든지, 65세 이상의 노인들은 대부분 병원이나 양로원에 있다든지, 대부분 고령자는 병약하다든지 하는 관념들이 그것이다. 60세 이상 근로자들의 생산성과 집중도 기록은 그 이하 연령층과 비교하면 평균적으로 더 우월하다. 65세 이상 노인의 95%는 일반 가정집에 거주한다. 65세에서 80세 사이의 노인 중에서 현저한 노쇠 증상을 보이는 사람은 약 7%에 불과하다.

고령사회로의 진전은 사회경제적으로 많은 문제와 부담을 일으키는 것으로 전망된다. 그러나 고령사회에 대한 위기만을 부각하는 잿빛 전망이 아닌, 활동적 고령화를 위한 논의가 대두되고 있다. 활동적 고령화(Active Aging)는 사회경제적으로 생산적인 활동에 종사하고자 하는 노인들의 요구와 능력을 나타내는 새로운 표현이다. 단순히 노인들의 임금 고용을 확대하는 것만을 강조하지 않는다. 임금고용보다는 자원봉사, 가족과 아동 돌봄, 장애인 돌봄, 사회서비스 기관에 대한 원조와 같은 사회적으로 중요한 활동에서 노인의 역할을 강조하는 것이다. 기존의 노인들이 젊은 세대에게 재정적인 부담을 전가하는 존재들로 묘사되었다면, 활동적 고령화에서 노인들은 사회에 많은 부분을 이바지함으로써 자신들의 가치를 인정받게 되는 것이다.

활동적 고령화에서 주요하게 다뤄지는 논의들은 다음과 같다.

첫째, 기대수명 개선으로 늘어난 노년의 시기를 보다 건강하고 활동적인 삶이 되게끔 하는 것이다.

둘째, 건강하고 활동적인 삶을 위하여 65세 이상 노인들의 고용기회를 확대하는 것이다.

셋째, 고용기회 확대를 위하여 연금 체계를 노인들의 노동시장 참여를 유인하는 방식으로 강화하는 것이다.

넷째, 만성질환에 따른 노인들의 건강 및 장기 요양을 위한 계획이 마련되어야 한다는 것이다. 만성질환의 치료에 대한 예방 중심적인 전략과 비용 효과적인 개선이 필요하다는 것이다.

다섯째, 아동이나 장애 노인들에 대한 돌봄과 자원봉사에 노인들의 참여를 확대하는 것이다.

Chapter 07

여성의 일·가정 양립

1. 모성과 남성주부양자모델의 해체

1) 모성과 남성주부양자모델의 쇠퇴

최근에 모성(maternalism)과 남성주부양자모델(male-breadwinner model)이 급격하게 변화하고 있다(서용석 외, 2012: 103-120). 모성[1] 혹은 모성 담론은 자녀를 양육하는 어머니의 가정주부의 역할과 가치를 의미하는데, 이러한 모성이

---

1) 모성이란 「모자보건법」에서 임산부와 가임기 여성을 의미하지만, 모성에 대한 사전적 정의는 '여성이 어머니로서 가지는 본능이나 성질, 어머니로서 자식을 낳아 기르는 기능'을 의미한다. 모성적 행위에는 기본적으로 자녀의 먹이기, 입히기와 같은 신체적 돌보기와 무한한 사랑을 의미하는 정서적 요인을 포함하고 있으며, 시대와 상황에 따른 관념적 측면의 모성이 다른 양상을 보여서 쉽게 정의하기 어려운 개념이다. 이러한 모성의 개념에는 임신, 출산, 양육의 생물학적 요소와 사회적으로 구성된 모성 이데올로기까지 포함되어, 모성은 '자연적인 것'이 아니며 당대의 제도와 담론으로 영향을 받는 역사적, 사회적 구성물이다. 따라서 모성의 개념 정의는 당대의 어머니 역할에서 직접 경험하게 되는 광범위한 역할들을 포괄하고 있다고 볼 수 있다. 대중매체의 측면에서 모성 역할에 대한 이미지 유형을 보면, 건강 중시형 어머니, 위생 안전형 어머니, 교육 관심형 어머니, 사랑 교감형 어머니, 자녀친구형 어머니, 다정다감형 어머니, 똑똑합리형 어머니, 슈퍼우먼형 어머니, 자녀자율형 어머니, 교육매니저형 어머니, 자아실현형 어머니, 세련품격형 어머니로 구분할 수 있다. 이러한 모성 역할들은 서로 뒤엉킨 채로 한 개인에게 복합적으로 인식될 수 있다. 한국 사회에서의 전업주부들은 가정경영, 관리, 자녀 양육, 친족일, 사회적 활동, 여가활동 등으로 생활하고 있지만, 경제개발이나 경제위기 앞에서 사회적으로 모성의 역할은 여성 개인에게로 집중되고, 더욱 강화되고 있다고 해도 과언이 아니다. 한국사회의 산업화와 역사적 특수성 안에서 형성된 자녀 중심적인 가족문화는 가정, 사회, 국가를 위한 동력으로서의 모성 역할에 집중되어온 경향이 있다(김영선, 2021).

쇠퇴하고 있다는 것이다. 모성 혹은 모성 담론이 쇠퇴한다는 것은 가정에서 아이를 양육하며 가사만을 담당하던 여성이 노동시장에 참여하여 일하는 직장에서의 역할을 병행하게 됨에 따라 과거 어머니로서의 모습들을 점차 상실해 간다는 것이다.

과거만 해도 여성은 가정에서 가사와 함께 시부모를 부양하고 자녀를 양육하면 '현모양처'로 평가받아 왔다. 그러나 최근 수십 년에 걸쳐 대부분의 OECD 회원국에서 여성노동력의 형태가 변화하고 있다. 남성은 직장에서 전일제 근무를 하고 여성은 무보수의 가사와 양육을 맡는 기존의 성 역할 분담이 감소하고 있다. 기존의 성 역할이 엄격하게 구분되던 형태의 가족구조를 남성주부양자모델이라 하는데, 이러한 모델은 제조업 중심의 산업사회에서 보편화하였던 가사분업구조이다.

프레이저(Fraser 1994)는 유급노동에의 참여와 돌봄 노동 인정의 축을 교차시켜 질적으로 다른 네 개의 유형을 구분했다. 남성생계부양 모델, 보편적 생계부양자, 돌봄제공자 동등모델, 보편적 돌봄제공자이다. 이는 여성의 사회적 권리가 보장되기 위해서는 노동시장에서의 평등과 더불어 돌봄에 대한 인정과 보상이 병행되어야만 성별 분업이 극복될 수 있다는 페미니스트적 이론적 관점이 반영된 구분이다.

① **남성생계부양자 모델(MB: Male Breadwinner)**: 전통적 성별 분업에 기초한다. 남편(아버지)은 가족을 부양하고 아내의 일을 '돕지만' 직접 보육을 책임지지는 않는다. 여성은 경제적으로 남편에게 의지하고 아내나 어머니 지위에서 비롯된 복지급여의 자격을 갖는다.

② **보편적 생계부양자(UB: Universal Breadwinner) 혹은 성인 노동자 모델(Lewis and Giullari, 2005)**: 남녀가 모두 노동자로서 노동시장에 온전히 참여하는 것을 의미한다. 여성이 남성처럼 고용되기 위해서는 돌봄은 반드시 시장, 국가에 외주화되어야 한다. 이때 젠더[2] 평등(gender equality)은 젠

---

2) 섹스(sex)와 젠더(gender)를 구분해 보면, 섹스(sex)는 생물학적으로 타고난 성을 의미하며, 젠더(gender)는 사회·문화적으로 길들여진 성으로 남성적이다, 여성적이다 할 때 쓰

더 동일성(sameness)을 의미하며 가족은 돌봄 노동으로부터 자유로워지는 것을 지향한다.

③ **돌봄제공자 동등모델(CP: Caregiver Parity)**: 전통적 성별 분업을 유지하지만 아동수당, 양육수당 등 가족 관련 현금급여를 통해 여성의 무급노동을 관대하게 보상하고 빈곤으로부터 보호한다.

④ **보편적 돌봄제공자(UC: Universal Caregiver)**: 젠더역할을 노동시장 안팎에서 모두 변화시켜 남성이 여성처럼 일차적 양육자의 역할을 하도록 유도한다. 남성과 여성이 일과 돌봄에 동등하게 참여하기 때문에 돌봄은 가족과 공공행위자(국가, 고용주) 모두의 책임이 된다. 돌봄 노동과 유급노동은 둘 다 가치 있는 활동으로 간주한다.

남성주부양자모델의 변화는 남성이 직장에서 임금을 벌고 여성이 가정에서 가사와 육아, 부양을 책임지는 생활양식이 사라지고 있다는 것이다. 이는 남성의 실질임금이 하락하고 고용조건이 불안정해지는 반면 여성의 노동시장 참여가 확대되고 있기 때문이다. 이로 인하여 남성과 여성의 전통적 역할들이 새롭게 재조정되고 있다. 서구 유럽의 국가들은 이미 이러한 성 역할 조정에 정책적으로 개입하여 국가와 시장, 가족 간의 새로운 관계 설정을 모색해 가고 있다.

모성 혹은 모성 담론과 남성주부양자모델의 쇠퇴 과정은 여성의 고용을 증진하는 다양한 측면들과 밀접한 관련이 있다. 여성의 고용은 젠더 평등(gender equality)의 일환, 혹은 고령화 사회로의 이행에서 생산가능인구의 동원으로 볼 수 있다. 또한, 탈산업화 이후 서비스 직종의 확대에 따른 노동시장의 요구라고 바라보는 관점도 있다. 여성의 고용증가를 어떠한 관점에서 파악하든지 간에, 실제 여성의 사회참여 확대는 일련의 사회변화에 따른 복합적인 결과물이다.

그러나 모성 혹은 모성 담론의 쇠퇴가 젠더 평등에 이바지하는 것은 아니다. 왜냐하면, 여성이 고용된다고 하더라도 가사분담구조가 쉽게 변화하지 않기

인다. "저 남자는 여자 같다"라고 할 때, '남자'는 섹스(sex)이고, '여자 같다'는 젠더(gender)에 해당한다(김영화 외, 2016: 197).

때문이다. 여성의 보살핌 노동(care work)은 지금까지 시장노동과 같은 보상과 사회적 가치를 인정받지 못하였다. 더군다나 국가 정책이 노동시장에만 초점을 맞출 경우, 여성은 여전히 보살핌 노동의 주 담당자로서 양육을 비롯한 가사의 부담이 더욱 가중될 수밖에 없는 것이다.

여성이 노동시장으로부터 이탈하고자 하더라도 어려움이 수반되기 마련이다. 이는 여성의 고용이 빈곤과 아동 양육에 핵심적인 기능을 하기 때문이다. 별거나 이혼이 증가하면서 한부모가정이 증가했다. 여성은 가장이면서 동시에 양육자로서 노동시장에서의 일과 가정에서의 가사일 그리고 육아를 병행해야만 하는 상황에 처해 있다. 여성의 고용은 아동 빈곤과도 직접 연관되어 있는데, 실제로 직장이 있는 한부모가정보다 실직 중인 한부모가정에서 3배 이상 아동 빈곤율이 높다. 또한, 부모 중의 한 사람만 소득이 있는 가정의 아동도 부모 모두 소득이 있는 가정의 아동보다 거의 3배 높게 빈곤에 노출되어 있다.

다른 한편으로 여성 고용이 증가하고는 있지만, 고용조건이나 환경이 남성과 비교하면 매우 열악한 수준이다. 여성은 비정규직이나 저임금 노동에 남성보다 더 노출되어 있으며, 아예 일하지 못하게 되는 경우도 많다. 이와 함께 여성이 직업을 가지게 되더라도 남성보다 적은 보수를 받는 것이 일반적이며, 탈산업화 이후 서비스 경제로의 전환에 따라 저임금의 서비스 직종에 종사하는 경향이 매우 높다.

2) 모성과 남성주부양자모델의 변화요인

여성의 사회참여 이후 일하는 엄마를 둘러싼 일·가정 영역 관계는 사회변화에 따라 변화해 왔으며 이에 따라 여성이 직면한 일·가정 문제의 맥락도 변화했다. 산업사회 이전까지는 일과 가정 영역이 분화되지 않았으며 가사노동(housework)이란 용어가 없었을 정도로 가정에서 행해지는 일과 가정 밖에서 행해지는 일이 개념적으로 구분되지 않았다. 자본주의 초기에 일과 가정, 작업장과 가정의 공간적 분리가 진행되었지만, 이 시기에도 모든 가정 성원은 경제적으로 이바지할 것을 요구받았으며 남성 가구주를 중심으로 모든 가정이 생산적 업무에 종사하는 것이 일반적이었다.

남성 노동력이 노동시장에서 지배적인 위치를 점하게 되면서 여성과 아동은 경제소득자에서 경제비용으로 전환되었으며, 여성에 대한 성별 이데올로기도 변화하여 여성은 일차적으로 가정을 담당해야 한다는 가정 중심적 이데올로기가 크게 강화되는 과정을 밟게 되었다. 또한, 일과 가정 영역의 관계는 자본주의 성장과 함께 기업과 공장이 사회의 중추 기관이 되고 기업은 일을 삶의 중심에 두고 가정을 조직의 요구에 부응하게끔 재배치하는 일 중심적 사회조직으로의 재편이 이루어진다.

　　전형적으로 남성을 중심으로 한 이상적 노동자 규범과 가정중심 이데올로기의 강화로 특징지어지는 이 같은 일 중심적 사회조직은 가정과 여성의 삶에 긴장과 갈등을 초래하게 되었다. 이상적 노동자 규범이란 전일제 노동과 초과노동을 수행하며 출산이나 양육에는 시간을 할애하지 않은 노동자를 시장노동에 조직하는 것이라고 할 수 있다. 이와 같은 상황에서 여성이 수행하는 돌봄 노동의 기능은 주변화되었으며 여성의 이상적인 역할이 가정에 연계됨으로써 여성의 이중역할 부담이 더욱 가중된 것이다. 20세기 들어 여성의 사회참여에 대한 사회적 태도가 변화하기 시작하였지만, 20세기 중반까지 기혼 여성의 취업은 여전히 제한되었으며 남성주부양자모델은 여전히 공고한 위치를 점하고 있다.

　　제2차 세계대전 이후 기혼 여성의 취업이 증가하였는데, 특히 아이가 있는 기혼 여성의 취업도 증가하면서 남성주부양자모델이 흔들리기 시작하였으며 일과 가정의 관계를 재조정해야 한다는 논의가 나타나게끔 된다. 서구사회에서 일과 가정의 변화가 전면에 등장하게 된 주요한 경제적 변화는 일반적으로 서비스 경제로의 진입과 관련된다. 제조업에서 서비스 주도의 경제로 이행되면서 여성의 노동시장 참여가 전반적으로 증가하였다는 것이다. 또한, 신자유주의적 유연화 정책은 고용 유연성의 증대에 따라 여성 개인에게 임금노동과 가정 노동을 결합할 수 있게 해줌으로써 여성 고용의 증대에 이바지하였다고 볼 수 있다.

　　그러나 이 같은 여성의 노동시장 참여가 여성의 지위를 개선하기보다는 복지국가의 개입과 정책 방향에 따라 다르기는 하겠지만, 많은 일하는 엄마들은 일과 가정생활의 힘든 양립을 지속하는 것이 일반적이었다. 기업과 국가 차원에서의 지원정책과는 별도로 일하는 엄마들은 다양한 개인적 해결을 모색하게 되는데, 이러한 개인적인 해결 역시 직종이나 계층에 따라 대응방식의 차이를 보이기도 한다. 그렇지만 무엇보다도 여성들이 독신의 삶이나 출산을 지연하거나 회피하는 방법 등을 선택하는 경우 저출산 문제가 심각하게 제기된다고 하겠다.

2. 일·가정 양립정책으로의 전환

직장을 가진 엄마는 직장에서의 일과 육아를 병행하기가 어려운 것이 일반적이다. 이 때문에 가정을 늦게 이루거나 자녀계획을 갖지 않거나 소수의 자녀만을 가지려는 경향이 늘고 있다. 또한, 엄마들은 자신의 직업을 유지하기를 원하지만, 단기간 혹은 영구적으로 직장에서의 일을 그만두기도 한다. 이렇게 직장을 그만두는 경우엔 특히, 한부모인 여성과 그 자녀가 빈곤에 노출되는 경향이 높게 나타난다.

여성이 직장에서의 일과 가정생활을 조화롭게 유지하는 것은 개인과 사회 모두에게 중요하다. 일을 그만두고 아이를 양육하고자 하는 엄마의 선택이 존중받아야 하지만 일을 포기하는 것이 어쩔 수 없는 선택인 경우가 많다. 이것은 엄마인 여성이 일하는 동안에 아이의 양육을 맡아 줄 대안이 없기 때문이다. 그런데도 여성이 노동시장에 참여하지 않으면 아이들은 더욱 빈곤한 환경에 내몰리게 되고, 육아 때문에 자기 일을 포기한 엄마들은 나이가 들수록 더욱 빈곤해지기가 쉽다.

자녀를 가진 여성이 직장에서 일하고자 하는 욕구와 자식을 잘 키우고자 하는 희망이 상호 배타적이어야 하는가?

여성의 사회참여가 점차 확대되어가고 있는 상황 속에서 임신과 출산, 육아의 문제를 여성 개인이나 혹은 그 가정 안에서 해결해야 한다는 생각의 토대는 허물어졌다. 국가적 위기로 대두되고 있는 저출산 문제를 풀어 가기 위해서라도 국가의 올바른 정책적 대응이 요구되는 것이다. 그러므로 일·가정 양립정책으로의 전환이 대부분의 OECD 회원국에서 중요한 이슈로 주목받고 있다.

1) 일 · 가정 양립정책의 필요성

최근에는 여성이 임신하게 되면 아이를 낳을 걱정보다도 아이를 어떻게 길러야 할지를 걱정하게 된다. 아이를 어떻게 기를 것인가 하는 걱정은 더 구체적으로는 아이를 어디에 맡겨야 하는가에 대한 고민이기도 하다. 아이를 낳는 것은 임신 기간 몇 개월 고생하면 되지만, 아이를 키우는 일은 출산휴가를 끝낸 뒤부터 지속해서 해결해야만 하는 현실적인 문제이다. 자녀를 가진 부모가 직장생활을 계속하면서 육아를 병행하는 것이 매우 어렵다는 것을 보여주는 것이다.

이처럼 일하는 엄마는 자녀의 양육을 위해 직장을 그만둘 것인가 아니면 직장생활을 위해 자녀의 양육을 위탁할 것인가를 두고 고민하게 된다. 그러나 여성이 직장을 그만두고 육아에만 전념하는 경우, 여성과 아동의 빈곤 문제가 대두되며 아울러 육아 이후 여성의 재취업에 많은 어려움이 뒤따른다. 이와 반대로, 여성이 직장을 그만두지 않을 때 출산 기피 혹은 출산 연장으로 인해 저출산 현상이 심화하는 문제가 발생한다.

부모 중 한 사람 혹은 두 사람이 모두 임금노동을 해야만 하는가, 그럴 때 누가 양육을 담당할 것인가 등의 문제에 대한 결정권은 부모에게 있다. 그러나 현실적으로 이러한 부모의 선택은 정부 정책에서 벗어날 수 없다. 왜냐하면, 일 · 가정의 선택 문제가 개인과 그 가정의 역할 갈등이라는 차원을 넘어, 한 사회가 임금노동과 돌봄 노동을 구성하는 방식에서 발생하는 문제이기 때문이다.

개인적인 차원을 넘어서 사회적인 구성으로 제기되는 일 · 가정 양립문제는 탈산업사회에서의 새로운 사회적 위험의 하나이다. 이러한 일 · 가정 양립의 어려움은 복합적인 맥락 속에서 다양한 사회문제들을 표출하고 있다. 우선, 무엇보다도 국가적인 맥락 속에서의 저출산 문제이다. 여성들이 일 · 가정 양립문제로 인해 결혼을 늦게 하거나 아예 하지 않는 만혼과 비혼 현상과 함께 결혼해도 자녀를 갖지 않는 '딩크족(no kids)'이 있기 때문이다. 다음으로 노동시장의 맥락에서 생산인구의 감소 문제이다. 고령화사회로의 급속한 이행과 함께 줄어든 경제활동인구를 대체할 수 있는 주요한 인력으로 요구되는 것이 여성노동력이기 때문이다. 가정적 맥락에서 경제적 안정과 빈곤 문제가 있다. 탈산업화에 따른 서비스 경제로의 전환은 산업사회에서 제조업에 안정적으로 종사하던 남성주부양자를 고용 불안정 혹은 상시적인 실업 위기로 내몰았다. 동시에 제조업의 쇠퇴와 함께 확대되는 서비스업은 많은 여성노동력이 필요하다. 이에 따라 가정경제의 안정과 아동 빈곤의 문제가 밀접하게 결합하는 것이다.

대부분의 일하는 엄마들이 직면하는 일·가정 양립의 어려움은 개인적인 수준을 넘어 사회경제적으로 다양한 사회문제들을 발생시킨다. 그러므로 다양한 사회적 위험들을 발생하게 하는 여성의 직장에서의 일과 가정생활을 병행하는 데 수반되는 어려움을 지원하기 위한 '일·가정 양립정책'으로의 전환이 반드시 요구된다.

2) 일·가정 양립정책의 정의

일·가정 양립은 시장노동(임금노동)과 가정 노동(돌봄 노동)을 사회적으로 조정하는 방식에서 형성되는 문제이며, 한 사회의 노동 규범과 가정 규범, 그리고 젠더 관계 규범과 관련된 것이다. 이러한 일·가정 양립문제는 '한 사회가 재화 및 용역의 생산과 노동력의 일상적·세대의 재생산을 어떻게 조직해 나가는가, 또한 그 안에서 여성과 남성의 역할을 어떻게 구조화하는가'와 관련된다.

일하는 여성이 일·가정의 이중 부담 속에서 힘겹게 일하고 있다는 문제가 제기된 것은 오래되었지만, 이를 일·가정 양립을 위한 구체적인 정책 모색으로 접근하기 시작한 것은 1990년대 들어서이다. 이 같은 일과 가정생활의 양립이라는 복지정책은 성별 노동분업의 불평등 구조를 비롯하여 저출산, 여성의 노동시장 참여와 관련하여 핵심적인 이슈로서 제기되어 왔다.

일·가정 양립에 관한 연구는 유럽연합을 중심으로 여성과 남성의 일과 가정 책임을 조화시키는 것을 목적으로 하는 정책에 관한 관심을 강조하며, 사회보장, 가정휴가, 양육지원 등 다양한 일·가정 양립정책의 도구를 개발하는 데 이바지하여 왔다. 한편 일·삶 균형[3]에 대한 논의는 영국의 주요 여성 정책으로

----

3) 우리나라 고용노동부에서는 일·생활 균형 캠페인을 하고 있다. 일·생활 균형 캠페인이란 일하는 방식과 문화를 개선하여 근로자가 마음껏 능력을 발휘할 수 있도록 하고 기업의 생산성과 경쟁력을 높이면서 일과 생활의 균형을 찾아가는 캠페인이다. 일·생활 균형 캠

등장하는데, 이는 일과 가정 및 양육에 대한 문제를 넘어서서 노동시간, 돌봄 시간, 개인적 생활을 위한 시간 사이의 균형을 유지하는 정책에 관한 관심으로 확대하고 있다.

직장에서의 일 혹은 가정생활에 관한 결정은 개인적인 선호를 포함하여 각종 기회, 전망, 가족관계와 같은 요인들이 폭넓게 상호 연관된 맥락 속에서 형성된다. 그런데 전 범위에 걸친 사회정책도 일·가정의 균형에 상당한 영향을 미친다. 고용, 젠더 평등, 아동 돌봄, 소득정책을 비롯해 학교 교육 및 교육정책과 은퇴, 노인부양, 건강정책 등이 가정의 형성과 해체뿐만 아니라 노동시장에 참여하려는 개인적인 의사결정에 영향을 주는 것이다. 이에 더하여서 일·가정에 관한 결정은 미래사회가 어떤 모습으로 발전하여 기능할 것인가와 폭넓은 공공정책의 관심이 어떤 방식으로 관련되는가에 좌우된다.

최근의 출산율과 인구 감소 추세가 지속한다면, 미래의 경제활동인구는 비경제활동인구보다 상대적으로 줄어들 것이다. 이는 앞으로의 노동력 공급과 함께 건강, 교육, 은퇴와 그 밖의 공공정책에 분명한 함의를 내포하고 있다. 그러므로 일·가정 양립정책의 중요성은 잘 마련된 정책이 다른 사회적 목표들을 진전시키며 지속 가능한 사회발전에 이바지한다는 측면에서도 그 의미가 있다.

3. 일·가정 양립을 위한 정책 방향

대부분의 OECD 회원국은 미래사회를 구성하는 데 있어 심각한 문제들에 직면하고 있다. 인구 고령화와 저출산 현상으로 인하여 미래의 생산가능인구가 감소하고 사회보장비용의 재정적인 지속가능성을 상당히 위협하고 있다. 한편 계속해서 줄어든 경제활동인구를 대체할 수 있는 인력은 여성노동력 동원이다. 여성의 노동시장 참여를 증가시킨다면 고령화사회가 일으키는 문제들을 해결하

페인 3대 핵심 분야는 오래 일하지 않기, 똑똑하게 일하기, 제대로 쉬기이다. 실천내용은 정시퇴근하기, 퇴근 후 업무 연락 자제, 업무집중도 향상, 똑똑한 회의와 보고, 명확한 업무지시, 유연한 근무, 연가사용 활성화, 건전한 회식문화, 쉴 권리 지켜주기이다.

는 데 도움이 된다는 것이다.

그렇다면 여성의 직장에서의 일과 가정생활은 양립할 수 없는 것인가? 흔히 여성의 노동시장 참여율이 높을수록, 가임여성의 출산율이 낮을 것이라는 주장이 일반적이었다. 그러나 이러한 주장은 다음과 같은 실례를 통하여 그 근거가 허물어졌다. 여성의 사회참여가 높아짐에 따라 출산율이 낮아졌다는 사회통념과는 달리 선진국의 경우 일하는 여성이 많은 국가일수록 출산율이 높다는 조사결과가 있다. OECD 회원국의 여성고용률과 출산율을 비교분석한 결과, 아이슬란드, 노르웨이, 덴마크, 핀란드 등 25~54세 여성고용률이 높은 국가는 출산율도 높은 것으로 나타났다. 이처럼 일하는 여성이 많은 국가일수록 출산율이 높은 것은 양육지원, 근무시간의 유연성, 개인 기반 조세 시스템 등 취업 여성을 돕는 정책이 다양하게 펼쳐지고 있기 때문으로 분석된다.

주요 선진국 여성 경제활동 많을수록 출산율↑… 일·가정 양립 정책 영향

경제협력개발기구(OECD) 회원국에서는 일·가정 양립을 위한 각종 정책지원이 이뤄져 여성이 경제활동을 많이 할수록 아이도 더 많이 낳는 것으로 나타났다.

그동안 노벨 경제학상 수상자인 행동경제학자 게리 베커가 내놓은 '여성이 경제활동에 나서면 출산율이 낮아진다'는 '베커 가설'이 통설로 받아들여졌지만, 이와 반대되는 결과가 나온 것이다.

'OECD 국가들의 합계출산율' 보고서에 따르면 1990년~2016년 OECD 국가 패널 자료를 바탕으로 출산율 결정요인을 분석한 결과, 여성의 경제활동 참가율이 증가할수록 출산율이 유의미하게 높아졌다.

합계출산율에 대한 여성의 경제활동참가 탄력성은 0.09~0.13으로, 여성의 근로시간이나 육아휴직, 임금 격차 등의 변수를 적용하는 경우에도 일관되게 '플러스'(+) 효과를 냈다.

특히 2000년 이전과 이후의 합계출산율 결정요인을 비교해보면 2000년 이후부터 여성의 경제활동 참여 상승에 따라 합계출산율이 높아지는 경향이 뚜렷해졌다. 여성의 경제활동 참여로 가구소득이 늘어나며, 이에 따른 출산율 제고 효과가 커지기 때문으로 풀이된다. 평균임금이 높을수록 출산율이 높아지는 현상도 이를 뒷받침한다.

일·가정 양립을 위한 각종 정책지원이 이뤄졌고 남성이 생계부양자, 여성은 양육책임자라는 구분이 흐려지면서 베커 가설이 2000년 이후 OECD 국가에서는 더는 유효하지 않게 된 셈이다.

이외에도 출산율 결정요인을 보면 실업률이 높고 여성의 근로시간이 길수록 합계출산율에는 부정적 영향을 주는 것으로 나타났다.

가족 정책의 경우 지역별로 가족수당과 육아휴직, 보육서비스가 미치는 영향도가 달랐다. 북유럽 국가는 가족수당의 급여 대체율이 25% 증가하면 합계출산율이 약 1% 높아진다. 동유럽 국가의 경우 육아휴직 기간이 일주일 증가할 때 합계출산율도 0.0029명 증가하는 것으로 나타났다. 남유럽국가의 경우 0.0014명 증가 효과를 낸다. 아시아 국가에서 보육서비스 이용률이 25% 증가하면 합계출산율은 최대 7% 높아지는 것으로 나타났다.

보고서는 "분석 결과를 우리나라 상황에 적용해보면 여성의 경제활동을 지원하고 일·가정 양립이 가능하도록 근로시간 유연화 등 노동시장 여건을 확충하는 것이 출산율 제고에 효과적일 수 있다"고 설명했다.

출처: 해럴드경제, 2020. 1. 26.

일·가정 양립정책은 자녀 양육의 책임을 갖는 남녀근로자의 일과 가정생활을 지원하는 정책이다. 즉 아동이 있는 가정의 양육 부담을 완화해줌으로써 부모들이 육아로 인하여 노동을 중단하지 않고 취업을 지속할 수 있도록 지원하고, 또 남성의 육아 참여를 장려함으로써 평등한 가정생활, 노동 생활을 할 수 있도록 지원하는 것이다. 취업 부모의 노동지속과 평등한 자녀 양육이 일·가정 양립정책의 목표가 될 것이다.

일·가정 양립을 지원하기 위한 정책 도구는 제공되는 급여의 성격에 따라 시간, 돈, 서비스로 범주화할 수 있다.

첫째, 시간의 형태로 급여가 제공되는 정책에는 휴가제도와 유연 노동방식이 해당한다. 휴가제도에는 출산휴가, 남성이 얻는 출산휴가, 육아 휴가 등이 있다. 휴가제도는 지급 기간과 함께 무급인가 유급인가에 따라 다양한 방식으로 제도가 구성될 수 있다. 유연 노동방식[4]은 파트타임이다. 유연 노동시간을 활용한

---

4) 우리나라 고용노동부에서 제시하는 유연근무제 유형에는 시차출퇴근제, 선택 근무제, 재택근무제, 원격근무제가 있다. 시차출퇴근제는 기존의 소정근로시간을 준수하면서 출퇴근 시간을 조정하는 제도이다. 선택 근무제는 1개월 이내의 정산 기간을 평균하여 1주 평균 근로시간이 주 40시간을 초과하지 않는 범위에서 1주 또는 1일 근무시간을 자유롭게 조정하는 제도이다. 재택근무제는 근로자가 정보통신기기 등을 활용하여 주거지에 업무공간을 마련하여 근무하는 제도이다. 원격근무제는 주거지, 출장지 등과 인접한 원격근무용 사무실에서 근무하거나 사무실이 아닌 장소에서 모바일 기기를 이용하여 근무하는 제도이다.

정책 도구에는 압축 근로제,[5] 근무시간 자유 선택제,[6] 재택근무 등이 있다.

둘째, 재정의 형태로 급여가 제공되는 정책 도구에는 세제와 사회수당, 사회부조와 같은 사회보장제도가 해당한다. 조세제도를 통한 급여에는 조세감면, 세금공제를 비롯해 아이가 있는 가정에 금전적으로 지원하는 것 등이 있다. 조세제도는 세금을 조정함으로써 노동시장 진입과 이탈에 대한 유인을 제공함과 동시에 어떤 특정 유형의 가족에게 급여를 제공한다. 가족수당, 주택수당, 세액공제 등은 가족에 대한 재정적인 보호를 통해 양육비용을 지원한다. 이 같은 제도들은 여성 고용 대신에 가족 형성을 유도하는 것이라고 할 수 있다.

셋째, 일종의 서비스 형태로 급여가 제공되는 정책 도구에는 아동 양육을 위한 편의 제도 혹은 편의시설이 해당한다. 어린아이들을 위한 보육원, 방과후학교 등이 있다.

4. 일·가정 양립정책의 국제비교[7]

현대 사회에서 일하는 어머니들이 직면하고 있는 커다란 도전은 일과 가정의 균형을 유지하는 것이다(앤서니 기든스, 2007; 362). 육아는 그 성격 자체가 복합적이고 노동 집약적인 일이다. 육아와 전문적인 일의 균형을 맞추는 것에 어려움이 따른다는 것은 놀라운 일이 아니다. 그러나 일-가정 도전을 여성의 문제로 보는 것은 위험하다. 가정과 직장 간에 건강한 균형을 어떻게 유지할 것인가와 육아 과정을 지원하는 것에 아버지, 고용주, 정부 각각의 역할에 주의를 기

---

5) '압축 근로제'는 통상의 근무 요일을 줄이는 대신, 근무시간을 보다 늘리는 방식이다. 예를 들어, 일주일에 4일을 근무하되 하루에 9시간을 일함으로써 전체 노동시간을 압축하는 것이라고 할 수 있다.
6) '근무시간 자유 선택제'는 하루의 근무를 시작하는 시간이나 끝마치는 시간을 유연하게 조정하여 선택할 수 있도록 하는 방식이다. 노동자는 통상의 출근 시간보다 늦게 출근하거나 혹은 일찍 퇴근함으로써 자신들에게 필요한 중요한 시간을 확보할 수 있는 것이다. 일하는 엄마가 아이를 학교에 보내고 난 이후에 통상의 출근 시간보다 늦게 직장에 나갈 수 있다면, 아이를 돌볼 수 있는 아침 시간을 잘 활용할 수 있을 것이다.
7) 출처: 한국여성정책연구, 2008, 일가정양립정책의 국제비교연구 및 한국의 정책과제.

울여야 한다.

보육정책 영역에서는 대부분 국가에서 90년대 중반 이후 보육서비스에 대한 지출수준이 높아지고, 보육서비스의 포괄범위가 확대되고 있으며, 보육의 질(quality)을 높이고자 하는 노력이 나타나고 있다. 또한, 많은 국가가 아동에 대한 보육의 권리 및 의무를 법제화하여 보육서비스의 중요성을 강조하고 있다. 특히 최근에는 대부분 국가가 3세 미만 아동에 대한 보육 지원을 강조함으로써 여성의 노동시장 참여지원을 중요한 정책목표로 수립하고 있는 경향을 보인다. 또한, 보육서비스에 교육적 성격을 통합하여 ECEC(Early Childhood Education and Care) 통합개념으로 확대되고 있으며, 보육서비스의 제공에서는 복지혼합(welfare mix)의 증가8)와 부모의 선택권을 강조하는 새로운 변화가 나타나고 있다.

휴가정책 영역에서는 현재 대부분 국가가 출산과 양육 관련 휴가를 제공하고 있다. 국가별로 명칭과 형태는 다소 다르지만, 출산휴가, 배우자 출산휴가, 부모휴가, 양육휴가, 아동간병휴가 등 5가지 형태의 휴가정책을 제공하고 있다. 최근의 변화 경향은 휴가 자격조건을 완화하고, 휴가 기간의 적정성을 확보하며,

●●○ 표 1 휴가정책의 유형

유형	특징
출산/모성 휴가	- 출산/입양 전후로 여성 노동자에게 제공되는 휴가 - ILO 출산휴가 협약, 최소 14주 제공(고용보장)
배우자 출산/부성휴가	- 배우자의 출산 후 남성 노동자에게 제공되는 휴가 - 고용보장
부모휴가	- 모성 휴가/부성휴가 이후 아동 양육과 관련하여 제공되는 휴가(고용보장) - 휴가 기간 일부를 아버지에게 할당하는 '아버지 할당제'를 실시하기도 함
양육휴가	- 부모휴가 이후 제공되는 아동 양육 관련 휴가
아동간병휴가	- 아동간병이 필요한 경우 제공되는 휴가

출처: 한국여성정책연구, 2008: 71

....

8) 보육서비스 영역에서 복지혼합(welfare mix)이 증가한 것은 특히 영국과 네덜란드에서 두드러지게 나타난 변화이다. 영국은 블레어 정부 출범 이후 단기간 내에 보육 시설이 급증하는데, 유아교육 시설에 다니는 5세 미만 아동의 수가 97년 56%에서 2001년 90%로 급증했다. 이러한 증가는 공공 보육 시설의 증대를 통해서보다는 주로 이미 존재하는 민간 부문의 확대를 통해 이루어졌다.

휴가급여 수준을 향상하는 등 휴가의 사용을 적극적으로 지원하고 있다. 특히 부모휴가의 경우에는 사용의 편의성을 높이기 위해 부모의 선택권(사용 시기, 사용방법)을 강화하였으며, 남성의 사용을 장려하기 위한 제도적 설계(부활당제, 추가 부성휴가의 제공 등)를 도입하고 있다.

노동시간 영역은 전반적인 노동시간의 단축이라는 구조적 변화가 필요하다. 실제로 덴마크와 스웨덴에서의 노동시간 단축은 노동시장과 가정 내에서의 성 불평등을 완화하는 역할을 하는 것으로 평가되고 있다. 또한, 일하는 부모의 필요에 따라 노동시간을 조정할 수 있는 유연 노동시간 제도의 도입 및 활용이 중요한 해법이 되고 있다.

조세정책 및 현금지원정책은 경제적 혜택을 지원하는 방안으로 노동시장 진입 결정에 있어서 매우 중요한 결정요인으로 작용하게 된다. 그 외 자녀보육비 세액공제 혹은 세금감면 등을 통하여 취업 부부의 자녀보육비용 일부를 지원하는 형태가 있다.

또 어린이집 아동학대…두 달간 수십 차례 학대 정황 '경찰 수사 중'

부산의 한 어린이집에서 보육교사가 4세 원아를 자는 동안 때리거나 훈육을 이유로 꼬집고 밀치는 등 학대했다는 주장이 제기돼 경찰이 수사에 나섰다.

18일 부산경찰청에 따르면 부산진구 한 어린이집의 보육교사 A씨가 원아를 학대했다는 신고가 접수돼 경찰이 어린이집 관계자를 상대로 조사 중이다. A씨는 지난해 12월과 올 1월에 걸쳐 당시 4세 원생 3명을 수십 차례에 걸쳐 학대한 혐의(아동복지법 위반)를 받고 있다.

피해 학부모들과 경찰이 두 달 치 어린이집 CCTV 영상을 확인한 결과, 이 기간 A씨가 원생 3명을 각각 10여 차례, 20여 차례, 40여 차례 학대한 것으로 의심되는 정황이 드러난 것으로 전해졌다. 구체적으로는 A씨가 낮잠을 자는 아이를 때려서 깨우거나, 훈육을 이유로 머리를 강하게 누르고 배를 꼬집는 등의 모습이 담긴 것으로 파악됐다. 어린이집 CCTV 영상은 두 달마다 삭제돼 이전 영상은 확인할 수 없다.

한 피해 학부모는 "아이가 보육교사가 때린다며 등원을 거부해 CCTV를 확인해보니 정당한 이유 없이 교사가 아이를 학대한 정황을 확인했다"며 "남아있는 것은 두 달 치 CCTV뿐이지만, 이전부터 학대 행위는 꾸준히 지속했을 것"이라고 말했다.

또 다른 피해 학부모도 "장난감을 꺼냈다는 이유로 좁은 통로에 아이를 20여 분씩 내버려 두거나 목덜미를 잡아끄는 등의 학대 행위를 CCTV에서 확인했다"고 말했다.

이에 대해 어린이집 측은 "경찰 수사 전까지는 상황을 파악하지 못하고 있었다"며 "수사 결과에 따라 적절한 대응을 취할 것"이라고 말했다.

경찰 관계자는 "어린이집의 두 달 치 CCTV 영상 분석을 마쳤고 A씨와 관리 책임이 있는 어린이집 원장을 양벌규정에 따라 검찰에 송치할 예정"이라며 "조사 중인 사안으로 정확한 사건 경위는 말하기 어렵다"고 말했다.

출처: 부산일보, 2022. 5. 18.

일·가정에 허덕이는 기혼 여성, 직장 성차별 심할수록 '더 우울'

기혼 여성 노동자는 일·가정 양립 부담이 클수록 우울 증상이 증가하고, 특히 직장 내 성차별 수준이 높다고 인지할수록 우울 증상의 증가 폭이 더 크다는 연구 결과가 나왔다.

한국사회정책학회 춘계학술대회에서 '기혼 여성 근로자의 일·가정 양립 부담과 우울 증상: 직장 내 성차별 인식의 조절 효과' 연구 결과를 발표했다.

연구원은 "성별 분리 관행 속에 일터에 전념하는 남성과 달리, 여성은 일터에서의 의무와 가족 돌봄의 역할을 조율하도록 요청받는 일·가정 양립의 주된 책임자로 간주한다"며 일터와 가정에서의 이중 부담 구조는 여성의 우울을 증가시키는 등 정신건강에 부정적 영향을 미칠 수 있다고 봤다.

한국여성정책연구원의 제4~8차 '여성가족패널조사'(2012~2020년) 자료를 활용해 기혼 여성 근로자 3,122명(임금근로자)의 7,776개 관측치를 대상으로 분석했다.

직장 업무에 대한 과도한 부담으로 인해 가정생활에 미치는 부정적 영향(일→ 가정 부담)과 반대로 가정생활 업무에 대한 과도한 부담으로 인해 직장생활에 미치는 부정적 영향(가정→일 부담)의 정도, 배우자의 가사 분담 만족도 등의 항목이 각각 우울 증상과 관계가 있는지 파악했다. 특히 직장 내 성차별 수준 차이가 이러한 일·가정 양립 부담의 효과 크기에 영향을 미치는지도 살폈다.

분석 결과, 과도한 직장 업무로 가정생활에 지장이 커질수록, 과도한 가사 업무로 직장생활에 지장이 커질수록, 배우자와 가사 분담 수준이 불만족스러울수록 기혼 여성 근로자의 우울 증상은 증가하는 것으로 나타났다. 주목할 점은 직장 내 성차별 수준이 높다고 인지하는 여성들은 일·가정 부담, 가사 분담 불만족도가 커질수록 우울 증상이 더 큰 폭으로 증가했다. 반면 직장 내 성차별 수준이 낮다고 인지하는 여성들은 상대적으로 우울 증상의 증가 폭이 미미하거나 우울 증상이 거의 변화하지 않는 것으로 나타났다.

연구원은 "여성의 일·가정 이중 부담은 여성의 정신건강에 부정적 결과를 야기하지만, 특히 여성이 근무하는 직장에서 얼마나 성차별적 환경이 주어지는지에 따라 이 효과의 크기가 달라진다고 볼 수 있다"며 "이 같은 결과는 여성의 일·가정 양립 부담을 해소하기 위해 일터에서의 성평등한 환경 조성이 중요하다는 정책 함의를 제시한다"고 했다.

현재 보육서비스 지원이나 출산·육아휴직, 근로시간 단축제, 유연근무제 등 다양한 일·가정 양립 지원정책이 제공되지만, 직장 내 성평등한 환경이 조성되지 않으면, 일·가정 양립 의무로부터 자유로운 노동자, 주로 남성들이 유능한 노동자로 평가받는 등 성별화된 결과를 고착화할 수 있다고 봤다.

연구원은 "일터에서 일·가정 양립 제도의 성평등한 이용 기회를 확대하되, 이와 같은 일·가정 양립의 수요나 제도 이용이 직장 내 차별이나 편견에 대한 근거가 되지 않도록 성평등한 조직문화를 촉진할 수 있는 정책이 필요하다"고 제언했다.

출처: 경향신문, 2022. 5. 27.

눈물 대신 선물과 평등 담은 핀란드 베이비박스

한국과 일본에서는 부득이한 사정으로 아이를 키울 수 없게 된 부모가 맡길 수 있게 제작한 상자를 '베이비박스'라고 부른다. 핀란드에도 '베이비박스'가 있지만, 용도는 전혀 다르다. 핀란드 베이비박스는 출산을 앞둔 부모들과 태어날 아기들을 위해 정부가 무료로 제공하는 육아용품 상자(Maternity package)를 지칭한다.

핀란드 베이비박스의 역사는 1930년대로 거슬러 올라간다. 1930년대 초 핀란드는 영아 사망률이 1,000명당 65명에 달했다. 러시아 식민지를 벗어나자 시작된 내전 탓이었다.

핀란드 정부는 영아 사망률을 낮추기 위해서는 아이들이 생활하는 환경을 위생적으로 바꿔야 한다는 판단 아래 1938년 베이비박스 제도를 도입했다. 지금은 핀란드를 대표하는 육아 지원정책으로 자리 잡았다.

육아 지원정책을 총괄하는 정부 산하기관인 켈라(Kela·사회보험관리공단)를 방문해 베이비박스 제작과정을 직접 살펴봤다.

육아용품을 담는 박스는 아기자기한 동물 문양이 그려진 튼튼한 마분지로 제작됐다. 내부는 부드러운 솜과 매트리스로 채워져 있어 아기 침대로 사용할 수 있다. 이 상자는 아기 옷과 방한복, 단열 부츠, 양말, 수건, 기저귀, 체온계, 동화책 등 육아용품 40여 가지로 채워진다. 1948년까지는 무주택·저소득층 가정에만 베이비박스를 지원하다 1949년부터 전 국민으로 대상을 확대했다.

베이비박스 대신 출산 수당을 받을 수도 있다. 하지만 첫아이를 출산한 여성의 95%가 베이비박스를 선택한다. 3세와 5세 딸을 육아 중인 워킹맘은 "출산 수당은 200유로(원화 약 25만 원) 정도인데 베이비박스에 들어있는 용품을 돈 주고 사려면 약 400유로(원화 약 45만 원)가 든다"며 "게다가 오랫동안 전해져 내려온 전통이어서 첫 출산을 앞둔 핀란드 여성은 베이비박스를 받는 것을 당연하게 여긴다"고 말했다.

베이비박스의 구성 제품과 디자인은 2년마다 바뀐다. 핀란드 자국 기업들은 물론 EU 국가 내에서 활동 중인 디자인·육아용품 회사 수십 곳이 베이비박스를 디자인하고 베이비박스를 채울 제품을 공급하기 위해 치열한 경쟁을 벌인다.

켈라에서 베이비박스 업무를 총괄하는 수석 고문은 "모든 아동이 동등한 디자인의 베이비박스를 지급받기 때문에 의류와 신발 등을 노란색, 연두색 등 최대한 성별에 따른 편견을 없앤 성 중립적 색깔로 채우려 노력하고 있다"며 "다음 베이비박스를 디자인할 시 국민의 의견을 최대한으로 반영하고자 홈페이지, 전화, 방문 상담 등을 통해 수시로 건의 사항을 접수한다. 정식 디자인은 격년마다 바뀌지만, 그때그때 의견을 받아 조금씩 구성 제품을 수정, 보완할 때도 있다"고 말했다.

베이비박스는 오랜 시간 이어져 오면서 부모의 지위와 관계없이 모든 아동을 동등하게 대우한다는 상징적 의미가 됐다. 수석 고문은 "가난한 아동들의 생명을 지키려 저소득층 가정에만 지급한 것이 베이비박스의 시작이었지만, 수십 년이 흐른 지금은 모든 핀란드 아동들의 평등한 시작을 위한 필수적인 상징으로 자리매김했다"고 강조했다.

우리나라 아이들은 태어나면서부터 빈부의 차이를 경험한다. 어떤 아이들은 하루 이용료만 수십만~수백만 원에 달하는 산부인과와 산후조리원 삶을 시작한다. 반면 태어나자마자 차가운 철제 베이비박스에 담겨 남의 손에 넘겨지는 아이들도 있다. 물론 핀란드에도 빈부격차는 존재한다. 하지만 자라나는 아이들이 누리는 교육, 복지 등 제도적 혜택은 전부 평등하다. 핀란드에서 아이를 키우는 한국인 엄마는 "모든 아이가 똑같은 베이비박스를 받고 동등한 교육을 받는다. 친구 부모가 자신의 부모보다 훨씬 많은 돈을 벌어도 아이들은 빈부의 차이를 느낄 기회도, 이유도 없다"고 말했다.

출처: 이데일리, 2018. 1. 8.

서구 근대 가족의 성립과 모성애의 발전 과정

모성이 서구사회에서 어떻게 전개됐는지를 사회적, 역사적 맥락 안에서 자세히 다루고 있는 논문을 통해 서구 근대 가족의 성립과 모성애의 발전 과정을 4단계로 알아보고자 한다(서수경, 2002).

1) 근대 사회로의 이행과 성 역할의 변화

서구 산업사회에서 산업화 이전 시기까지의 지배적인 노동과 삶의 형태는 오늘날과 같은 의미의 가족이 아닌 한 집안, 즉 경제공동체였다. 부부 관계나 부모 자녀 관계는 주로 감정보다는 가족 경제의 요구들 때문에 결정되었으며, 자녀는 상속자로서, 자신의 성을 물려줄 사람이자 노동력 제공자로서, 그리고 부모의 노후보장을 위해 필요한 존재였다. 즉 산업사회 이전의 삶의 형태는 본질적인 영역들에서 전체로서의 가족과 관련되어 있었지 개인과 관련되어 있지는 않았다. 이러한 조건에서 가족 경제를 위해 아이가 필요하다는 것은 자명한 사실이었고, 따라서 어머니가 되는 것은 결혼한 여성의 삶에서 당연시되는 규정이었다.

산업화와 더불어 과거에 지배적이던 노동과 삶의 일치는 깨지고, 가족은 노동 및 경제공동체의 기능을 상실했다. 즉 한 집안이 깨어지면서 남성과 여성 사이에 새로운 노동분업이 탄생하게 되는데 남성은 외부세계, 직업, 사회를 담당하고, 여성은 가정, 집안일, 가족을 맡게 된다. 이러한 역할의 분리는 여성과 남성의 본성적인 차이에 대한 구분도 하게 되는데 남성은 활동성, 추진력, 힘 같은 본성을 그리고 여성은 온순함, 겸손, 감정, 감수성과 같은 본성을 가지고 태어난다는 극단화된 성 역할 이념이 지배하게 된다.

이러한 성 역할 이념은 개인의 일대기를 규정하고, 국가적 통제 속으로 옮겨져서, 교육제도와 법, 교육목표와 법칙 속에 확고하게 고정되어 여성의 활동 범위를 타인을 위한 삶인 가정으로 제한하게 된다. 즉 여성과 남성의 뚜렷한 성 역할의 구분은 선천적인 것이 아닌 산업사회의 토대에 속해 있는 것으로 산업사회 건설을 위해 필요했던 내적인 건설 계획의 일부인 것이다.

한 집안의 해체와 더불어 한편으로는 가족이라는 집단이 아닌, 개인이 중심을 차지하는 새로운 형태의 인생행로가 등장하는데 생존의 토대는 더 이상 가족이라는 집단이 공동으로 수행하는 노동이 아닌 시장에서의 개인적인 성취가 되며, 시장의 성장을 위해 업적과 규율, 목표지향성과 관철능력 같은 새로운 능력과 행동 양식을 개인에게 요구하게 된다. 그러나 여기서 주목해야 하는 것은 이러한 개인적 성취를 토대로 하는 근대적 노동 및 삶의 형태는 신분의 제약을 넘어선 개인의 자유와 평등 같은 근대화 이념에서 단지 남성에게만 허락되었던 불완전한 반쪽의 성취라고 할 수 있는 '양분된 근대(Halbierte Moderne)'인 것이다. 남성이 시장에서 개인적인 성취를 이루기 위하여 심리적으로 지원하고 원기를 북돋워 주며 격려하고 확인해 주는 등 이른바 다른 사람들을 돌보는 일이 여성의 주된 노동 및 삶의 형태였다.

2) 근대 모성애의 발전 과정

근대 사회로의 이행과 성 역할의 변화는 또한 아동기의 역사에 있어서도 결정적인 전환이 이루어졌다. 전근대 시대에서 아이를 돌보는 일은 많은 집안일과 들일 속에 끼워 넣어졌던 하나의 과제였다면, 근대의 이 일은 부모, 특히 어머니의 고유한 과제이자 가장 중요한 과제가 된다.

18세기에 철학자, 신학자, 의학자 그리고 후에 교육학자와 심리학자가 가세하여 아동기에 대한 연구물들이 발표되면서 의식적인 육아의 지침들이 등장하고, 아동 발달을 위한 어머니의 역할과 중요성이 강조되면서 모성은 여성에게 본능적이라는 단계에까지 이르게 된다. 자녀의 교육에 대한 새로운 관심과 모성 역할의 의미가 등장하게 되는 배경은 당시의 사회변화와도 무관하지 않은데, 즉 18~19세기는 신분 사회에서 시장의 법칙에 따라 조종되는 산업사회로의 점진적인 이행이 이루어지면서 신분 상승을 위하여 학교 교육과 직업교육을 전면에 내세우는 교육적 노력이 아이에게 집중된 점과 근대 사회로의 이행과 더불어 세계의 지배 가능성을 목표로 하는 진보에 대한 믿음이 점점 더 확산하면서 인간의 본성 역시 만들어질 수 있는 것으로 개선 가능한 것으로 보게 되었다는 점, 그리고 아동기에 대한 새로운 관심은 우선 건강상의 위험과 해로운 환경으로부터 아이를 보호하려는 노력에서 시작하여, 아이를 돌보는 일에서도 아무에게나 아이를 맡기지 않고, 가장 가깝고 책임 있는 것으로 규정되는 사람인 어머니에게 집중하게 된다는 점이다.

1762년 출간된 루소의 '에밀'을 통해서 모성에 대한 의무와 역할 그리고 여성들의 가정으로의 귀속이 근대 초기에 서서히 뿌리내려 가고 있음을 볼 수 있다. 루소가 강조하는 어머니의 자녀에 대한 책임과 의무가 당시에는 모든 여성에게 그렇게 자연스러운 것으로 받아들여진 것이 아님을 알 수 있는데, 결국 루소가 에밀에서 보여주는 모성은 페스탈로치나 프뢰벨 등과 같은 근대 교육학자들에게 크게 영향을 주게 되고, 본성으로서의 모성애와 어머니의 역할은 서구 근대화 과정에서 확고하게 그 자리를 굳혀가게 됨을 볼 수 있다.

결국, 모성 역할의 강조는 자연스럽게 어머니의 교육 혹은 교육자로서의 어머니의 역할을 강조하게 되는 결과를 가져온다. 어머니의 역할이 점점 더 여성의 가장 고유한 것이 되면서 여성은 오로지 어머니라는 것을 토대로 정의되고, 여성의 소망과 희망, 기쁨과 고통, 생각과 행동 등 모든 것은 아이라는 한 가지에 맞춰야 하는 것이 된다. 이러한 견해는 많은 의학적 저술들에서도 어린 소녀의 교육을 오로지 출산 기능의 관점에서만 고찰하는 결과를 낳게 된다. 이렇게 어머니 역할이 강조되면서 새로운 숭배가 나타나게 되는데, 모성 이데올로기에까지 이르는 모성 신화가 그것이다. 이는 18세기에 시작되어 19세기에 번창하였으며 20세기에도 계속되어 교육서와 문학작품뿐 아니라 그 밖의 예술까지도 스며들게 된다.

모성은 노래로 찬미 되고 시로 지어지며 수많은 그림으로 그려지는데, 예술가에 따라 비극적이고 장엄하게 혹은 낭만적이거나 감상적으로 묘사되며 찬미 되고 미화되며 격정적으로 숭상된다. 어머니 역할에 대한 호소는 부르주아 계급의 여성에게서 제일 먼저 확산하였으며, 그다음으로 농민 계층의 여성들에게 그리고 공장이나 가내 수공업 또는 남의 집에서 일하는 수많은 노동 계급의 여성들에게 확산한다.

하지만 이 집단들에서는 부르주아 중간층 여성들의 경우와는 다른 모습이 전개된다. 근대시대에 어머니 역할의 부상은 여성이 생산활동으로부터 배제됨과 동시에 여성의 삶에 양면적인 결과를 가져온다. 즉 새로운 부담이 되면서 동시에 새로운 보상을 가져다주는 것인데 과거에는 기초적인 보살핌에 불과했던 육아가 이제는 돈이 드는 노동이 되었다. 아이를 담당하는 사람에게 과거보다 훨씬 큰 노력, 시간, 관심, 세심함과 진지함이 요구된다. 어머니는 아이의 발달에 대해 전문가들이 정해 놓은 요구사항들에 종속되며, 아이의 생존 가능성은 어머니의 희생으로 얻어지는 것이 된다. 근대 부르주아 사회에서 여성에게 요구된 종속은 자유와 평등이라는 부르주아적 원칙과는 모순되지만, 본성이라는 것에 의해, 그리고 어머니 역할이라는 것에 의해 정당화된다. 어머니라는 것은 남성과 여성의 삶의 가능성 사이에 존재하는 모순을 고착시키는 것이 된다. 즉 남성에게는 시장이 요구하는 독립성이, 여성에게는 육아가 요구하는 자아 포기가 삶의 가능성인 것이다.

어머니 노릇은 이중적 의미에서 여성의 삶의 과제가 된다. 한편으로는 여성의 타고난 본성을 완성하는 것이고, 다른 한편으로는 자기 삶의 작은 부분에 관한 주장을 포기하는 것이다. 좀 더 정확하게 표현하면 새로운 부담과 함께 새로운 보상, 즉 적어도 가정이라는 틀 내에서는 새로운 기회 또한 생긴다는 사실이다.

3) 어머니로서의 새로운 의미획득과 부담

산업화 과정이 더욱 폭넓게 진전되는 19세기 말에 노동 계급의 여성은 집 밖의 생업 형태에 더욱더 많이 참여하게 된다. 부르주아 계급에서도 변화가 일어나는데 가정은 자가 생산의 장소에서 점점 더 소비의 장소가 되고 가정에서 직접 생산했던 생필품들은 시장에서 구매하는 일이 잦아진다. 결과적으로 미혼 여성들은 가정에서의 일거리가 줄어들게 되면서 여성에게도 서서히 직업을 가지는 기회가 열리게 된다. 하지만 대부분이 유치원 보모나 교사, 간호사와 같은 분야에 국한된 것이다. 노동 계급의 여성들과는 달리 부유한 가정의 많은 여성이 직업을 가지게 되는 동기는 대부분 정신적 궁핍, 즉 자기 일이 없는 삶에 대한 불만에 기인했는데, 이처럼 새로운 형태로 집 밖의 직장생활이 생기게 되면서 여성의 삶의 윤곽이 변화하기 시작한다. 여성에게 새로운 삶의 가능성이 생기고 자유의 공간이 나타나게 되는 것이다.

또한, 교통과 통신이 확대되고 지리적 이동 가능성이 증가하면서 경제적 독립과 자유의 공간을 획득하게 되고 직업에서의 선택 가능성의 폭도 넓어지게 된다. 그러나 여성들의 집 밖의 직장생활은 한편으로는 새로운 자유의 공간을 허락했지만, 다른 한편으로는 새로운 위험과 종속, 구속을 가져왔다. 즉 이제 여성들의 생존 보장은 가족이 아닌 냉혹한 시장의 법칙에 종속된다. 바깥세상에서 여성들은 한편으로는 가족과 가족의 통제로부터 독립되고 자유를 얻어 나만의 인생에 대한 소망을 키울 수 있었지만, 다른 한편으로 직장생활의 실제 조건들은 생계를 지속해서 보장할 만한 상황이 아니다. 이러한 두 가지 상황으로부터 역사적으로 새로운 모순이 발생하게 되는 것이다. 여성의 나만의 인생이라는 부정적 측면, 즉 집 밖의 생활에서 위험과 불안을 경험하게 되면서 어머니라는 자리는 새로운 의미를 획득하게 되었다. 어머니 노릇은 부르주아 계급의 여성에게 사회적 안정과 경제적 부양처를 제공하였다. 여성의 존재가 더는 쓸모없게 되고, 가정에서도 여성이 더는 필요 없게 된다는 사실에 직면하면서 대책을 마련하게 되는데, 즉 아이가 여성들의 삶에 새로운 의미로 주목받는 것이다. 한마디로 표현하자면 모성의 사회적 의미는 부르주아 계급 여성의 가장 중요한 권력 수단이라는 말로 요약할 수 있다. 물론 19세기 말은 서구의 여성들에게 무척 힘든 시기였다. 왜냐하면, 한편으로는 직업 생활이 점점 더 중요해졌지만, 동시에 여성들은 모든 나은 직업에서 전반적으로 배제되었기 때문이다. 따라서 여성들은 자기만의 직업을 만들어내게 되는데, 그것이 바로 자식인 것이다. 당시에 어머니라는 것은 여성이 얻을 수 있는 유일한 도전적이고 존경받으며 만족스러운 영역인 것이다. 이러한 맥락에서 볼 때 여성이 어머니라는 일을 고수하는 행위는 그것이 사회적 지위와 원하는 정치적 권력을 얻기 위한 유일한 토대이기 때문에 전적으로 합리적인 행동전략이라고 볼 수 있다.

4) 아이를 갖는 새로운 동기와 조화 가능성의 추구

19세기 후반에서 20세기 후반 사이에는 정치 및 사회 체제를 근본적으로 변화시키는 수많은 변화와 사건들이 일어난다. 이러한 변화는 다양한 형태로 여성의 삶의 윤곽에도 영향을 미치는데, 즉 과거에는 그토록 밀접했던 여성과 가족의 관계가 20세기 말에는 점점 더 간격이 벌어지게 된다는 것이다. 나만의 인생에 대한 요구와 열망이 갈수록 많은 여성에게서 직접 나타나는데, 이는 권위적인 교육에서 아이의 인격이 존중되는 교육방식의 변화, 다양한 생활 형태가 출현하는 가족구조의 변화, 20세기 후반기 이후 대규모로 등장하는 출산율의 감소, 평균수명의 증가, 이혼율의 증가 같은 요인들이 상호 작용함으로써 여성의 평범한 일대기의 모습에 결정적인 변화가 일어난다.

여성의 교육 기회의 확산, 직업 세계의 발전, 여성의 역할 및 가정과의 관계에 대한 새로운 가족 이상은 1970년대와 1980년대에 사회적으로 더욱 넓게 확산하며, 여성 삶의 중심이며 내용과 의미를 부여했던 자녀 교육이라는 과제가 이제는 여성의 삶에서 상대적으로 점점 더 미미한 공간을 차지하게 된다.

새로운 가족 이상의 신조는 성별에 따른 엄격한 구분이 아닌 유연한 노동분업, 남성과 여성 간의 파트너십 쪽으로 가자는 것이다. 이러한 기본 사상은 재판 판결과 정책에 수용되기도 하지만, 아직 사회 전반적으로 실현된 상태는 아니다. 그러나 적어도 한 분야에서는 그러한 이상이 관철되고 있는데, 바로 젊은 여성들의 인생 계획에서 그러하다. 오늘날의 서구 산업 국가들이 대부분의 젊은 여성들은 오직 타인을 위한 삶을 살도록 운명 지어지는 것을 더는 받아들이지 않는다. 그 대신 그들은 자신의 직업과 가정이 연결되기를 원하며, 가정 외에도 나만의 인생을 간직하고자 한다. 많은 여성은 직업 생활을 통해 가정생활의 종속에서 벗어날 수는 있었지만, 그러나 경제적 합리성의 원리에 의해 규정되는 또 다른 시장의 법칙에 종속된다. 즉 속도, 업적, 경쟁, 규율 같은 원칙에 따라야 한다.

따라서 직업 노동은 언제나 개인적 능력과 발전을 가로막는 것이기도 하며, 삶을 철저하게 제한하고 단순화시킬 것을 요구한다. 시장은 자유로운 임금 노동자를 요구하기 때문이다. 그런데 여성은 가사도 담당해야 해서 덜 자유로운 임금 노동자인 것이다. 이처럼 직업 생활의 만족 뒤에는 상당한 내면의 부담이 자리 잡고 있다는 것을 많은 서구 여성들이 분명히 의식하게 된 것이다. 즉 한편으로는 나만의 인생을 위해 직업을 포기할 수 없지만 다른 한편으로는 직업 노동이 나만의 인생을 위한 시간을 거의 허용하지 않는다는 것이 바로 그들의 딜레마인 것이다.

서구 여성들에게 가정과 아이는 아직도 인생 계획의 한 부분이기는 하지만 이제는 더는 모든 희망과 기대를 거는 우선적인 인생 목표는 아니다. 오히려 그들은 어머니가 되는 것과 나만의 인생을 모두 포함하는 조화 가능성을 추구하고 있다. 그러나 이러한 조화 가능성이란 고도 산업사회의 삶의 조건으로는 현실과 동떨어진 소망인 경우가 많은데, 조화 가능성이란 당연히 전제될 수 있는 것이 아니라 의식적인 노력으로 비로소 만들어져야 하는 것으로 인식하고 있다.

오늘날 서구사회, 특히 서유럽 국가에서 부모가 된다는 것은 성인의 삶에서 개인의 발전에 가장 많이 이바지할 수 있는 경험 중의 하나인 것이다. 즉 새로운 사회적 조건의 영향으로 어머니 노릇으로 얻게 되는 만족이 새롭게 강조되고, 심지어 역사적으로 새로운 모습을 띠게 된다고 할 수 있다. 자녀는 새로운 자극을 얻고 자신의 잃어버린 자아를 다시 발견할 수 있게 해주는, 즉 내면적인 학습 과정에서 자신을 발전시킬 수 있는 희망이 되기도 하는 것이다. 자녀와의 관계에서 체험의 성격을 강조한다. 서구의 여성들은 단순히 '아이를 가질 것이냐 말 것이냐?'가 아니라 '내가 내 인생에서 어머니라는 경험을 하고자 하는가?'라는 질문을 던진다.

생각해보기

1	나는 내 인생에서 어머니·아버지라는 경험하고자 하는가?

_____

_____

_____

_____

pp.113~118의 '서구 근대 가족의 성립과 모성애의 발전 과정'을 읽고 생각해보자.

2	여러분의 주된 양육자는 누구였으며 여러분의 경험을 바탕으로 보육의 중요성에 관해 생각해보자.

_____

_____

_____

_____

「영유아보육법」은 영유아의 심신을 보호하고 건전하게 교육하여 건강한 사회 구성원으로 육성함과 아울러 보호자의 경제적·사회적 활동이 원활하게 이루어지도록 함으로써 영유아 및 가정의 복지 증진에 이바지함을 목적으로 제정되었다. 이 법에서 "영유아"란 6세 미만의 취학 전 아동을 말하고, "보육"이란 영유아를 건강하고 안전하게 보호·양육하고 영유아의 발달 특성에 맞는 교육을 제공하는 어린이집 및 가정양육 지원에 관한 사회복지서비스라고 규정되어 있다. 아기는 태내 발달을 통하여 최소한의 생존능력을 갖추긴 하였지만, 출산 이후의 비보호적인 환경에서 생존하기 위해서는 주된 양육자의 보호가 절대적으로 필요하다. 안정된 보호가 이루어지게 되면 아기는 자신의 긴장 상태가 해결되고 만족을 얻으며 기본적인 신뢰감을 형성할 수 있게 될 것이다. 불안정하고 불규칙한 보호가 이루어지게 되면 아기는 기본적으로 타인을 불신하게 될 것이며, 이후의 사회화 과정에도 부정적 영향을 미치게 된다.

3 남녀고용평등이 이루어지지 않은 사례를 찾아 이야기해보자. 특히 임신 또는 출산 등의 사유로 합리적인 이유 없이 채용 또는 근로의 조건을 다르게 하거나 그 밖의 불리한 조치를 하는 사례를 찾아보자.

_____

_____

_____

「남녀고용평등과 일·가정양립 지원에 관한 법」은 「대한민국헌법」의 평등이념에 따라 고용에서 남녀의 평등한 기회와 대우를 보장하고 모성 보호와 여성 고용을 촉진하여 남녀고용평등을 실현함과 아울러 근로자의 일과 가정의 양립을 지원함으로써 모든 국민의 삶의 질 향상에 이바지하는 것을 목적으로 제정하였다. 이 법에서는 "차별"이란 사업주가 근로자에게 성별, 혼인, 가족 안에서의 지위, 임신 또는 출산 등의 사유로 합리적인 이유 없이 채용 또는 근로의 조건을 다르게 하거나 그 밖의 불리한 조치를 하는 경우[사업주가 채용조건이나 근로조건은 동일하게 적용하더라도 그 조건을 충족할 수 있는 남성 또는 여성이 다른 한 성(性)에 비하여 현저히 적고 그에 따라 특정 성에게 불리한 결과를 초래하며 그 조건이 정당한 것임을 증명할 수 없는 경우를 포함한다]를 말한다. "적극적 고용개선조치"란 현존하는 남녀 간의 고용차별을 없애거나 고용 평등을 촉진하기 위하여 잠정적으로 특정 성을 우대하는 조치를 말한다.

Chapter 08 노후 빈곤: 노후 생활 준비

1. 노년기의 특성[1]

우리나라 「노인복지법」에는 노인을 65세 이상으로 규정하고 있다. 노년기는 일반적으로 65세 이상부터 사망에 이르기까지의 기간이다. 노년기에는 생물학적, 심리적, 사회적 측면에서 나타나는 점진적이고 퇴행적 발달, 즉 노화(aging)가 이루어진다. 퇴행적 발달에는 신체적 능력의 쇠퇴 및 질병, 사회적 관계의 축소, 사회경제적 지위의 하락 등이 있다.

노년기에는 신체 변화에 대한 적응, 인생에 대한 평가, 역할 재조정, 여가활용, 죽음에 대한 대비 등의 발달과업을 적절히 수행하고, 노후 생활에 적합한 생활환경을 조성하여야 한다.

노년기에 있어서 일은 노인 개인 차원에서는 생활비 및 용돈의 소득원 확보, 자기긍정감[2]과 정체감의 부여, 사회적 관계망의 유지, 신체 및 정신적 건강

---

1) 출처: 권중돈·김동배, 2012: 199-211
2) 자기긍정감은 있는 그대로의 자신을 인정하고 긍정적으로 생각하는 것이다. 자기긍정감이 낮은 사람은 부정적인 사고에 얽매이고, 끊임없이 자신에게서 부족한 점을 찾는다. 자기긍정감이 향상되지 않는 사람은 '셀프허그'를 하면 자기긍정감을 높일 수 있다. 상처받고 자신감을 잃은 날에는 일찍 귀가해 편한 옷으로 갈아입는다. 그런 다음 오른손으로 왼쪽어깨를, 왼손으로 오른쪽어깨를 8초 동안 꼭 안아주는 것이다. 동시에 스스로에게 "잘 참아냈어", "점점 좋아지고 있어"라고 위로하며 칭찬한다. 그러면 3대 신경전달물질인 세로토

유지, 소일 또는 여가 활용의 기회까지도 제공해준다. 거시적 차원에서는 노인을 의존적인 소비계층으로만 간주하던 노인에 대한 사회적 인식의 개선을 도모하고, 국가의 생산성 제고와 사회보장 비용 절감 효과까지도 얻을 수 있다.

노년기에 어떤 사회적 지위에서 물러나 그 지위에 관련된 역할수행을 중단하게 된 현상을 은퇴라 하며, 은퇴의 가장 대표적인 유형이 일에서 물러나는 퇴직이다. 퇴직이란 일반적으로 고용 상태의 어떤 직위에서 물러나 그 직위에 관련된 역할수행을 중단하게 된 현상을 의미하며, 고용에 의한 유급의 직위에서 물러나는 현상을 말한다. 이러한 퇴직 과정은 개인이 퇴직을 인식하면서부터 시작되는데, 퇴직에 대한 태도는 퇴직 후의 경제 사정에 대한 예상, 정년퇴직 연령, 노동에 대한 가치관, 퇴직의 자발성, 직업에 대한 헌신·사명감 정도, 퇴직 후 생활목표의 확실성, 퇴직 이후의 소득보장 정도 등과 같은 다양한 원인의 영향을 받는다.

퇴직으로 인해 나타나는 생활 변화를 보면, 먼저 수입이 급격하게 줄어들거나 상실되는 반면 지출은 지속해서 이루어지기 때문에 경제적 어려움을 경험할 가능성이 커지게 된다. 경제적 어려움은 퇴직 이후의 경제생활에 대한 준비 정도에 따라 달라질 수 있다. 퇴직으로 인한 직장동료와의 관계가 단절되고 사회활동 참여도가 낮아짐으로써 사회적 소외와 고독을 경험할 가능성이 커진다. 정체감을 유지해 왔던 직업적 지위를 상실함으로써 부정적 자아개념을 형성하게 되고, 이에 따라 삶에 대한 만족도 역시 낮아질 수 있다. 퇴직 이후의 여가가 증가함에 따라 일반적으로 여가활동의 참여도는 증가하지만, 퇴직 이전의 여가에 대한 예비사회화 정도와 재정상태, 건강상태 등에 따라 여가활동 참여도가 달라질 수 있다.

....

닌(마음의 안식), 엔도르핀(일종의 모르핀과 유사한 물질. 진통효과), 옥시토신(사랑, 정신적 안도감 호르몬)이 분비돼 자신에게 다정해질 수 있다. 부정적인 생각으로 가득 차 힘든 사람, 마음속으로 열등감에 시달리고 있는 사람이라면 꼭 실천해보자. 먼저 나 자신부터 사랑해야 한다(일요신문, 2019.4.18. '나 따위가 무슨…' 자기긍정감 낮은 사람 5가지 특징 중에서).

> ## 55~79세 1,500만 명, 은퇴했지만 생활비 벌려고…
>
> 1943년부터 1967년까지 이 사이에 태어난 인구는 1,500만 명이다. 만 55세에서 만 79세
> 까지이다. 직장에서는 은퇴를 앞뒀거나 이미 은퇴한 나이지만, 절반은 지난 1년 동안 연금을
> 한 푼도 못 받았다. 연금을 받은 나머지 절반도, 한 달 연금이 평균 69만 원에 불과했다. 올
> 해 1인 가구 최저 생계비가 116만 원이니까 절반 조금 넘는 정도이다.
> 150만 원 이상 받는 사람은 10명 중 한 명에 불과했다.
> [김OO]
> "지원이라는 건 거의 없어요. 국가에서 노령연금하고 연금 조금 나오는 거 있어요." 생활이
> 안 되니 일자리를 찾아 나선다.
> 일하고 있는 고령층은 877만 명, 고용률은 58%이다. 둘 다 역대 최고이다. 10명 중 7명은
> 계속 일하고 싶다고 답했다. 생활비에 보태고 싶어서가 가장 많았고, 일하는 즐거움이 뒤를
> 이었다.
> [정OO]
> "자식들한테 부담 안 주려고 놔두는 거예요. 있으나 마나예요. 솔직히 지들 살아야 하니까 하
> 나도 안 보태줘요."
> 이 사람들은 평균 73세까지 일하길 희망했지만, 현실은 거리가 멀다. 가장 오래 다닌 직장에
> 서 그만둔 나이는 평균 49세이다. 사업 부진, 휴·폐업, 권고사직이나 명예퇴직 등 10명 중
> 4명은 자기 뜻과 상관없이 그만뒀다. 그렇게 오래 다니던 직장을 그만두고 난 뒤, 20년 넘게
> 불안정한 일자리를 찾아다녀야 한다는 뜻이다.

출처: MBC 뉴스, 2022. 7. 26.

2. 노후 빈곤 실태

우리 사회에서 노인은 빈곤을 가장 크게 겪고 있는 집단이다(김영화 외,
2016: 205-206). 빈곤하다는 것은 경쟁이나 사유재산 소유에 입각한 자본주의
가치에서 탈락한 것이다. 노년층의 사회적 지위 저하도 사실상 그들의 경제력
상실과 밀접히 연관되어 있다. 노동에서 소외된 노인은 경제력을 상실하고 자녀
에 의존하게 되어 자녀에 대한 영향력이나 통제권도 자연히 축소되었다. 이런
측면에서 노인의 경제적 지위 상실은 산업사회로의 전환과 밀접히 연관되어 있

고, 산업화 과정이 진행됨에 따라 상대적으로 증가한다. 왜냐하면, 산업화가 진행됨에 따라 더 나은 지식과 기술을 가진 노동력을 요구하게 되었고, 산업화한 생산체제는 점차 노인노동력을 꺼리면서 이것이 퇴직제도로 제도화되었다.

많은 노인이 퇴직 후 경제적 상실에 따른 빈곤 문제를 어느 연령 계층보다 심각하게 겪고 있다. 산업사회에서 생겨난 정년제도는 노인의 사회적 지위와 신분에 직접적인 변화를 초래했다. 하지만 모든 노인이 정년 이후에 빈곤해지는 것은 아니다. 경제활동 시기에 빈곤한 사람이 곧 노년기에도 빈곤해진다. 즉, 노동 이력의 특성과 재취업 기회 및 연금제도 등이 총체적으로 미약한 상황에서 대다수 노인은 어려운 경제생활을 하는 것이다.

노년기에 있어서 소득은 삶의 질을 보장하는 기본적 조건이며, 노동시장으로의 진입은 이런 조건에 적합한 하나의 방법이라고 할 수 있다(김보기 외, 2016: 115). 노년기는 신체적·지적 측면에서의 퇴화의 시기로 '상실의 시기'이다. 그러나 최근 평균수명의 연장으로 노년기가 연장됨에 따라 '은퇴'가 아니라 '재고용'이라는 사회적 인식과 더불어 계속 일하기를 원하는 노인세대가 증가하고 있다. 노년기 노동시장의 참여는 생계유지라는 목적 이외에도 건강 유지나 여가선용 등을 통한 자아실현의 충족과도 밀접히 연관되어 있다. 그런데도 노동시장에서는 노년기의 생산성 약화라는 고정관념이 팽배해 있는 것 또한 사실이다. 따라서 노인 인력 활용을 등한시하거나 이를 꺼리는 풍조가 만연해 있다. 이는 노년기 노동시장으로부터의 소외를 의미한다고 볼 수 있다.

2020년 노인실태조사[3]에서 노인가구의 연 총소득은 3,026만 원이고, 근로

---

3) 노인실태조사는 노인복지법 제5조에 근거한 조사로 3년 주기로 수행되며, 2020년 다섯 번째 조사이다. 노인의 생활 현황과 특성 및 욕구를 파악함으로써 현재 노인의 삶의 질 향상을 위한 복지정책 마련의 기초자료를 제공하기 위한 목적이다. 시계열적 자료 축적을 통해 노인의 특성 변화를 살펴보고, 새롭게 노인으로 진입하는 베이비붐 등의 변화하는 특성을 파악할 수 있다. 이를 통해 고령사회에 대응할 수 있는 정책개발을 위한 기초자료를 제공하는 것이 목적이다. 베이비붐은 일반적으로 출산율이 높은 시기에 태어난 세대를 표현할 때 쓰는 말이다. 우리나라는 1955년부터 1963년 기간에 태어난 세대로 약 712만 명으로 총인구의 14.6%를 차지한다. 미국 베이비붐 세대(1946년~1965년 사이 출생)와 비교하면 규모나 전체 인구에서 차지하는 비중은 적지만, 일본의 베이비붐 세대(1947년~1949년 출생)인 '단카이'세대와 비교하면 그 규모와 전체 인구에서 차지하는 비중은 크다.

●● 표 1 노인의 경제활동 실태(단위: %)

	현재 일을 하고 있다.	일한 경험이 있으나 현재는 하지 않는다.	평생 일을 하지 않았다
2017년	30.9	59.3	9.8
2020년	36.6	49.5	13.6

출처: 통계청

소득이 가구소득의 가장 큰 35.6%를 차지하였다. 공적 이전소득 22.3%, 사업소득 15.4%, 사적 이전소득 11.7% 순이다. 노인 개인소득의 경우 가장 많이 가진 소득원은 사적 이전소득으로 90%이며, 다음이 기초연금 68.9%, 공적연금 30.6%였다. 노인가구의 4.6%는 국민기초생활보장수급자였다.

수입을 목적으로 일을 하는 노인은 36.9%이며, 응답자의 49.5%는 과거 일을 한 적이 있으나 현재는 하지 않으며, 13.6%는 평생 일을 한 적이 없는 것으로 나타났다.

경제활동에 참여하고 있는 노인의 종사 직종을 보면, 단순 노무 종사자가 48.7%로 가장 큰 비중을 차지하고 있으며, 다음으로 농림어업숙련종사자 13.5%였다. 그 외 서비스종사자 12.2%, 관리자 8.8%, 기능원 및 관련 직종 5.6%, 판매종사자 4.7% 등이다.

경제활동에 참여하고 있는 노인의 주당 근무 일수는 주 5일 일하는 노인이 전체의 41.5%로 가장 많으며, 다음으로 주 6일 24.1%, 주 3일 14.7%, 주 7일 10.0%, 주 4일 6.3% 등이었다.

노인의 월평균 근로소득은 150만 원 이상이 47.9%로 가장 많은 비중을 차지하였으며, 29만 원 이하 15.7%, 100~149만 원 14.0%, 50~99만 원 13.0%, 그리고 30~49만 원 9.4% 순으로 나타났다.

현재 일을 하는 이유로는 생계비 마련이 73.9%로 가장 높은 비중을 차지하고 있으며, 건강 유지 8.3%, 용돈 마련 7.9%, 시간 보내기 3.9% 등으로 나타났다.

경제활동에 참여하고 있는 노인의 70.2%(만족 56.3%, 매우 만족 13.9%)는 현재 일자리에 만족하는 것으로 나타났으며, '그저 그렇다' 24.5%, '만족하지 않는 편이다' 4.7%, '전혀 만족하지 않는다' 0.7%였다. 불만족 사유와 관련하여 낮은 급여 수준이 가장 큰 원인으로 지적되었으며(47.2%), 다음으로 일의 내용에 대한 불만족 24.2%, 건강상태와 맞지 않아서 15.3%, 기타 13.3%로 나타났다.

노인의 61.6%는 앞으로 일을 하고 싶지 않다고 응답하였으며, 38.5%는 일을 하고 싶어 하였다. 앞으로 계속 일을 하고 싶은 이유로는 생계비 마련이 61.9%로 가장 높고, 다음이 건강 유지 13.6%였다.

폐지 수레 끌다 교통사고·열사병…'복지 사각지대' 노인 파악

정부가 '폐지 줍는 노인'에 대한 첫 전국 단위 실태조사에 나서게 된 것은 이들의 규모와 폐지를 줍는 이유 등에 관한 구체적 정보가 거의 없기 때문이다. 복지 사각지대에 내몰린 탓에 여러 위험에도 좁은 골목길 곳곳을 찾아다니고 있는 것으로 보이는데, 이마저도 추정에 가깝다. 실제 지난 8일 충북 청주시 상당구 금천동 도로에선 폐지가 담긴 손수레를 끌던 70대 여성이 지나던 차에 치여 숨지는 사고가 벌어졌다. 지난해 10월엔 인천 서구 불로동 한 도로에서 새벽 시간대에 폐지를 보행기에 담아 끌고 가던 79살 여성이 뒤에서 달려오던 택시에 치여 숨졌다. 같은 해 7월엔 폭염주의보가 발령된 날 폐지를 손수레에 싣고 가던 충북 청주시 70대 여성이 열사병으로 숨지는 일도 있었다.

문제가 심각해지자 최근 폐지 줍는 노인들을 위한 시민단체가 만들어지기도 했다. 시세보다 비싸게 폐지를 구매해 예술품을 만들어 판 수익금으로 빈곤 노인을 돕거나, 손수레에 광고판을 달아 폐지 노인이 광고이익을 얻게 해주는 등의 일을 하는 청년단체들이 지난해 12월 '폐지넷'(폐지 수집 노인 문제 해결을 위한 네트워크)을 결성했다. 이들은 폐지 수집 노인들이 처한 문제 해결 방안을 모색하는 공동의 활동을 벌여가기로 했다. 관심이 쏠리지만 폐지 줍는 노인들은 여전히 복지와 안전의 사각지대에 있다.

많은 노인이 위험을 무릅쓰고 폐지를 찾는 주된 이유는 낮은 소득 탓인 것으로 보인다. 지난해 9월 서울시가 폐지 줍는 노인 2417명을 전수조사(한 달간 25개 자치구 재활용품 수집업체 방문 조사)한 결과를 보면, 대다수(82.3%)는 "경제적 어려움 때문에 폐지를 수집한다"라고 대답했다. 폐지를 모아 버는 돈은 월 5만 원 미만(28.8%)에 그쳤고, 식비(34.3%)와 의료비(30.8%)에 많이 쓰였다. 또한, 폐지 줍는 노인 세 명 가운데 한 명(35.2%)은 기초생활수급자이거나 차상위계층인 것으로 나타났다. 여성의 비율이 남성의 두 배였으며, 연령별로는 81살 이상 노인(39.4%)이 가장 많았다. 폐지 줍는 노인의 절반가량은 홀몸노인이었다.

출처: 한겨레, 2018. 1. 18.

출처: 한겨레, 2021. 9. 29.

3. 노후 빈곤 원인

노후 빈곤의 원인은 개인적 요인, 가족적 요인, 노동적 요인, 노후소득보장 제도의 미흡 등이 있다.

1) 개인적 요인

개인의 능력은 인지능력뿐만 아니라 추진력(drive), 역동성(dynamism), 끈기 (doggedness), 결심력(determination)이라는 'D-factor'로 측정된다(최점숙, 2009). 그러나 능력을 측정할 수 있는 변수들은 무수히 많으므로 그 영향력을 검증하기가 쉽지 않다. 보통 능력은 많은 부분 유전적인 영향을 받고 교육에 영향을 주어 결과적으로 소득이 결정된다. 따라서 능력의 직접적인 효과는 그리 높지 않고 이것이 교육 등을 통해 발휘될 때 효과가 나타난다.

능력의 소득에 대한 효과는 학력 수준(교육)에 정비례하여 나타나는데, 그 이유는 능력이 높은 사람일수록 높은 학력을 가질 가능성이 크고 이를 얻기 위하여 많은 비용을 지급하기 때문에 이에 대한 보상 효과로 나타난다. 또한, 여성 노인일수록 빈곤 위험이 크고 나이가 증가할수록 빈곤율이 증가하게 된다.

2) 가족적 요인

가족적 요인은 빈곤에 영향을 미친다. 부모(특히, 아버지)의 교육수준, 직업, 소득수준 및 혼인상태 등이 있다(최점숙, 2009).

부모의 능력 부족에 의한 소득수준의 차이는 자녀의 인적 자본 투자에 차이를 가져와 성인기 빈곤화의 원인이 된다. 또한, 주류사회로부터의 단절된 빈곤문화[4]는 세대 간 빈곤 이전의 요인이 된다. 직접적인 재산의 소득 이전이나 부모의 영향력은 우리나라와 같이 사회 이동성(social mobility)이 약하고 혈연관계를 중시하는 사회에서는 매우 큰 영향을 미친다.

결혼상태도 노인의 빈곤 위험에 영향을 미친다. 노인 부부보다 독거노인이 빈곤 위험이 크며, 특히 여성 미망인의 경우 남편의 사망으로 소득수준이 급격히 하락하여 빈곤화가 가속된다. 노인의 건강상태는 의료비 지출과 관련되어 있어 소득수준에 영향을 미치기 때문에 빈곤화와 밀접한 관계를 형성한다.

우리나라 노인들의 대다수는 자식 교육이나 결혼 등에 큰 비용을 투자하기 때문에 노후 생활을 대비할 수 있는 경제적 준비가 미흡하여 퇴직 후 소득절벽에 직면할 우려가 있다.

아들 한 명 늘수록…노동시간 17% 늘고 은퇴 늦어진다

아들 셋을 둔 월급쟁이 50대 A씨. 강남 아파트를 자가 소유하고 있지만, 전·월세 가격이 폭등했다는 뉴스를 보면 한숨만 나온다. 대학생인 장남과 차남 그리고 중학생인 막내아들까지, 앞으로 세 차례 결혼 또는 독립을 지원해 줄 생각을 하면 눈앞이 캄캄해지는 것이다. 세 아들에게 모두 집을 사준다는 건 언감생심이지만, 그래도 전셋집 비용이라도 지원해줘야 한다는 생각에 조바심이 커진다. 이러다간 자신과 아내의 노후가 휘청일 수 있다는 위기감도 엄습한다. A씨에겐 정년을 채우겠다는 각오 말곤 별다른 도리가 없다.
A씨 같은 아들 부자가 딸 부자보다 부담이 크다는 데 공감도가 큰 것이 한국의 사회 문화다.

---

4) 빈곤문화(culture of poverty) 관점에서 접근하는 방법이다. 가난한 사람들은 사회의 지배문화(dominant culture)와 질적으로 다른 하위문화(sub-culture)에서 살기 때문에 그들의 태도, 가치관, 행동 등에서 다르고 이러한 행태는 사회화 과정을 통하여 세대 간 세습된다. 따라서 이러한 세습을 통하여 노인의 빈곤화가 형성된다.

이런 관습적 문화가 실제 노동시장에서 더 오래 잔류해야 하는 부담으로 돌아온다는 게 학술 연구를 통해 밝혀졌다. 딸보다 아들을 더 많이 둘수록 생애 근로시간이 더 길어진다는 연구 결과가 나왔다. 아들에게 더 많은 재산을 증여하는 한국 사회 관습으로 인해, 노후 빈곤에 노출될 가능성이 더 커지고 은퇴 연령도 늦춰지는 것이다.

지난 7월 국제학술지인 '고령화 경제학 저널 2021년 20호(The Journal of the Economics of Ageing 20(2021))'에 게재된 논문인 '한국의 가족 내 재산 양도와 아들 선호에 따른 고령자 은퇴 경향'에 따르면 아들만 둔 가장이 딸만 둔 가장보다 현저히 더 오래 일하는 것으로 나타났다.

아들이 한 명 더 늘수록 가장의 은퇴 가능성이 평균 6%포인트 줄어들고 주간 근로시간은 16.8% 늘어났다. 현재 70·80대의 고령층을 구성하는 1935~1950년생을 대상으로 자녀 중 아들이 차지하는 비율과 은퇴 및 주간 근로시간 간 상관관계를 회귀 분석한 결과다. 이 같은 통계적 차이는 딸보다 아들에게 더 많은 투자와 재산 증여를 하는 한국 사회 관습에서 비롯되는 것으로 분석됐다. 아들에게 막대한 독립 비용을 지불하느라 본인의 '탈노동' 시점이 늦춰진다는 것이다. 특히 조사 대상 가운데 연령대가 높을수록, 소득 수준이 낮을수록 아들 부자의 근로 속박 경향성이 더욱 두드러졌다.

아들에 대한 독립 비용 부담 문제는 1950년생 이전 세대에게만 국한된 것이 아니다. 아들이 결혼할 때 최소 신혼 주택 '전세권'은 마련해줘야 한다는 사회적 분위기는 여전하다. 실제 한국보건사회연구원이 2013년 발표한 '결혼비용 실태 연구보고서'에 따르면 아들을 결혼시키는 데는 평균 1억 735만원이 드는 반면 딸은 3,539만원이 드는 것으로 조사됐다. 또 결혼 비용 중에서 결혼 당사자가 부담하는 비용이 남성은 38.6%, 여성은 41.5%에 불과해 사실상 부모가 대부분의 비용을 치르는 것으로 나타났다. 여기에 지난 1년간 전셋값이 폭등한 것을 고려하면 아들을 가진 이들의 심적 부담은 더욱 커진 셈이다.

이들의 '노후 걱정'에서 드러나는 또 다른 근본적인 문제는 한국 사회의 공적 노후 소득 보장 시스템이 부실하다는 것이다. 서울대 경제학부 교수는 "우리나라는 노후 생계 보장이 제대로 이뤄지지 않는 탓에 서구 선진국들처럼 '일찍 은퇴할 자유'가 존재하지 않는다"며 "노동시장에서 고령자가 차지하는 비율이 아주 높은 편"이라고 짚었다.

출처: 매일경제, 2021. 8. 4.

3) 노동적 요인

현재 노인이 노동시장에 참여하는지 여부, 과거 노인의 직업력 등이 노인 빈곤에 영향을 미친다(최점숙, 2009). 노인이 경제적 활동을 하는 경우와 그렇지 않은 경우를 비교하면 빈곤율은 2배 차이가 난다. 노인의 과거 직업력(직종과 정규직 여부 등)에 따라 저축과 자산에 차이가 발생하고, 이것이 빈곤화의 주요 원인이 된다.

4) 노후소득보장제도의 미흡

노인이 빈곤에 빠지지 않고 여생을 행복하게 보내기 위해서는 개인적인 노후 준비와 함께 공적 지원제도가 필수적이다(이철우b, 2017: 139-140). 개인의 인생은 어느 시점에 위기가 다가올지 아무도 예측할 수 없을 뿐더러, 청·장년기에 노동에 종사한 이후 노년기에 접어들면서 직업에서 은퇴하며 발생하게 되는 소득의 공백을 메워야 하기 때문이다. 선진국의 경우 고령화와 노인 빈곤을 대비하기 위해 다양한 공적 지원제도를 마련하여 노인 빈곤을 방지하고 있다.

서구 선진국은 서서히 고령화가 진행되었기 때문에 상대적으로 인구 노령화에 대한 대비를 할 수 있었지만, 우리나라는 급속한 속도로 고령화가 진행되고 있어서 인구 노령화에 대한 대비가 잘 이루어지지 않았다. 특히 연금의 소득대체율[5]은 낮은 수준으로 노후 빈곤의 원인이 되고 있다.

4. 노후 빈곤을 위한 대안

급격한 고령화 현상은 연금제도, 의료보장, 공공부조 등 기존의 사회복지제도에 대해 여러 가지 심각한 문제점을 제기하고 있다. 그중에서도 은퇴 노인들이 노후 생활에 필요한 소득을 스스로 확보하기 어렵다는 점에서 은퇴 후 소득보장이 가장 큰 문제이다.

연금제도는 일반적으로 장애, 노령, 퇴직 및 부양자의 사망 때문에 소득이 상실되는 경우를 대비해 미리 갹출한 보험료를 기초로 하여 제공되는 현금급여로서, 장기적 소득보장제도이다. 연금제도는 노후 소득보장제도로 노후의 생활

---

5) 소득대체율은 연금이 자신의 근로소득과 비교할 때 얼마 정도가 될 것인지를 나타내는 지표이다. 예를 들어 가입 기간에 평균소득이 100만 원인 사람의 월 연금액이 50만 원이라면 소득대체율은 50%가 된다.

설계를 할 때 미리 보장된 일정 수준의 소득을 토대로 계획을 세울 수 있다. 즉, 고령이 되어 노동능력이 감퇴하거나 상실되어 임금소득이 상실되었을 때 자산조사 없이 권리로서 최저한의 소득을 보장받을 수 있다.

이미 많은 국가가 다층 방식의 연금제도를 운용하고 있고, 세계은행과 국제노동기구도 다양한 방식으로 구성된 다층의 노후소득보장체계를 제안하고 있다. 다층의 노후소득보장체계는 공적연금뿐만 아니라 개인연금까지 포함하는 개념이다. 단층의 공적연금만으로는 노후소득보장에 대한 다양한 욕구를 충족시킬 수 없고 인구 고령화로 인해 공적연금의 지속가능성을 확보할 수 없다는 문제 제기가 힘을 얻으면서 다층체계에 관한 관심이 높아지고 있다.

우리나라의 국민연금제도[6]는 국민의 노령, 장애 또는 사망에 대하여 연금급여를 시행함으로써 국민의 생활안정과 복지증진에 기여함을 목적으로 한다.

국민연금제도는 1988년부터 10인 이상 사업장을 대상으로 시행되었으며, 1995년에 농어촌으로 확대되고, 1999년에 전 국민으로 확대 시행되었다. 노령연금 수급을 위한 최소가입 기간은 시행 당시 15년에서 1999년 전 국민 확대 시 10년으로 개정되어 연금 수급을 위한 요건이 완화되었다. 1988년, 1995년 및 1999년도 제도 도입 및 확대 당시 가입 기간 충족이 어려운 고령자들을 위해 5년 가입으로 연금을 받을 수 있도록 특례 시행하였다.

2021년 12월 기준 노령연금 수급자 4,894,452명 중 특례노령연금 수급자는 1,312,850명으로 26.8%에 해당한다. 1999년 법률 개정을 통해 60세이던 노령연금 수급연령을 출생연도별로 65세까지 상향 조정하였다. 1969년생이 65세가 되는 2034년부터는 수급연령이 65세로 상향되었다. 2013년 수급자 수의 증가가 둔화한 것은 수급연령이 1세 상향(60세 →61세)됨에 따라 연령 도달에 따른 신규 수급자가 발생하지 않았기 때문이다.

---

6) 연금재정의 운영방식은 적립방식과 부과방식이 있다.
- 적립방식(funded system): 가입자가 가입 시 납부한 보험료와 기금에서 발생한 이자 수입을 합한 총액을 적립하였다가 미래에 수급하는 방식, 기금 저수지에 비유
- 부과방식(pay－as－you－go system): 가입자가 납부한 보험료로 현 은퇴자에게 급여를 지급하고 본인들은 미래의 경제활동인구의 보험료로 노후를 보장받는 방식

1988년 제도 시행 이래로 국민연금 수급자는 지속해서 증가하였고, 1999년 전 국민 확대와 동시에 연금 수급을 위한 최소가입 기간을 완화하면서(15년 → 10년) 향후 수급자는 많이 증가할 것으로 예상한다. 현재 노령연금 수급자의 26.8%인 특례노령연금 수급자는 향후 지속해서 감소할 예정이다(1950년생 이후로는 특례 적용 대상 없음).

●● 표 2 출생연도별 노령연금과 반환일시금 지급연령

출생연도	1953년~56년	1957년~60년	1961년~68년	1965년~68년	1969년 이후
지급개시연령	만 61세	만 62세	만 63세	만 64세	만 65세

●● 표 3 국민연금 수급자 현황(명)

	합계	노령연금수급자	장애연금수급자	유족연금수급자
2005	703,508	635,190	3,911	64,407
2010	1,606,025	1,420,822	9,608	175,595
2012	3,310,211	2,748,455	75,934	485,822
2013	3,440,693	2,840,660	75,041	524,992
2014	3,586,805	2,947,422	75,387	563,996
2015	3,832,188	3,151,349	75,688	605,151
2016	4,135,292	3,412,350	75,497	647,445
2017	4,475,143	3,706,516	75,486	693,141
2018	4,596,690	3,778,824	75,734	742,132
2019	4,961,143	4,090,497	77,872	792,774
2020	5,388,022	4,468,126	78,079	841,817
2021	5,864,373	4,894,452	77,726	892,195

주: • 각 연도 말 누계 수치임, 일시금(반환, 사망, 장애) 수급자는 제외
　　• 노령연금: 국민연금법 제61조에 따라 수급연령 도달에 의해 국민연금을 수급하는 수급자 수
　　• 장애연금: 국민연금법 제67조에 따라 가입자 또는 가입자였던 자가 신체상 또는 정신상의 장애를 입었을 때 국민연금을 수급하는 수급자 수
　　• 유족연금: 국민연금법 제72조에 따라 가입자 또는 가입자였던 자가 사망하는 경우 유족으로서 국민연금을 수급하는 수급자 수
출처: 국민연금공단

　　2007년 제정된 「기초노령연금법」은 노인이 후손의 양육과 국가 및 사회의 발전에 이바지하여 온 점을 고려하여 생활이 어려운 노인에게 기초노령연금을 지급함으로써 노인의 생활안정을 지원하고 복지를 증진함을 목적으로 한다. 기초노령연금제도는 심각한 노인 빈곤과 공적연금제도의 광범위한 사각지대 문제에

●● 표 4 국민연금 예상연금월액(2022년 현재 가치 기준)

구분		월소득 100만원	월소득 200만원	월소득 300만원	월소득 400만원
보험료	월 납부액	9만원	18만원	27만원	36만원
	10년간 납부액	1,080만원	2,160만원	3,240만원	4,320만원
예상연금액	월 수령액	188,910원	240,230원	291,540원	342,850원
	20년간 납부액	약 4,534만원	약 5,766만원	약 6,997만원	약 8,228만원

주: • 예상연금액은 2022년 1월에 최초 가입한 것으로 가정하여 산정
　• 매월 약 9만원씩 10년간 납부하면 현재가치로 매월 약 19만원씩 평생 동안 받게 됨
출처: 국민연금공단

대응하기 위해 2008년부터 비기여방식으로 시행되었다.

　　2014년 제정된 「기초연금법」은 노인에게 기초연금을 지급하여 안정적인 소득기반을 제공함으로써 노인의 생활안정을 지원하고 복지를 증진함을 목적으로 한다. 이 법은 국가재정의 지속가능성을 확보하면서 노인세대를 위한 안정적인 공적연금제도를 마련하여 65세 이상의 노인 중 소득기반이 취약한 70%의 노인에게 기초연금을 지급함으로써 노인 빈곤 문제를 해소하고 노인의 생활안정과 복지증진에 기여하려는 것이다. 「기초연금법」이 제정되면서 「기초노령연금법」은 폐지되었다.

●● 표 5 기초노령연금과 기초연금의 수급자 수(단위: 명)

구분	65세 이상 노인 인구수		수급자 수	
	기초노령연금	기초연금	기초노령연금	기초연금
2008	5,069,273	-	2,897,649	-
2009	5,267,708	-	3,630,147	-
2010	5,506,352	-	3,727,940	-
2011	5,700,972	-	3,818,186	-
2012	5,980,060	-	3,933,095	-
2013	6,250,986	-	4,065,672	-
2014	-	6,520,607	-	4,353,482
2015	-	6,775,101	-	4,477,850
2016	-	6,995,652	-	4,563,998
2017	-	7,356,106	-	4,839,722
2018	-	7,650,408	-	5,094,713
2019	-	8,026,915	-	5,313,027

출처: 사회보장통계

구분	65세 이상 노인 인구수	
	기초노령연금	기초연금
2008	57.2	-
2009	68.9	-
2010	67.7	-
2011	67	-
2012	65.8	-
2013	65	-
2014	-	66.8
2015	-	66.1
2016	-	65.2
2017	-	65.8
2018	-	66.6
2019	-	66.2

출처: 사회보장통계

홀로 사는 노인 166만 명… 3명 중 2명 "노후 준비 없다"

2025년 초고령사회 진입…2037년엔 독거노인 335만 명
66세 이상 빈곤율 OECD 최고…한 해 의료비 111만 원

홀로 사는 노인이 지난해 166만 명으로 늘었다. 이들은 건강상태가 좋지 않고 노후 준비도 부족한 경우가 많아 위험 가구로 분류될 확률이 높다. 4년 뒤인 2025년에는 65세 이상 고령 인구가 총인구에서 차지하는 비율이 20%를 넘는 초고령사회가 도래한다. 사회안전망이 충분치 않은 상황에서 급격한 고령화는 결국 빈곤의 문제로 귀결된다.

• 혼자 사는 노인 6명 중 1명만 "건강 좋다"
통계청은 올해 고령자(만 65세 이상) 통계에서 '혼자 사는 고령자의 삶'을 집중 조명했다. 지난해 기준으로 혼자 사는 고령자 가구는 166만 1천 가구다. 전체 고령자 가구의 35.1%다. 혼자 사는 고령자 가구는 70대 비중이 44.1%로 가장 높고, 성별로는 여자가 71.9%를 차지한다.
혼자 사는 고령자 가구는 계속 증가한다. 2037년에는 2배 수준인 335만 1천 가구로, 2047년에는 405만 1천 가구에 이를 것으로 통계청은 전망했다.
혼자 사는 고령자는 17.1%만 건강상태가 좋다고 응답했다. 6명 중 1명밖에 안 된다. 전체 고령자 중 건강상태가 좋다는 답변 24.3%보다 적다.

이들 중 취업자는 47만 600명이다. 생활비를 스스로 마련한다는 응답은 절반에 미치지 못했고(44.6%), 정부·사회단체(31.1%), 자녀·친척(24.3%)에게 의지한다고 답했다.

혼자 사는 고령자 중 노후 준비를 한다는 응답은 33.0%에 불과했다. 3명 중 2명꼴인 67.0%가 준비하지 않는다고 답했다.

출처: 연합뉴스, 2021. 9. 29.

노인 빈곤: '아시아의 부국' 한국… 어느 가난한 할머니가 전하는 이야기

"하루 벌어 하루 먹고살아야 하는데 노후를 어떻게 준비해요." 가구도 별로 없는 어느 작은 방에서 지내는 82세 조경숙 씨의 말이다.

한국은 아시아에서 가장 부유한 국가 중 하나다. 그러나 2016년 OECD 통계에 따르면, 65세 이상 노인 인구의 절반 가까이가 빈곤에 시달리고 있는 나라이기도 하다.

노인 빈곤 문제는 특히 여성에게 많은 영향을 미치고 있으며, 한국 사회의 성 불평등 문제를 더욱 악화시키고 있다.

조 할머니는 불안정한 거주지에서 상대적으로 빈곤한 노후를 보내고 있다. 몇 년 전, 혼자 작은 쪽방을 하나 구할 때도 보증금을 낼 돈이 없어 집주인을 설득해야 했다.

"딸이 하나 있긴 한데 경제적으로 절 도와줄 형편이 못 돼요."

정부에서 나오는 약간의 보조금과 노인 기초연금에만 기대 사는 할머니는 지원금에서 방세와 각종 요금 고지서를 내고 나면 손에 남는 돈이 별로 없었다고 말했다. 매달 생활비가 부족하다 보니 저녁은 밥과 우유로 해결하곤 했다.

조 할머니의 생활이 원래 이렇게 힘들었던 건 아니었다. 그는 한국에 지어진 초기 사립 유치원에서 10년 동안 교사로 일하며 매달 100만 원의 월급을 받았다고 했다. 그 시절을 기준으로 결코 적은 돈이 아니었다.

"당시만 해도 여자들이 대학 교육을 받는 게 흔한 일이 아니었어요. 하지만 우리 아버지는 딸을 많이 밀어줬어요."

그러나 당시 한국의 다른 수많은 여성과 마찬가지로 그도 결혼하면서 일을 그만두게 됐고, 남편의 수입에 의존해 살아갔다. 하지만 몇 년이 채 지나지 않아 결혼 생활은 파탄 났다.

실제로 한국의 이혼율은 2000년대 초반 들어 다소 주춤해지긴 했지만 지난 40년간 5배 이상 증가했다.

"갑자기 이혼하고 나니 정말 어떻게 해야 할지를 몰랐어요. 이혼 과정에서 집도 뺏겨서 살 곳도 없었거든요. 하지만 먹고살기 위해선 뭐든 열심히 일해야 했죠."

하지만 혼자서 아이를 키우는 일은 쉽지 않았다.

"제가 아이를 돌봐야 하니까 일을 줄일 수밖에 없었고, 그러니까 생각만큼 돈을 못 버는 거예요."

혼자서 육아를 병행해야 하다 보니 그가 구할 수 있는 일자리는 방과 후 수업 선생님 같은 시간제 일자리뿐이었다.

그리고 67세가 되던 해에 할머니에게 또 한 번의 시련이 찾아왔다. 심각한 뇌졸중으로 갑자기 쓰러진 것이다.

"같이 일하던 동료가 제가 연락이 안 되니까 집으로 찾아왔었나 봐요. 그래서 제가 쓰러져 있던 걸 발견했죠. 저는 그날 아침에 출근하려고 화장하고 있던 기억밖에 없고 이후로는 아예 기억이 없어요."

그렇게 한동안 병원 신세를 지게 되며 일을 할 수 없었고, 몸을 회복해 병원을 나설 땐 할머니의 나이는 이미 70대에 접어들었다. 그의 수중에는 제대로 된 저축 통장도, 자신의 이름으로 된 연금도 없었다.

한국의 가장 대표적인 연금제도인 국민연금은 다른 국가에 비해 상대적으로 오래되지 않은 제도다. 1988년 시작된 국민연금은 대부분의 연금 수령자들에게 최소한의 연금 혜택을 제공한다. 연금 수령액은 가입 기간의 평균소득을 기준으로 하므로, 아무래도 결혼이나 임신·출산 등으로 경력 단절을 많이 겪게 되는 여성이나 일을 그만두게 되는 사람들은 은퇴 시기에 그만큼 연금 수령액도 줄어든다. 물론 조 할머니의 경우처럼 빈곤한 노인들을 위한 기초연금도 있다. 65세 이상 소득 하위 70%의 고령층을 대상으로 하는 기초연금은 월 최대 25만 4,760원까지 받을 수 있다. 하지만 전반적인 노후 생활을 책임지기에, 충분한 금액은 아니다. 국민연금연구원 조사에 따르면, 50세 이상 중장년층이 은퇴 후 기본적인 생활을 위해 기대하는 월수입은 116만 6,000원인 것으로 나타났다.

• 긴 수명, 적은 소득

여성 노인 빈곤 문제에는 또 다른 복합적인 문제가 있다. 우선 평균수명으로 볼 때, 여성이 남성보다 더 오래 산다는 것이다. 그러나 오랜 기간 여성들은 남성보다 직업을 갖고 유지하는 데 처지가 달랐던 만큼, 그들이 노후에 누리게 되는 혜택도 다를 수밖에 없는 것이 현실이다.

물론 최근의 상황은 예전보다 분명 개선되고 있다. 하지만 여전히 한국에서는 56%의 여성만이 고용 상태에 있으며 이들의 평균 수입은 남성의 63%에 불과하다.

• 새로운 사회 변화

전통적으로 한국 사회에서 나이 든 부모를 돌보는 건 자식들이었다. 그러나 이 같은 부모 부양 문화는 점차 변하고 있다.

"한국 사람들의 인식이 핵심이에요. 우리는 항상 가족이라는 울타리 안에서 노인을 부양해 왔기 때문에 연금에 대해 생각해 본 적이 없거든요. 지금의 노인세대들은 나이가 들었을 때 자녀에게 기대지 않고 살아간다는 걸 생각해 본 적이 없는 사람들이에요."

2019년 한국 보건사회연구원 조사에 따르면, 국민의 23%만이 자녀의 부모 부양의무에 대해 동의한다고 답했다. 41%의 국민은 부모 부양은 자녀의 책임이 아니라고 답했다.

전문가들은 정부 정책이 이러한 사람들의 인식 변화를 따라가지 못하고 있으며, 이에 따라 여성 노인들은 더욱 취약한 상태에 놓이게 된다고 말한다. 더구나 한국의 고령화 속도는 어느 OECD 회원국보다 빠르게 진행되고 있으므로 한국의 노인 빈곤 문제는 지금보다 더 악화할 것으로 예상한다.

부양의무에 대한 태도 변화와 관련해 은퇴 전문가들은 이를 '전환적 시기'라고 지적한다. 그러나 전환기에는 반드시 과제가 따른다. 한국의 젊은이들은 오랫동안 지속해 온 부양의무에 대해 계속 의문을 던지고 있고, 정부는 성 불평등 문제나 연금 개혁 같은 보다 광범위한 사회 이슈와 씨름하고 있다.

앞으로 몇 년간 노인 인구의 운명이 어떻게 될지는 한국 사회가 이 '전환기'에 어떻게 응답할지에 달려있다.

출처: BBC 코리아, 2021. 2. 8.

생각해보기

| 1 | 여러분이 노인이 되었을 때의 모습을 상상해보자. 노인이 되었을 때 좋은 점, 나쁜 점, 필요한 것 등에 관해 이야기해보자. |

_____

_____

_____

_____

| 2 | 부모 부양(의무)의 어려움은 무엇인지 구체적으로 알아보고 이야기해보자. |

_____

_____

_____

_____

'100세' 시대 노후 준비를 어떻게 해야 평생소비안정화를 이룰 수 있을까? 여러분 자신의 노후 생활에 대한 구체적인 계획을 세워보자.

_____

_____

_____

_____

한국 사회는 평균수명이 급속히 증가하고 있음에도 불구하고 사회보장제도 발달이 미흡하여 노후 준비 인프라가 매우 취약한 상황이다. 따라서 건강하고 활기찬 노후를 준비할 수 있는 제도 마련 등 적극적 조치가 요구된다. 건강하게 오래 사는 것은 분명 축복이지만 경제적 자립이 없는 노후 는 행복하지 않을 수 있다. 행복한 노후를 위해서 장기적이고 체계적인 준비가 꼭 필요하다.

Chapter 09 인권

1. 인권의 의미

인권은 인간이 인간으로서 마땅히 누려야 할 가장 기본적인 권리이다. 건강하고 최소한의 삶의 질을 누리면서 인간의 자유와 존엄성을 침해받지 않고 살아갈 수 있는 권리이다. 인간이 인간 자체로 지닌 존귀함을 인정하고 신분·인종·성별 등 어떤 이유로도 차별받지 않을 권리가 있다는 것에서 출발한다. 그러나 갖가지 차별 제도가 철폐되기까지는 오랜 세월에 걸친 시민 혁명과 정치적 개혁 과정에서 많은 희생이 따라야 했다.

근대 이전의 사회에서는 인권보다 신분 질서[1]가 더 중요했다. 사람이라고 다 같은 사람이 아니었으며, 인종과 신분 또는 성별에 따른 차별을 당연하게 여겼다. 그러나 "모든 사람은 태어나면서부터 하늘이 준 자연의 권리, 즉 자유롭고 평등하며 행복을 추구할 권리가 있다"라는 사상이 퍼져 나가기 시작한다. 바로 '천부 인권설'[2]이다. 사람은 그 자체로 존귀하고, 누구든 차별을 받아서는 안 되며, 심지어 국가 권력이라 해도 천부 인권은 침해할 수 없다.

---

1) 17~18세기 노예제도, 우리나라 노비제도 등
2) 천부 인권설은 홉스나 로크 같은 계몽주의 사상가들이 주창했으며, 미국의 독립 선언과 프랑스의 인권 선언을 끌어낸 사상적 배경이 되었다.

인권의 개념과 범주는 고정된 것이 아니라 시대적·사회적 조건 속에서 규정되는 상대적 개념이며, 새로운 사회변화 속에서 항상 확대되고 인간의 역사 속에서 늘 새롭게 변화하는 역동적 개념이다. 인권은 지배세력과 피지배세력 간의 긴장 관계 속에서 서로 역동적이고 상호 관련하여 변화됐으며, 인간의 존엄성과 자유와 평등을 진정으로 구현해 나가려는 노력 속에서 새롭게 정의되고 확장되어 온 것이다(김영화 외, 2016: 295).

2. 인권의 문제

미국의 흑인 인권 운동을 이끌었던 유명한 지도자 '마틴 루서 킹' 목사의 명연설은 인권의 소중함을 알려 주고 있다. "나에게는 꿈이 있습니다. 나의 네 자녀가 이 나라에 살면서 피부색이 아니라 인격으로 평가받는 날이 오는 꿈입니다."

흑인의 인권은 꾸준히 신장했다. 2008년 버락 오바마가 흑인으로는 최초로 미국 대통령에 당선되는 역사적인 사건이 있었지만, 대통령 한 명의 탄생이 흑인 인권문제에 종지부를 찍지는 못할 것이다. 흑인 인권문제는 여전히 더 노력해야 할 과제로 남아 있다.

인종 차별: 경찰에 목 눌려 질식한 흑인 사망 사건… 분노 시위 확산

미국 미네소타주 미니애폴리스에서 흑인 남성이 경찰의 과잉 진압으로 숨진 이후 분노한 시위대가 폭동을 일으키는 등 파문이 확산되고 있다.

이틀 밤 동안 격렬한 충돌이 이뤄진 끝에 미 방위군이 미니애폴리스에 배치됐다.

사건은 지난 25일 흑인 조지 플로이드(46)가 경찰 무릎에 목이 눌린 채 숨을 헐떡이는 모습이 담긴 영상이 공개되면서 시작됐다. 시위가 벌어졌고 27일 가게가 약탈당하는 일까지 생기자, 경찰은 최루탄을 발사했다. 미국 일리노이주 시카고와 캘리포니아주 로스앤젤레스, 테네시주 멤피스에서도 관련 시위가 벌어졌다. 이번 미니애폴리스 사건은 기존 경찰의 과잉 진압이나 부적절한 대처 등으로 흑인들이 피해를 보았던 사건들이 더해져 분노를 촉발했다.

앞서 조지아주의 아흐마우드 아르베리는 산책길에 백인 남성의 총에 맞아 사망했고, 켄터키주의 브레오나 테일러도 경찰의 과잉 대응으로 숨졌다.

이 사건은 여러모로 2014년 뉴욕 경찰의 가혹 행위로 숨진 흑인 남성 '에릭 가너' 사건을 연상시킨다. 당시 미국에서는 경찰의 가혹 행위에 항의하는 전국적인 시위가 일어났으며, 'Black Lives Matter(흑인 생명도 소중하다)' 캠페인이 시작됐다. 시위대는 "숨을 쉴 수 없다", "내가 당했을 수도 있다" 등의 구호를 외쳤다.

출처: BBC NEWS 코리아, 2020. 5. 29.

20세기 들어서 국가에 인간다운 생활의 보장을 요구할 수 있는 권리인 사회권[3]이 중요한 권리로 등장했다. 인권에 대한 인식과 제도적인 장치가 확대됐지만, 아직도 인권의 그늘이 있다. 사회적 소수자 인권이 바로 그것이다. 사회적 소수자란 여성[4]과 아동, 장애인, 성 소수자, 이주 외국인[5] 등 주류 집단 구성원에 의해 차별받는 집단을 말한다.

---

3) 마샬(Marshall)의 시민권론에서 시민권은 공동체의 완전한 구성원 모두에게 부여된, 여러 가지 권리와 권력을 향유할 수 있는 지위이다. 시민권을 개인의 자유와 법 앞에서의 평등과 같은 공민권(18세기), 참정권과 같은 정치권(19세기), 복지권과 같은 사회권(20세기)으로 발전하는 진화적인 과정으로 설명하고 있다. 마샬은 이 세 가지 권리가 모두 성취되어야 비로소 완전한 시민권이 확립된다고 보았다.
   사회권은 '적정 수준의 경제적 복지로부터 사회적 유산을 공유하고 그 사회의 보편적 기준에 따라 문명화된 삶을 살 수 있는 권리'이며, 대체로 교육과 사회서비스를 통해 실현된다. 사회권은 정부의 시장규제를 통해 특정 수준의 경제적 안정을 보장하거나 사회보장프로그램의 운용을 통해 계급 간의 긴장을 완화해 주고, 노동자계급의 지위를 시장에서 독립적인 상태로 변화시켜주는 역할을 한다. 공동체의 멤버십과 성원 간의 기능적 유대를 바탕으로 실현되며, 개별 시민은 이를 통해 한 사회의 완전한 구성원이 될 수 있다. 이러한 사회권은 제2차 세계대전 이후에 복지국가가 급속하게 확대되면서 실현 가능한 현실이 되었다.

4) '유리 천장'은 충분히 능력을 갖췄음에도 여성이라는 이유로 일정한 지위 이상으로 오르지 못하는 현상을 말한다. 공식적으로는 존재하지 않지만, 비공식적으로 차별이 있다는 뜻으로 쓰이는 표현이다.

5) 약 200만 명에 이르는 이주 외국인의 인권도 우리가 고민해야 할 문제이다. 우리나라는 '단일 민족 국가'나 '백의민족'이라는 민족적 정체성을 자랑스럽게 여겨 왔다. 그러나 지금과 같은 세계화 시대에 더욱 빈번해진 외국인과의 교류에서는 우리는 어떤 태도를 보여야 할까?

1) 장애인의 이동권

이동권은 어떠한 목적으로 통행할 때, 출발지에서 목적지까지 수단과 동선을 확보하는 데 제약을 받지 않고 자유로울 수 있는 권리를 의미한다(김영화 외, 2016: 311). 대다수 일반인들에게 있어 이동할 수 있는 권리, 즉 이동권은 하나의 권리로서 '인식'되지 않을 수 있다. 그것은 마치 공기가 없으면 살아갈 수 없지만, 공기를 마시는 것을 하나의 권리로 이야기할 필요를 느끼지 못하는 것과 비슷하다고 할 수 있다.

「교통약자의 이동편의증진법」에서 이동권은 '교통약자는 인간으로서의 존엄과 가치 및 행복을 추구할 권리를 보장받기 위하여 교통약자가 아닌 사람들이 이용하는 모든 교통수단, 여객시설 및 도로를 차별 없이 안전하고 편리하게 이용하여 이동할 수 있는 권리를 가진다'라고 규정하고 있다. 즉 장애인은 비장애인이 이용하는 모든 교통수단과 교통시설을 이용할 수 있어야 하고, 차별 없이 교통시설을 이용해서 이동할 수 있어야 하며 안전하게 이동해야 한다.

장애인의 이동권은 자립적 생활과 완전하고 평등한 사회 참여의 전제조건이다. 물리적 환경, 교통, 정보통신 기술과 시스템을 포함한 정보와 통신, 대중에게 개방 또는 제공되는 기타 시설과 서비스에의 접근이 없다면 장애인은 각자의 사회에 참여할 평등한 기회를 얻지 못할 것이다. 이동권의 문제는 단지 자신이 가고자 하는 곳으로 자유롭게 이동하고자 하는 욕구에 한정되는 것이 아니라, 인간으로서 생존하고 사회생활을 영위할 수 있는 기본이 된다고 할 수 있다. 이동할 수 없다면 사회적 관계에서도, 그리고 다양한 활동영역에서도 근본적인 배제, 관계의 단절을 경험할 수밖에 없기 때문이다.

장애인이 편하게 이동할 수 있다면 고령자, 임산부, 영유아를 동반한 사람, 어린이 등 일상생활에서 이동에 불편을 느끼는 사람도 편하게 이동할 수 있다.

신길역 장애인 리프트 추락사고, 2심에서도 유족 승소

2017년 10월 20일, 전동휠체어를 타고 있던 고 한경덕 씨가 신길역 1, 5호선 환승구간에 설치된 휠체어 리프트 호출 버튼을 누르려다 계단 아래로 추락했다. 왼팔의 운동기능을 상실한 그는 휠체어로 호출 버튼에 정면으로 접근하거나 계단으로 향하는 방향으로 접근해 버튼을 누를 수 없었다. 아무리 팔을 뻗어도 호출 버튼이 손에 닿지 않자, 한 씨는 계단을 등지고 리프트로 다가가 오른팔로 호출 버튼을 누르고자 했고, 휠체어를 돌릴 만큼 충분한 공간이 없어 전진과 후진을 반복하다 결국 계단 아래로 추락했다. 그는 병원에서 98일간 깨어나지 못한 채 2018년 1월 25일 사망했다.

처음 신길역에서 한 씨가 계단 아래로 추락했을 때 교통공사는 사고 접수조차 하지 않았다. 게다가 한 씨의 사망 이후 유족의 사과 요구에도 교통공사는 '기계에는 문제가 없다'라며 거부하기도 했다. 이에 유족을 비롯한 장애인단체가 6명의 변호인단과 함께 2018년 3월 손해배상 청구 소송을 제기하자 그제야 교통공사는 뒤늦게 사고 접수를 하고 책임을 밝혔다. 이후 교통공사는 변론 과정에서 '휠체어 리프트는 위험하지 않다'라는 메시지를 담은 반박 영상을 제출했지만, 영상 내용 중 장애에 대한 몰이해를 드러내 빈축을 사기도 했다.

소송을 제기한 지 1년 7개월 만인 2019년 10월, 마침내 1심 선고가 나왔다. 1심 재판에서 서울남부지방법원은 신길역 휠체어 리프트에서 추락해 숨진 고 한경덕 씨 유족에게 청구액 총 2억 5,000만 원 중 약 1억 3,000만 원가량을 교통공사가 배상하라고 판결했다.

1심 재판부는 "단순히 망인이 전동휠체어 조작을 잘못해 사고가 발생했다고 볼 수 없다"라고 판단했다. 그러면서 재판부는 "휠체어 리프트 설치·보존자인 피고(교통공사)가 호출 버튼을 휠체어 이용자의 추락사고 발생 위험성이 높은 장소에 설치했다"라며 "추락 방지를 위한 보호 장치도 설치하지 않은 이상 해당 휠체어 리프트는 그 위험성에 비춰 통상 갖춰야 할 안정성을 갖추지 못해 설치·보존에 하자가 있다"라고 교통공사에 손해배상 책임을 물었다.

그러나 교통공사는 이와 같은 판결에 불복해 고 한경덕 씨에게도 일부 잘못이 있다면서 항소를 제기했다. 변호사는 "교통공사는 '버튼을 누르지 못한다면 주변에 소리를 지르거나 손을 들어 지나가는 사람에게 호출 벨을 대신 눌러 달라고 도움을 청할 수 있지 않냐'라는 주장을 했지만, 이는 장애인이라면 당연히 도움을 청해야 한다는 잘못된 인식과 편견에 기반한 것"이라고 지적했다. 그러면서 "장애인이 혼자서 다닐 때도 비장애인과 동등하게 시설물을 이용할 수 있도록 보장하는 「장애인차별금지법」의 취지와도 어긋난다"라고 교통공사의 주장을 비판했다.

한편 한 씨가 신길역에서 추락해 사망한 뒤 유족과 장애인단체의 끈질긴 투쟁 끝에 지난 2월 29일, 마침내 신길역에는 장애인 리프트가 사라지고 엘리베이터가 설치됐다. 새로 설치된 엘리베이터 옆 기둥에는 고인을 추모하는 추모 동판이 설치됐다.

출처: 비마이너, 2020. 5. 13.

[쟁점 체크] '장애인 이동권 20년 시위' 왜, 어떻게 진행됐나?

장애인들이 장애인 이동권·권리 예산 보장을 위해 지난해 말부터 최근까지 서울 지하철에서 시위를 벌였다. 휠체어를 타고 출근길 지하철을 승하차하는 방식이다. 이에 대해 보수정당 대표는 자신의 페이스북을 통해 연일 강한 발언을 쏟아냈다. 전국장애인차별철폐연대(전장연) 등 장애인들이 비문명적 방식으로 시위를 벌인다는 내용이었다.

이 대표는 "서울시민의 아침을 볼모로 잡는다"라고 했고 "소수자 정치는 성역을 만들고 모순은 언더도그마(underdogma: 약자는 무조건 선하고, 강자는 무조건 악하다고 인식하는 현상)로 묻어버린다"라고도 했다.

그러자 '볼모', '비문명적 관점' 등의 표현이 장애인 혐오를 조장한다는 비판이 나왔다. 하지만 이 시위가 정치적 쟁점이 되면서 정작 장애인들이 왜 집회를 하는지, 장애인 이동권은 어떤 상황인지에 대한 설명은 주목을 받지 못했다.

• 2001년 오이도역 사망사고로 시위 본격화

2001년 1월 22일, 설을 맞이해 역 귀성한 장애인 노부부가 오이도역에서 수직형 리프트를 이용하다 추락했다. 한 명은 중상을 입었고 다른 한 명은 중상을 입은 배우자가 보는 앞에서 사망했다. 1988년 서울 장애인 올림픽을 계기로 지하철 계단에 설치된 휠체어 리프트가 안전기준에 부합하지 않아 추락사고 위험이 있었기 때문이다. 1999년에도 혜화역과 천호역에서 장애인 휠체어 리프트 사고가 발생했다.

참사를 계기로 시위가 본격적으로 시작되었다. 목적은 이동권 보장·장애인 권리 예산 반영이다. 이후 「승강기안전관리법」 개정으로 안전기준에 부합하는 수직형 리프트가 설치되었다. 하지만 법 개정 이후에도 장애인 휠체어 리프트 사고사는 매년 꾸준히 발생했다.

• 휠체어 리프트 사고 18년간 17번

시위가 이어졌지만, 상황은 나아지지 않았다. 2002년 5호선 발산역에서 휠체어 리프트를 탄 장애인이 사망했다. 그러자 당시 이명박 서울시장은 2004년까지 모든 역사에 엘리베이터를 설치하겠다고 약속했다. 하지만 약속은 지켜지지 않았다. 후임인 오세훈 서울시장 재임 기간에도 3번의 부상과 2번의 사망 사건이 있었다. 오 시장 다음으로 취임한 박원순 서울시장도 〈장애인 이동권 증진을 위한 서울시 선언〉을 통해 모든 역사에 엘리베이터를 설치하겠다고 약속했지만 이행되지 않았다. 2022년 현재 서울 지하철 엘리베이터 설치율은 93%다.

1999년~2017년 수도권 지하철 휠체어 리프트 사고는 총 17건이다. 지난해 4월 다시 서울시장에 취임한 오세훈 시장은 6월 28일 서울장애인차별연대(서울장차연)와의 면담에서 "요구안에 대해 전체적으로 서울시가 의지를 갖고 목표 기한 내에 될 수 있도록 법령, 조례, 예산, 하나하나 목표를 향해 갈 수 있도록 하겠다"라고 말했다. 하지만 아직 진척이 없는 상황이다. 장애인단체는 기본적인 이동권 획득과 장애인 예산 보장을 위해 21년 동안 기다려 왔고 지속해서 시위를 벌여왔다.

처음에 장애인단체는 국회를 찾아갔다. 돌아오는 답은 '법을 만들어도 예산을 배정하지 않으니 기재부 때문에 안 된다'였다. 그러자 기재부가 있는 세종시와 기재부 장관 집 앞으로 찾아가 시위를 이어갔다. 하지만 답을 들을 수 없었다. 전장연은 지하철 시위와 관련해 시민의 불편에 대해 죄송하다며, 이렇게 나서지 않으면 바뀌지 않는 게 현실이라는 점도 이해해 달라고 호소했다.

결국, 각 부처의 책임 떠넘기기로 수십 년이 낭비되었다. 그래서 선택한 것이 지하철 승하차 시위였다. 장애인단체는 시민들의 불편을 유발하려 하기보다는 장애인이 실제로 대중교통을 이용할 때 겪는 일을 보여주기 위한 것이라고 말했다.

• 2024년까지 완료된다? 필요 예산 6분의 1만 편성

시위가 이어지자 1월 28일 오세훈 시장은 2024년까지 서울 지하철 1~8호선 모든 역사에 엘리베이터를 100% 설치하겠다고 밝혔다. 서울교통공사가 추산한 21개 역사 엘리베이터 설치비용은 620억이다. 하지만 편성된 예산은 96억 원에 불과하다. 서울교통공사 보도자료에서는 지하철 엘리베이터 설치 기간을 평균 2년 이상으로 잡고 있다. 이번 약속 이행도 불투명한 상황이다.

지난해 말 통과된 교통약자법 개정안도 장애인의 이동권을 보장하기엔 불충분하다. 개정안은 ▲ 버스 대·폐차 시 저상버스 도입 의무화 ▲ 국가 또는 도가 특별교통수단(장애인 콜택시)의 이동지원센터 및 광역 이동지원센터의 운영비 지원 등을 담고 있다. 하지만 장애인이 이용 가능한 저상버스는 '시내버스'와 '마을버스'에만 의무 도입된다. '시외·고속버스'는 저상버스 의무 대상에서 제외했다. 또한, 도로의 구조·시설 등이 저상버스에 적합하지 않을 시에는 저상버스를 도입하지 않아도 되는 조건을 달았다.

장애인의 교육수준과 취업률은 이동권과 밀접하다. 2017년 장애인 실태조사에 따르면 장애인 중 중학교 졸업 이하 학력이 54.4%이다. 또 비경제활동인구는 62.7%이다. 교육도 못 받고 직업도 없으니 집에만 머물게 된다.

지난 1월 한국 장애인 공단은 '한눈에 보는 장애인 통계'를 배포했다. 장애급여와 상병급여는 장애인 예산 중 하나로, 노동이 어려운 장애인들에게 필요한 존재이다. 한국의 국내총생산(GDP) 대비 장애급여·상병급여 공적 지출 비율은 0.3%로 OECD 34개 회원국 평균 1.6%의 5분의 1 수준이었으며 꼴찌에서 두 번째였다.

출처: 뉴스톱, 2022. 3. 31.

반복되는 장애인 참정권 침해 "선관위는 근본적 대책 마련하라"

선거 때마다 반복되는 장애인 참정권 침해를 규탄하는 목소리가 다시 국가인권위원회(이하 인권위)로 향했다. 지난 총선에서 휠체어 이용 장애인을 위한 경사로가 없거나, 시각장애인을 위한 투표 보조 용구가 없는 등 참정권을 침해당한 사례가 속출했다.

이에 22일 장애인차별금지추진연대(이하 장추련)는 장애인 참정권을 침해한 중앙선거관리위원회(이하 중앙선관위)에 근본적인 대책 마련을 촉구하는 기자회견을 열고, 참정권을 침해당한 장애인 당사자 100명과 함께 집단진정을 제기했다.

● 선거 때마다 반복되는 장애인 참정권 침해… "반복되는 악순환의 고리 끊어야"

이전부터 장애인 참정권을 촉구하는 장애인단체의 목소리는 계속해서 이어져 왔다.

장추련은 2010년 지방자치단체 선거 때부터 계속해서 참정권 모니터링을 진행해왔다. 이 과정에서 2014년 지방자치단체 선거에서 시행된 사전투표 제도에서 장애인에게 투표소 접근이 전혀 되지 않는 초유의 사태가 발생하자, 선관위와 정책간담회를 진행하는 등 장애인 참정권 차별을 최소화하기 위한 협의 개선을 시작해 많은 부분에서 개선이 이뤄져 왔다.

특히 이번 제21대 총선부터는 2018년 개정된 공직선거법 '이동 약자의 투표소 접근 편의 보장'에 따라, 사전투표소 대부분이 1층에 마련돼 장애인 투표소 접근이 93% 이상 가능하다는 선관위의 답변을 받아 많은 기대감을 품었다. 하지만 이번 선거에서도 많은 장애인은 선거에서 외면당했다.

지난 2016년 제20대 총선부터 5년간은 선거지침에 발달장애인도 투표 보조를 받을 수 있는 장애 유형에 포함돼 있었지만, 올해 지침에선 발달장애인을 제외해 많은 투표권이 사표가 되는 사태가 발생했다. 또한, 투표에 필요한 투표 보조 용구를 사전에 비치하지 않거나 사용설명에 대한 설명도 부족, 청각장애인을 위한 수어 통역을 현장 투표소 직원이 제대로 숙지하지 않아 제대로 된 지원을 받지 못하는 등 많은 차별 사례가 발생했다. 이에 지난달 14일 장추련은 발달장애인 투표지원에 대한 선거지침 변경으로 사전투표 기간에 실제 투표를 지원받지 못한 장애인 당사자들과 국가인권위원회에 진정을 제기하고, 중앙선관위에 개선을 함께 요청했다. 하지만 본 투표에서도 여전히 발달장애인의 투표지원은 가로막혔다.

장추련은 22일 기자회견을 열고, 장애인의 참정권을 침해한 중앙선관위의 근본적인 개선을 촉구하는 한편, 현장 투표소에서 차별을 경험한 뇌병변·지체 · 지적 · 시각 · 청각 등 장애인 당사자 100명과 인권위에 차별 진정을 제기했다. 장추련은 "엄연히 공직선거법과 장애인차별금지법에선 장애인의 참정권을 보장하기 위해 필요한 편의를 제공할 것을 규정하고 있지만, 선거 때마다 장애인의 참정권은 반복적으로 배제당하고 차별해 왔다"라고 토로했다. 이어 "이러한 배제와 차별의 반복은 장애인의 권리를 반영하는 정책과 제도가 만들어질 수 없는 악순환의 고리를 가져오고 있다"라며 "선관위가 시급히 근본적 개선을 다 할 수 있도록 강력한 시정 권고를 요청하는 것"이라고 진정 취지를 설명했다.

출처: 웰페어뉴스, 2020. 5. 22.

2) 성 소수자의 인권

성 소수자는 성적인 면에서 소수자인 사람으로 비슷한 말로는 퀴어(Queer)와 LGBT가 있다. 퀴어는 '기묘한, 이상한'이라는 뜻으로 동성애자를 멸시할 때 쓰는 단어였으나, 동성애자 인권 운동이 이루어지는 과정에서 당당하게 '퀴어'라는 뜻을 사용함으로써 점차 성 소수자 전반을 지칭하는 단어로 자리 잡게 되었다. LGBT는 레즈비언(Lesbian, 여성 동성애자), 게이(Gay, 남성 동성애자), 바이섹슈얼(Bisexuality, 양성애자), 트랜스젠더(Transgender, 성전환자)이다.

2001년 네덜란드가 처음으로 동성결혼을 법적으로 허용한 이후 벨기에, 캐나다, 스페인, 덴마크, 노르웨이, 스웨덴, 포르투칼, 아이슬란드, 남아공, 아르헨티나, 우루과이, 뉴질랜드, 프랑스 등 14개 국가가 동성결혼을 허용하고 있으며 미국, 브라질, 멕시코는 지역별로 허용하고 있다(김영화 외, 2016: 313 – 314).

네덜란드 남자들이 손잡고 다닌 이유는

최근 네덜란드에서 남자들끼리 손잡은 사진을 올리는 게 유행이다. 정치인, 유명 연예인, 축구 스타 할 것 없이 이런 유행에 동참하고 있다. 이유는 동성애 혐오와 공격에 저항하기 위해서다. 이 사진들은 네덜란드어로 "alle mannen hand in hand(모든 남자가 손에 손잡고)"라고 쓴 해시태그를 달고 소셜미디어에서 급속히 퍼지고 있다.

지난 2일 한 30대 게이 커플이 길거리에서 공격당한 사건을 계기로 시작된 일이다. 야스퍼 세브라탄과 로니 페어네스는 이른 아침 동부 도시 아른험의 거리를 거닐다 한 무리의 남성들로부터 집단 구타를 당했다. 사건이 널리 알려지면서 두 사람은 인기 토크쇼 〈파우〉에까지 출연해 당시 상황을 설명했다. 이들은 서로 손을 잡고 걷다가 봉변을 당했다고 전했다. 이후 암스테르담과 아인트호벤 등 다른 도시에 사는 게이 커플들도 자신들의 성 정체성 때문에 공격을 당했다고 말하는 등 피해사례가 잇달았다.

인도나 아프리카 일부 국가들에서는 우정과 존경심을 나타내려고 손을 잡기도 한다. 하지만 대부분 유럽을 포함한 대부분의 문화권에서 남자들끼리 손잡는 건 동성애로만 인식된다. 네덜란드는 2001년 세계 최초로 동성결혼을 합법화한 나라다. 이곳에서도 동성애 혐오 발언과 공격은 끊이지 않는다.

출처: 경향신문, 2017. 4. 16.

동성결혼 합법화를 찬성하는 이들은 인간은 누구나 사랑하는 사람과 결혼해 행복을 추구하고 결혼할 권리가 있으며 인간의 행복을 성적 지향으로 재단해서는 안 된다며 헌법에 보장된 행복추구권의 보장을 주장한다. 이성 결혼은 허용하고, 동성결혼은 부정하고 규제하는 것은 헌법에 보장된 평등권을 위반하는 것이라고 지적한다. 누군가를 사랑하고 결혼하는 것은 개개인의 기본적인 인권이자 선택의 자유이며, 다양화된 현대사회에서 동성결혼가정도 가정의 한 형태

김조광수 · 김승환 부부 '동성 간 결혼불허' 항고

동성 간 결혼을 인정해달라며 소송을 냈다가 각하 결정을 받은 영화감독 김조광수(51) 씨와 영화사 레인보우팩토리 대표 김승환(32) 씨 부부가 26일 법원에 항고장을 제출했다.

김 씨 부부는 이날 서울 종로구 통인동 참여연대 느티나무홀에서 기자회견을 열어 서울 서대문구청이 혼인신고를 받아주지 않는 것은 부당하다며 낸 소송(가족관계등록공무원의 처분에 대한 불복신청)을 서울서부지법이 전날 각하 결정한 데 대해 "사법부가 대한민국의 흐름을 제대로 읽지 못하는 것 같다"고 밝혔다.

김조 감독은 기자회견에서 "대한민국 국민으로서 의무를 다하고 있는데 왜 단지 성별이 같다는 이유만으로 제도 밖으로 내몰려야 하는지 모르겠다. 도대체 얼마나 시간이 지나야 인정받을 수 있을지 모르겠다"며 한동안 울먹거리기도 했다. 이들은 기자회견 이후 동성혼 소송 변호인단과 인권단체들과 함께 서울서부지법에 항고장을 접수했다.

하지만 전날 법원이 '현행 법체계에선 동성결혼이 허용되지 않는다'면서도 동성결혼을 정당한 법률적 혼인으로 인정받고 싶어 하는 신청인들의 입장에 공감한 데 대해서는 "동성결혼 합법화 실현을 위한 첫 발걸음으로 보고 있다"고 평가했다. 김 대표는 "법원 결정문에서 처음으로 평등권에 기초해 성 소수자가 차별받으면 안 된다고 명시했고, 사법부가 사회변화에 대해 인지하고 있는 걸 확인했다"며 "성 소수자 소송 당사자가 많아질수록 동성결혼 합법화 실현이 가능하다고 확신하고 있으니 함께해주길 바란다"고 당부했다.

한편, 김씨 부부에 이어 혼인신고가 반려된 또 다른 두 동성 커플이 이날 혼인을 인정해달라며 소송(가족관계등록공무원의 처분에 대한 불복신청) 신청서를 서울가정법원에 접수했다. 소송에 참여한 40대 후반의 여성 커플은 1999년부터 18년간 함께해왔으며, 30대 후반의 남성 커플은 2013년에 양가 부모와 가족, 친지들이 지켜보는 앞에서 결혼식을 올렸다. 변호인단은 앞으로 한 커플이 각하 결정을 받을 때마다 2배수 이상으로 소송 당사자를 늘려갈 계획이다.

출처: 한겨레, 2016. 5. 26.

로 인정되어야 한다는 것이다.

　동성결혼 합법화를 반대하는 이들은 헌법과 민법, 형법의 질서와 정면으로 배치될 뿐 아니라 창조의 질서를 거스르는 비윤리적인 행위로 규정한다. 동성애를 죄악이라고 단정하고 선천적으로 결정되는 것이 아닌 자신의 의지와 선택 때문에 형성된 왜곡된 성 개념으로 치료될 수 있는 것이라 확신한다. 자녀를 낳을 수 없어 생식기능이 원천적으로 배제된 동성결혼은 인류의 보편적 가치에 어긋난다고 주장한다.

　2019년 OECD 보고서에 의하면, 2001년부터 2014년 사이 동성애에 대한 한국의 수용률은 OECD 36개 국가 가운데 33위로 매우 낮았다. 동성애를 받아들이는 정도를 1점(결코 받아들일 수 없음)부터 10점(언제나 받아들임)까지의 수치로 응답하도록 질문한 조사에서, 한국은 2.8점으로 아이슬란드 8.3점, 스웨덴 8.1점, 네덜란드 7.6점, 프랑스 6.1점, 독일 6점, 캐나다 5.7점, 미국 5점, 일본 4.8점 등에 비해 현저히 낮았다. OECD 평균은 5.1점이었고, 한국보다 동성애 수용률이 낮은 OECD 회원국은 라트비아(2.4점), 리투아니아(2점), 터키(1.6점)뿐이었다. OECD 국가 중 15개국이 국가통계기구나 기타 공공기관에서 실시하는 설문에 성적 지향에 관한 자가 응답 질문을 포함하여 조사하며, 이 중 14개국 자료에 의하면 이들 국가에서 레즈비언, 게이, 바이섹슈얼의 인구 규모는 평균 2.7%로 추정된다(국가인권위원회, 2021).

3. 인권에 관한 인식조사[6]

1) 헌법에 명시된 기본적인 인권에 관한 인식

　헌법에 기본적인 인권의 보호가 명시된 것을 알고 있는지 질문한 결과, 반 이상의 응답자가 '다소 알고 있다'(50.3%)라고 응답하였다. '매우 잘 알고 있다'라고 응답한 비율은 22.8%, '잘 모르고 있다'라고 응답한 비율은 19.5%로 나타났

------

6) 국가인권위원회, 2020, 인권실태조사

다. 73.1%('매우 잘 알고 있다'+'다소 알고 있다')에 해당하는 비율의 응답자가 헌법에 기본적인 인권 보호가 명시되어 있는 것을 알고 있다고 응답하여, 다수 응답자가 이를 인지하고 있음을 알 수 있다.

2) 본인의 인권 존중에 대한 평가

본인 인권이 '존중받는다'라고 응답한 비율은 79.4%(존중받는 편이다 74.7%, 매우 존중받는다 4.7%)로 '존중받지 못한다'라는 응답 20.6%(존중받지 못하는 편이다 19.1%, 전혀 존중받지 못한다 1.5%)에 비해 크게 높은 비율이다.

연령이 높아질수록 본인 인권이 존중받지 못한다는 비율이 높았다. '존중받지 못하는 편이다'는 응답 비율이 20대 16%지만 50대와 60대 이상은 각각 22.1%와 20.2%로 더 높게 나타났다.

3) 인권 상황 개선 혹은 악화에 대한 평가

한국 사회 인권 상황 변화에 대해서는 긍정적 평가가 부정적 평가와 비교하면 우세하였다. 한국의 인권 상황이 좋아진다는 평가는 36.8%(조금 좋아짐 24.9%, 많이 좋아짐 11.9%)로 나빠진다는 평가 20.1%(조금 나빠짐 12%, 많이 나빠짐 8.1%)에 비해 앞섰다. 비슷하다고 응답한 비율은 43.1%로 가장 많은 응답비율을 차지하였다.

4) 인권침해 및 차별의 심각성

우리나라의 인권침해[7]와 차별[8]이 심각하지 않다고 인식하는 편이며, 심각하지 않다는 인식은 차별보다 인권침해가 조금 더 강하였다. 우리나라의 인권침해 정도가 '심각하다'(매우+다소)는 응답은 32.4%, '심각하지 않다'(별로+전혀)는 응답은 69.6%였다. 우리나라의 차별 정도가 '심각하다'(매우+다소)는 응답은 33.7%, '심각하지 않다'(별로+전혀)는 응답은 66.3%였다.

'본인의 인권이 존중'(매우 존중+존중받는 편)된다는 의견 79.4%에 비하면 낮

---

7) 인권침해는 인간으로서 누려야 할 기본적인 자유와 권리를 제한하는 것
8) 차별은 합리적 이유 없이 특정한 사람을 우대·배제·구별하거나, 불리하게 대우하는 행위

은 편이지만, 전반적으로 인권 상황에 대해 긍정적인 응답이 우세하였다.

5) 인권침해 및 차별의 취약 집단

인권침해·차별을 많이 받는 사람(다중응답)으로는 '경제적 빈곤'이 52.5%로 가장 많이 꼽혔고, '장애인' 50.1%, '학력·학벌' 28.9%, '여성' 26.7% 등의 순으로 나타났다. 1순위 응답에서는 장애인이 21.9%로 경제적 빈곤층(17.9%)보다 높았다. 전통적 사회적 소수자로서 장애인의 인권 취약성에 대해 어느 정도 공감대가 형성되어 있는 것으로 보인다. 또한, 1순위 응답에서는 여성이 13.8%로 학력·학벌이 낮은 사람 6.8%보다 크게 앞서며 경제적 빈곤층(17.9%) 다음으로 높게 나타났다.

6) 인권침해 및 차별 발생에 취약한 상황

인권침해·차별이 많이 발생하는 상황은 다중응답 기준으로 '경찰·검찰 조사나 수사를 받을 때' 43.1%, '직장 생활할 때(구직·취업 포함)' 33.8%로 다른 항목보다 월등하게 응답 비율이 높았다. 경찰과 검찰의 조사와 수사 외에 공무원과 업무 처리할 때(20.8%), 재판받을 때(18.1%) 등 공권력에 의해 인권침해가 많이 일어나는 것으로 인식하고 있음이 주목할 만하다.

7) 인권침해 및 차별의 가해자

인권침해 및 차별의 가해자를 다중응답으로 질문한 결과 가장 많이 지목된 유형은 '직장 상사' 37.9%, '이웃, 동호회 등 주변 사람' 25.1%, '공권력 가진 사람' 16.7% 등으로 나타났다.

대부분의 문항에서 일관적으로 노동시장 입직 과정, 그리고 직장(일터)에서 인권침해와 차별이 가장 많이 발생하고 있다. 피해자와의 관계를 중심으로 가해자들을 구분하면 가족, 친족에 의한 인권침해나 차별도 17.4%로 무시할 수 없게 높지만, 가장 높은 것은 직장이나 이웃과 같은 아는 사람에 의한 것이 63.1%로 가장 높고, 모르는 사람인 공권력을 가진 사람이나 서비스 제공자 혹은 고객 등인 경우도 51.5%나 되었다.

8) 인권침해 및 차별받았을 때의 대처

인권침해 · 차별을 받았을 때의 대처에 대해서는 다중응답 기준 '아무런 행동도 하지 않았다'는 응답이 71.2%이며, 아무런 행동도 하지 않은 이유는 '문제가 더 심각해질 것 같아서' 34.3%, '별일 아니라고 생각해서' 24.4%, '어떻게 대응해야 할지 몰라서' 15.4% 등의 순으로 나타났다.

9) 인권 보호 및 증진, 차별 해소를 위한 효과적 방법

인권을 보호하고 증진하며, 차별을 해소하기 위한 효과적으로 방법에 대한 응답으로는 법률의 제정과 제도 마련이 가장 높은 비율을 보였다. 1순위 선택에서는 법률과 제도의 마련(39.3%)에 이어, 개인 각자의 노력(28.6%)과 인권교육 강화(15.2%)의 순이었다. 인권침해 · 차별조사 대응과 캠페인, 홍보 활동은 각 10.7%, 6.2%였다. 다중선택에서는 법률과 제도의 마련(62.5%)에 이어, 개인 각자의 노력(41.7%)에 이어, 인권교육 강화(38.1%)의 순이었다.

10) 인권침해 및 차별 해소의 주도적 집단

인권침해와 차별을 해소하기 위해 주도적 역할을 해야 할 집단으로는 정부 등 공공기관이 압도적으로 높은 비율을 보였다. 전체 응답자의 67%가 공공기관이 인권침해와 차별 해소를 위해 주도적 역할을 해야 한다고 응답하였다. 그다음으로 인권침해와 차별 해소를 위해 주도적 역할을 해야 하는 기관으로 교육기관(10.6%)을 꼽았으며, 그 뒤로는 언론(9%)을 꼽았다.

4. 인권 문제 해결 방안

우리나라의 경우 포괄적인 인권과 관련된 법으로 「헌법」, 「국가인권위원회법」, 「저출산 · 고령사회기본법」, 「사회복지사업법」, 「자살예방 및 생명존중문화조성을 위한 법률」, 「호스피스 · 완화의료 및 임종과정에 있는 환자의 연명의료결정에 관한 법률」, 「교통약자의 이동편의 증진법」, 「재난 및 안전관리 기본법」

이 있다.

「국가인권위원회법」 제1조에는 "이 법은 국가인권위원회를 설립하여 모든 개인이 가지는 불가침의 기본적 인권을 보호하고 그 수준을 향상시킴으로써 인간으로서의 존엄과 가치를 실현하고 민주적 기본질서 확립에 이바지함을 목적으로 한다"라고 규정되어 있다.

특히, 국가인권위원회에서는 인권과 관련된 법·제도·관행 등의 개선을 목표로 하여 국가인권정책기본계획(National Action Plan for Promotion and Protection of Human Right: 인권NAP)을 수립하여 인권의 보호와 증진을 추진하고 있다. 국가인권정책기본계획은 인권의 법적 보호 강화와 제도적 실천 증진을 목표로 하는 범국가적 종합계획이다. 2018년 6월 기준 대한민국 포함 전 세계 39개국이 수립·시행 중이다.

인권정책의 기본원칙은 다음과 같다.

① 인권 존중의 원칙
 − 시민적·정치적 자유는 모든 사람이 시민적·정치적 권리와 경제적·사회적·문화적 권리를 향유할 수 있는 여건이 조성될 경우에만 성취될 수 있음
 − 인권과 자유에 대한 보편적 존중과 증진은 국가의 의무임

② 평등과 차별금지의 원칙
 − 국가는 인종, 피부색, 성, 언어, 종교, 정치적 또는 기타의 의견, 민족적·사회적 출신, 재산, 출생·기타의 신분 등에 의한 어떠한 종류의 차별도 없이 시민적·정치적 권리와 경제적·사회적 및 문화적 권리를 존중·보장하도록 노력하여야 함
 − 여성에 대한 모든 형태의 차별 철폐를 위한 정책 추진은 국가의 의무임
 − 국가는 여성에게 남성과 동등한 인권과 기본적 자유를 보장하기 위해 특히 정치적·사회적·경제적·문화적 분야에서 모든 적절한 조치를 취하여야 함

- 국가는 어떠한 종류의 차별 없이 아동의 권리를 존중하고 보장해야 함
- 국가는 아동복지에 필요한 보호와 배려를 보장하고 이를 위하여 모든 적절한 입법적·행정적 조치를 취하여야 함
- 장애를 이유로 한 어떠한 형태의 차별 없이 장애인의 인권과 기본적인 자유의 실현 보장과 증진은 국가의 의무임
- 모든 형태의 인종차별철폐와 인종 간 이해증진 정책의 적절한 추진은 국가의 의무임

③ 민주적 참여의 원칙
- 민주주의는 표현의 자유와 참여에 바탕을 두며, 국내적, 국제적 수준에서의 인권 및 기본적 자유의 보호와 증진이 필요함

「국가인권위원회법」 제정을 계기로 성 소수자에 대한 차별행위가 공식적인 진정 사건으로 받아들여지고 국가인권위원회의 권고로 차별을 바로잡을 수 있는 통로가 마련되었다. 이후 「형의 집행 및 수용자의 처우에 관한 법률」과 「군에서의 형의 집행 및 군수용자의 처우에 관한 법률」에서 성적 지향을 차별금지 사유로 포함하고, 경기도 학생인권조례, 광주광역시 학생 인권보장 및 증진에 관한 조례, 서울시 학생인권조례 등 일부 지방자치단체의 조례에서 성 소수자에 관한 차별금지조항을 포함하는 등 일부 법 제도적 발전이 있었다. 대법원은 2006년 트랜스젠더의 성별 변경을 허용하는 첫 판결을 하고 곧이어 예규를 마련했다.

하지만 국가인권위원회법 제정 이후 대한민국에서의 성 소수자 인권 관련 법 제도적 발전은 세계적인 속도에 비해 매우 뒤떨어지는 수준으로 평가된다. 그 사이 국제적으로는 성 소수자의 인권에 관해 많은 변화가 있었다. 과거 동성 간 성행위나 비전통적인 성별 표현을 범죄화했던 국가들이 기존의 반인권적 법제를 폐기하고, 성 소수자가 존엄한 인간으로서 동등하게 권리를 누리도록 법제도를 개선해 왔다. 성 소수자에 대한 차별과 폭력을 금지하는 법제를 마련하고, 표현의 자유와 집회·결사의 자유를 제한하는 법규를 폐기하며, 법적 인정,

●● 표 1 제3기 국가인권정책기본계획 영역 구분, 대상, 내용

영역 구분		대상 및 내용
사회적 약자 및 취약계층의 인권 보호		- 장애인 - 비정규직 근로자 - 이주민 - 난민 - 여성 - 아동·청소년 - 노인 - 병력자 - 군인·의경 - 시설 생활인 - 성 소수자 - 재외동포 - 범죄피해자 - 북한 인권
인권 증진을 위한 인프라 구축	시민적·정치적 권리 보호	- 신체의 자유 - 참정권 - 언론·출판·집회·결사의 자유 - 정보인권 - 양심 및 종교의 자유 - 학술·예술의 자유 - 거주이전의 자유 - 생명권
	경제적·사회적·문화적 권리 증진	- 사회보장권 - 근로의 권리 - 근로 3권 - 건강권 - 주거권 - 교육권 - 문화권 - 환경권
	인권교육 강화	- 학교 부문 인권교육 - 공직 종사자 인권교육 - 시민사회 인권교육
	국내·외 인권 협력체제 구축	- 시민사회와 협력 강화 - 국제 활동 및 협력 강화 - 국제인권 규범의 국내 이행

자료: 국가인권위원회(2016). 2017~2021 국가인권정책기본계획 권고

가족 구성권 등 기존에 배제되었던 권리를 회복하도록 제도적 한계와 공백을 해소하는 법적 제·개정이 이어졌다.

한국 사회복지사 선서문에는 "모든 사람들이 인간다운 삶을 누릴 수 있도록 인간 존엄성과 사회정의의 신념을 바탕으로…(중략)…언제나 소외되고 고통받는 사람들의 편에 서서 저들의 인권과 권익을 지키고…(중략)…도덕성과 책임성을 갖춘 사회복지사로서 헌신한다"라고 규정되어 있다. 사회복지사는 인권에 기초한 실천을 해야 하며 사회적 약자의 인권을 지켜 줄 의무가 있음을 직접 명시하고 있다.

세계인권선언

제1조 모든 인간은 태어날 때부터 자유로우며 그 존엄과 권리에 있어 동등하다. 인간은 천부적으로 이성과 양심을 부여받았으며 서로 형제애의 정신으로 행동하여야 한다.

제2조 모든 사람은 인종, 피부색, 성, 언어, 종교, 정치적 또는 기타의 견해, 민족적 또는 사회적 출신, 재산, 출생 또는 기타의 신분과 같은 어떠한 종류의 차별이 없이, 이 선언에 규정된 모든 권리와 자유를 향유할 자격이 있다. 더 나아가 개인이 속한 국가 또는 영토가 독립국, 신탁통치지역, 비자치지역이거나 또는 주권에 대한 여타의 제약을 받느냐에 관계없이, 그 국가 또는 영토의 정치적, 법적 또는 국제적 지위에 근거하여 차별이 있어서는 아니 된다.

제3조 모든 사람은 생명과 신체의 자유와 안전에 대한 권리를 가진다.

제4조 어느 누구도 노예 상태 또는 예속상태에 놓여지지 아니한다. 모든 형태의 노예제도와 노예매매는 금지된다.

제5조 어느 누구도 고문, 또는 잔혹하거나 비인도적이거나 굴욕적인 처우 또는 형벌을 받지 아니한다.

제6조 모든 사람은 어디에서나 법 앞에 인간으로서 인정받을 권리를 가진다.

제7조 모든 사람은 법 앞에 평등하며 어떠한 차별도 없이 법의 동등한 보호를 받을 권리를 가진다. 모든 사람은 이 선언에 위반되는 어떠한 차별과 그러한 차별의 선동으로부터 동등한 보호를 받을 권리를 가진다.

제8조 모든 사람은 헌법 또는 법률이 부여한 기본적 권리를 침해하는 행위에 대하여 권한있는 국내 법정에서 실효성 있는 구제를 받을 권리를 가진다.

제9조 어느 누구도 자의적으로 체포, 구금 또는 추방되지 아니한다.

제10조 모든 사람은 자신의 권리, 의무 그리고 자신에 대한 형사상 혐의에 대한 결정에 있어 독립적이며 공평한 법정에서 완전히 평등하게 공정하고 공개된 재판을 받을 권리를 가진다.

제11조 1. 모든 형사피의자는 자신의 변호에 필요한 모든 것이 보장된 공개 재판에서 법률에 따라 유죄로 입증될 때까지 무죄로 추정받을 권리를 가진다.

  2. 어느 누구도 행위시에 국내법 또는 국제법에 의하여 범죄를 구성하지 아니하는 작위 또는 부작위를 이유로 유죄로 되지 아니한다. 또한 범죄 행위시에 적용될 수 있었던 형벌보다 무거운 형벌이 부과되지 아니한다.

제12조 어느 누구도 그의 사생활, 가정, 주거 또는 통신에 대하여 자의적인 간섭을 받거나 또는 그의 명예와 명성에 대한 비난을 받지 아니한다. 모든 사람은 이러한 간섭이나 비난에 대하여 법의 보호를 받을 권리를 가진다.

제13조 1. 모든 사람은 자국 내에서 이동 및 거주의 자유에 대한 권리를 가진다.

  2. 모든 사람은 자국을 포함하여 어떠한 나라를 떠날 권리와 또한 자국으로 돌아올 권리를 가진다.

제14조 1. 모든 사람은 박해를 피하여 다른 나라에서 비호를 구하거나 비호를 받을 권리를 가진다.

  2. 이러한 권리는 진실로 비정치적 범죄 또는 국제연합의 목적과 원칙에 위배되는 행위로 인하여 기소된 경우에는 주장될 수 없다.

제15조 1. 모든 사람은 국적을 가질 권리를 가진다.

  2. 어느 누구도 자의적으로 자신의 국적을 박탈당하지 아니하며 자신의 국적을 변경할 권리가 부인되지 아니한다.

제16조 1. 성인 남녀는 인종, 국적 또는 종교에 따른 어떠한 제한도 없이 혼인하고 가정을 이룰 권리를 가진다. 그들은 혼인에 대하여, 혼인기간 중 그리고 혼인해소시에 동등한 권리를 향유할 자격이 있다.

  2. 혼인은 장래 배우자들의 자유롭고 완전한 동의하에서만 성립된다.

  3. 가정은 사회의 자연적이고 기초적인 단위이며, 사회와 국가의 보호를 받을 권리가 있다.

제17조 1. 모든 사람은 단독으로 뿐만 아니라 다른 사람과 공동으로 재산을 소유할 권리를 가진다.

  2. 어느 누구도 자의적으로 자신의 재산을 박탈당하지 아니한다.

제18조 모든 사람은 사상, 양심 및 종교의 자유에 대한 권리를 가진다. 이러한 권리는 종교 또는 신념을 변경할 자유와, 단독으로 또는 다른 사람과 공동으로 그리고 공적으로 또는 사적으로 선교, 행사, 예배 및 의식에 의하여 자신의 종교나 신념을 표명하는 자유를 포함한다.

제19조 모든 사람은 의견의 자유와 표현의 자유에 대한 권리를 가진다. 이러한 권리는 간섭 없이 의견을 가질 자유와 국경에 관계없이 어떠한 매체를 통해서도 정보와 사상을 추구하고, 얻으며, 전달하는 자유를 포함한다.

제20조 1. 모든 사람은 평화적인 집회 및 결사의 자유에 대한 권리를 가진다.

2. 어느 누구도 어떤 결사에 참여하도록 강요받지 아니한다.

제21조 1. 모든 사람은 직접 또는 자유로이 선출된 대표를 통하여 자국의 정부에 참여할 권리를 가진다.

2. 모든 사람은 자국에서 동등한 공무담임권을 가진다.

3. 국민의 의사가 정부 권능의 기반이다. 이러한 의사는 보통·평등 선거권에 따라 비밀 또는 그에 상당한 자유 투표절차에 의한 정기적이고 진정한 선거에 의하여 표현된다.

제22조 모든 사람은 사회의 일원으로서 사회보장을 받을 권리를 가지며, 국가적 노력과 국제적 협력을 통하여, 그리고 각 국가의 조직과 자원에 따라서 자신의 존엄과 인격의 자유로운 발전에 불가결한 경제적, 사회적 및 문화적 권리들을 실현할 권리를 가진다.

제23조 1. 모든 사람은 일, 직업의 자유로운 선택, 정당하고 유리한 노동조건, 그리고 실업에 대한 보호의 권리를 가진다.

2. 모든 사람은 아무런 차별없이 동일한 노동에 대하여 동등한 보수를 받을 권리를 가진다.

3. 노동을 하는 모든 사람은 자신과 가족에게 인간의 존엄에 부합하는 생존을 보장하며, 필요한 경우에 다른 사회보장방법으로 보충되는 정당하고 유리한 보수에 대한 권리를 가진다.

4. 모든 사람은 자신의 이익을 보호하기 위하여 노동조합을 결성하고, 가입할 권리를 가진다.

제24조 모든 사람은 노동시간의 합리적 제한과 정기적인 유급휴가를 포함하여 휴식과 여가의 권리를 가진다.

제25조 1. 모든 사람은 의식주, 의료 및 필요한 사회복지를 포함하여 자신과 가족의 건강과 안녕에 적합한 생활수준을 누릴 권리와 실업, 질병, 장애, 배우자 사망, 노령 또는 기타 불가항력의 상황으로 인한 생계 결핍의 경우에 보장을 받을 권리를 가진다.

2. 어머니와 아동은 특별한 보호와 지원을 받을 권리를 가진다. 모든 아동은 적서에 관계없이 동일한 사회적 보호를 누린다.

제26조 1. 모든 사람은 교육을 받을 권리를 가진다. 교육은 최소한 초등 및 기초단계에서는 무상이어야 한다. 초등교육은 의무적이어야 한다. 기술 및 직업교육은 일반적으로 접근이 가능하여야 하며, 고등교육은 모든 사람에게 실력에 근거하여 동등하게 접근가능하여야 한다.

2. 교육은 인격의 완전한 발전과 인권과 기본적 자유에 대한 존중의 강화를 목표로 한다. 교육은 모든 국가, 인종 또는 종교 집단 간에 이해, 관용 및 우의를 증진하며, 평화의 유지를 위한 국제연합의 활동을 촉진하여야 한다.

3. 부모는 자녀에게 제공되는 교육의 종류를 선택할 우선권을 가진다.

제27조 1. 모든 사람은 공동체의 문화생활에 자유롭게 참여하며 예술을 향유하고 과학의 발

전과 그 혜택을 공유할 권리를 가진다.

    2. 모든 사람은 자신이 창작한 과학적, 문학적 또는 예술적 산물로부터 발생하는 정신적, 물질적 이익을 보호받을 권리를 가진다.

제28조 모든 사람은 이 선언에 규정된 권리와 자유가 완전히 실현될 수 있도록 사회적, 국제적 질서에 대한 권리를 가진다.

제29조 1. 모든 사람은 그 안에서만 자신의 인격이 자유롭고 완전하게 발전할 수 있는 공동체에 대하여 의무를 가진다.

    2. 모든 사람은 자신의 권리와 자유를 행사함에 있어, 다른 사람의 권리와 자유를 당연히 인정하고 존중하도록 하기 위한 목적과 민주사회의 도덕, 공공질서 및 일반적 복리에 대한 정당한 필요에 부응하기 위한 목적을 위해서만 법에 따라 정하여진 제한을 받는다.

    3. 이러한 권리와 자유는 어떠한 경우에도 국제연합의 목적과 원칙에 위배되어 행사되어서는 아니 된다.

제30조 이 선언의 어떠한 규정도 어떤 국가, 집단 또는 개인에게 이 선언에 규정된 어떠한 권리와 자유를 파괴하기 위한 활동에 가담하거나 또는 행위를 할 수 있는 권리가 있는 것으로 해석되어서는 아니된다.

생각해보기

1	우리는 인권회복을 위하여, 인권보장을 위해 개인적 차원과 국가적 차원에서 어떤 노력을 해야 할까?

_____

_____

_____

_____

2	우리가 흔히 '살색'이라고 하던 색깔은 그 이름 자체로 피부색에 따른 인종 차별의 의미가 있다. 우리나라에는 어떤 인권 문제들이 있는지 다양한 인권침해 (인간으로서 누려야 할 기본적인 자유와 권리를 제한하는 것)사례에 관해 이야기를 나누고 '인권침해사례'를 역할극으로 만들어 보자.

_____

_____

_____

_____

_____

_____

_____

_____

• '목소리 낼 권리' vs '민폐'

전국장애인차별철폐연대(전장연)은 2021년 12월 3일부터 2022년 3월 25일까지 지하철 출퇴근 시위를 총 24번 진행하였다. 전장연은 경복궁역에서 탑승한 뒤 충무로역에서 환승해 명동역으로 이동하다 내려 다시 혜화역으로 이동했다. 이날 시위로 인해 지하철 3·4호선 운행이 지연되었다. 전장연은 오전 8시 25분 서울 지하철 3·4호선에서 시위를 시작해 9시 13분까지 약 50분간 진행했다.

4   동성결혼의 합법화를 찬성 혹은 반대하는지 이야기해보자.

_____

_____

_____

_____

2013년 미국 워싱턴포스트 ABC 조사에서 미국은 찬성 58%, 반대 36%, 유보 6%였고, 한국은 찬성 25%, 반대 67%, 유보 8%로 조사되었다. 서로의 차이를 인정하지 않는 가족 규범 때문에 동성커플은 제도 밖 부부로 살고 있다. 법적 혼인으로 인정받지 못해 상속권, 상대방이 수술할 때 동의서를 쓰고 사망 시 장례를 주관할 권리, 국민건강보험에서 가족으로 혜택받을 권리 등 다수의 법적 권리를 누릴 수 없다.

Chapter **10** 치매

1. 치매의 개념과 특성

「치매관리법」에 의하면 치매란 '퇴행성 뇌 질환 또는 뇌혈관계 질환 등으로 인하여 기억력, 언어능력, 지남력(指南力),[1] 판단력 및 수행능력 등의 기능이 저하됨으로써 일상생활에서 지장을 초래하는 후천적인 다발성 장애를 말한다'라고 정의하고 있다.

치매(dementia)라는 용어는 라틴어 'dement'에서 유래된 말이다. '없다'라는 'de'와 '정신'이라는 'ment'가 합해져 '제정신이 아니다. 정신이 나갔다(out of mind)'라는 의미를 지니고 있다. 치매는 뇌의 신경세포가 대부분 손상되어 장애가 생기는 대표적인 신경 정신계 질환이며, 노인들에게 있어 가장 흔하게 나타난다.

치매의 증상으로는 인지장애, 정신장애, 언어장애, 행동 장애, 활동 장애, 일상생활 수행 장애로 구분되면 그 구체적인 특징적 증상과 행동은 다음 〈표 1〉 ~〈표 6〉과 같다(박귀영 외, 2013: 158 – 161).

---

1) 현재 자신이 놓여 있는 상황을 올바르게 인식하는 능력

구분	특징적 증상과 행동
기억장애	방금 했던 말을 기억하지 못한다. 남의 말을 잘 전하지 못한다. 자기 물건을 놓아둔 곳을 잊어버린다. 자기 나이를 모른다. 고인이 살아있는 것처럼 이야기한다. 자기 집 주소를 모른다.
지남력장애	가족이나 친지를 잘 모른다. 며느리에게 아주머니라고 한다. 계절에 맞지 않는 옷을 입는다. 지금 몇 시인지 모른다. 길을 잃어 헤맨다. 아들을 남편이라고 한다.
판단력 장애	내 것과 남의 것을 구별하지 못한다. 더러워진 옷을 벗지 않는다. 시장에 혼자 가지 못한다. 상황에 맞지 않는 행동을 한다. 사회적인 일에 무관심하다.
계산 능력장애	돈 관리를 못한다. 간단한 계산이 안 된다. 물건을 구매하지 못한다.

●● 표 2 정신장애

구분	특징적 증상과 행동
망상	주위 사람을 의심한다. 자기 재산, 돈을 가져갔다고 주장한다. 가족으로부터 피해를 받는다고 생각한다. 약을 주면 죽이려 한다며 먹지 않으려 한다. 물건을 도둑맞았다고 소동을 피운다.
불안	어쩔 줄을 몰라 서성댄다. 불안해서 아무 일도 하지 못한다. 수시로 집에 가야 한다고 말한다. 몸이 떨린다고 말한다. 정서가 불안정하다.
우울	늘 잠만 자려 한다. 몸이 아프다고 항상 호소한다. 낯선 사람 만나기를 거부한다. 무엇이든 하려는 의욕이 없다. 낮에 멍하게 있다.
조증	지나치게 기분이 좋아 보인다. 유치해 보일 정도의 장난을 친다. 재미없어 보이는 것도 재미있어한다.
환각	귀신이 붙어 다닌다며 물건을 밖으로 던진다. 보이지 않는 사람, 동물 등이 보인다. 누가 왔다 갔다고 이야기한다. 피부에 뭔가 기어 다닌다고 말한다. 야간에 헛것을 본다.

구분	특징적 증상과 행동
섬망	야간에 큰소리를 지르고 소동을 피운다. 공포감에 사로잡혀 식구들을 깨운다. 흥분하여 밖으로 뛰쳐나가려 한다.
성적 이상행동	집안에서 옷을 벗은 채 다닌다. 자위행위를 한다. 목욕하는 것을 훔쳐본다. 성기를 노출하거나 보호자에게 만지라고 한다.
무감동	대화를 먼저 시작하지 않는다. 감정표현이 매우 부족하다. 예전에 비해 다정다감한 면이 줄었다.

●● 표 3 언어장애

구분	특징적 증상과 행동
동어반복	반복해서 같은 말을 물어본다. 계속 먹을 것을 달라고 이야기한다.
작화증	없는 말을 만들어서 한다. 다른 사람들에게 가족이 자신을 학대한다고 말한다. 가족이 밥을 주지 않는다고 이야기하고 다닌다.
혼잣말	앞뒤가 맞지 않는 무의미한 말을 혼자 중얼거린다.
폭력적 언어	가족에게 욕설한다. 특정한 사람을 험담한다. 고함을 지르며 악을 쓴다.
실어증	말의 의미를 이해하지 못하고 엉뚱한 대답을 한다. 단어를 잊어버려 말을 못 하고 소리만 낸다. 말하는 것이 두서가 없다.

●● 표 4 행동 장애

구분	특징적 증상과 행동
배회	돌보는 사람이 없으면 밖에 나가 배회한다. 옛날집을 찾아가겠다며 나가서 길을 잃는다. 종일 서성거린다.
수면장애	밤에 일어나 무슨 일을 하려고 한다. 밤과 낮이 바뀐다. 깊이 잠들지 않고 잠깐씩 깜박깜박 존다. 밤중에 몇 번이고 눈을 뜬다.
흥분폭력	문을 세게 닫고 물건을 집어 던지기도 한다. 참을성이 없다. 칼이나 예리한 물건을 휘두른다. 돌보는 사람을 꼬집고 깨문다.
수집벽	밖에서 쓰레기를 주워온다. 먹을 것을 구석에 숨긴다. 집안의 물건을 자기 방에 감춰 둔다.

구분	특징적 증상과 행동
반복행동	온종일 스위치를 켰다 껐다 한다. 옷을 자르고 꿰매기를 반복한다. 수시로 화장실을 들락거린다.
거부 행동	돌보는 사람에게 화를 낸다. 병원에 가기를 거부한다. 목욕하기를 거부한다. 돌보는 사람을 의심한다. 약 복용을 거부한다.

●● 표 5 신체장애

구분	특징적 증상과 행동
보행	구부정한 자세로 종종걸음을 친다. 걷기보다는 기어 다닌다. 걸을 때 중심을 잡지 못하고 한쪽으로 기울어진다.
시력	백내장이 있을 수 있다. 녹내장이 있을 수 있다.
청력	청력의 이상으로 들리지 않는 소리를 들었다고 한다. 청력이 약하다. 말할 때 매우 큰소리로 한다.
편마비	한쪽 손발을 사용하는 데 불편하다. 보행이나 이동 시 도움이 필요하다.

●● 표 6 일상생활 수행 장애

구분	특징적 증상과 행동
세탁	이불을 펼 수 없다. 세탁기 사용방법을 모른다. 마른빨래를 구별하지 못한다. 빨래를 널지 못한다.
옷 입기	옷을 혼자 입을 수 없다. 잘 때 잠옷으로 갈아입지 않는다. 아침이 되어도 잠옷을 벗지 않으려 한다.
세수, 목욕, 용모단정	더러워도 씻으려 하지 않는다. 머리를 혼자 감을 수 없다. 세수를 할 수 없다. 혼자 목욕을 할 수 없다.
청소	걸레를 잘 짜지 못한다. 방을 정리정돈 할 수 없다. 방 청소를 할 수 없다.
수단적 일상생활 동작 능력	문을 잠그고 열지 못한다. 전화를 잘 받을 수 없다. 글씨를 쓸 수 없다. 손자를 돌볼 수 없다.
식사	늘 먹을 것만 찾는다.

구분	특징적 증상과 행동
	삼키는 데 어려움이 있다. 먹어서는 안 될 물건을 먹는다. 식사할 때 도움이 필요하다. 편식한다.
조리	가스레인지를 끄지 않고 켜놓는다. 밥을 지을 수 없다. 식기를 닦을 수 없다. 조리도구 사용방법을 모른다.
화장실 이용	배변 후 휴지를 사용하지 않는다. 대변과 소변을 구별하지 못한다. 배변 후 물을 내리지 않는다. 화장실을 모른다. 팬티를 벗지 않고 배설해 버린다.

어느 집안에건 치매를 앓는 식구가 한 명씩 있을 정도로 치매는 흔한 병이다(경향신문, 2019). 하지만 의사들조차 발생 원인과 기전에 관해 명확히 밝혀진 것이 적어 치료에 어려움이 있는 병이다. 치매의 원인 중에서 알츠하이머병과 같이 퇴행성 뇌 질환으로 발생하는 비율이 높지만, 그렇다고 전적으로 퇴행성 뇌 질환에 의해서만 생기는 것도 아니다. 다만 다양한 원인 가운데 뇌세포가 줄어들거나 인지와 판단, 행동에 필요한 뇌신경들이 제대로 연결되지 않는 증상이 공통으로 나타나기 때문에 이를 묶어 치매로 부를 수 있는 것이다.

전문적인 진단과 치료는 전국 보건소에 설치되는 치매안심센터나 의료기관에서 받을 수 있다. 노화에 따른 퇴행성 질환이 원인이 될 때 급격한 변화는 없으므로 이미 증상이 의심돼 센터를 방문할 경우 진행이 시작된 이후일 수도 있다. 반드시 노년이 아니더라도 알코올 등 약물로 인해 발병하는 치매의 경우, 나이와 상관없이 빠르게 진행될 수 있으므로 검진을 통해 미리 상태를 파악하고 최대한 예방하는 일이 더욱 중요하다.

치매도 치료를 일찍 시작할수록 큰 효과를 볼 수 있다. 단순 건망증과 가장 구별되는 점이 건망증은 기억하던 내용을 다시 떠올리기 어려워하는 수준인 데 비해, 치매는 애초에 기억해야 할 사건이나 경험이 있었다는 사실 자체를 기억하지 못하는 경우가 많다는 것이다. 며칠 전 나눴던 대화 내용이나 최근 주변에서 일어났던 일 같은 단기기억이 아예 사라져버렸다면 병원을 찾을 필요가 있다. 가까운 가족이나 친구의 이름을 기억하지 못하거나 늘 다루던 가전제품이나 생활용품 사용법 같은 장기기억이 사라진 경우는 더 심각하다.

치매 진단을 위해 병원을 찾아야 할 열 가지 징후가 있다. 이러한 징후들이 자주 발견될 때는 병원을 찾는 것이 바람직하다(박귀영 외, 2013: 166–167).

① 약속 시각, 사람 이름, 전화번호 등을 지나치게 자주 잊어버린다.

② 요리하고 있던 사실을 잊는 등 일상적인 생활에 어려움이 많다.

③ 대화 중에 아주 간단한 단어조차도 생각해 내지 못해 부적절한 단어를 사용한다.

④ 익숙한 환경에서도 길을 잃거나, 그곳이 어딘지, 어떻게 집에 가는지 모른다.

⑤ 상황에 대한 판단력이 현저하게 떨어진다.

⑥ 계산능력이 저하되어 아주 간단한 계산도 하지 못한다.

⑦ 자신의 물건을 아주 엉뚱한 곳에서 찾는 경우가 잦아진다.

⑧ 갑자기 울기 시작하고 별다른 이유 없이 화를 내고 감정의 변화가 수시로 나타난다.

⑨ 의심이나 공포심이 늘어나고 주변 상황에 무관심하며, 이야기를 잘하지 않는다.

⑩ 가사 활동, 사회활동, 직업 활동에 이상하리만큼 소극적이다.

2. 치매 현황

우리나라 총인구 중 노인 인구비율은 2020년 15.7%에서 2030년 25.0%로 증가할 전망이다. 고령화 심화에 따라 노인성 질환인 치매 환자도 빠르게 증가할 것이다. 2020년 65세 이상 중 치매 유병률은 10.3%이고, 83만 명으로 추산되고, 2050년 302만 명(전체 노인의 15.9%)까지 증가할 것으로 예측된다.

구분	2010년	2015년	2020년	2021년	2025년	2030년	2050년
총인구	4,701만 명	5,062만 명	5,178만 명	5,182만 명	5,191만 명	5,193만 명	4,775만 명
노인 인구 (65세 이상)	340만 명	662만 명	813만 명	854만 명	1,051만 명	1,298만 명	1,901만 명
전체 노인 인구비율	7.2%	13.1%	15.7%	16.5%	20.3%	25.0%	39.8%
치매노인 (65세 이상)	47.4만 명	64.8만 명	83.2만 명	87.1만 명	107.7만 명	136만 명	302.3만 명
치매 유병률	8.7%	9.8%	10.3%	10.2%	10.3%	10.5%	15.9%

출처: 제4차 치매관리종합계획

치매로 인한 사회적·경제적 부담이 증가하고 있다. 2019년 연간 건강보험 치매 총진료비는 2조 3,821억 원으로 2015년 대비 1.6배 증가하였고, 1인당 진료비는 연간 298만 원(비급여 제외)이다. 치매 국가책임제 이후 보장범위와 액수 모두 늘어나 돌보아야 하는 가족의 경제적 부담이 전보다 줄어든 것은 사실이지만, 특히 노년 부부들만 살면서 혼자서 치매 배우자를 돌보는 '노노 돌봄'이나 자녀 1명밖에 돌봐줄 사람이 없는 경우 간병에 드는 비용 외에도 기본적인 생활비 자체를 조달하기 힘든 문제가 있다. 치료와 요양기관의 관리를 통해 치매의 진행속도는 최대한 늦추고 보호자가 생업에 종사할 수 있는 시간은 최대한 늘리더라도 전적으로 보완하기는 어렵기 때문이다.

2019년 치매로 인한 연간 총 장기요양비용은 4조 2,513억 원으로 2015년 대비 1.54배 증가하였고, 1인당 연간 장기요양비는 약 1천 4백만 원이었다. 국가치매관리비용은 2019년 치매 환자 연간 총 16조 5천억 원으로 GDP의 약 0.9%, 2050년에는 103조 1천억 원으로 GDP의 약 3.8%까지 증가할 것으로 추정된다.

3. 치매의 문제

노인들은 나이가 많아질수록 치매를 가장 두려운 질병으로 인식하고 있다.[2] 독거노인 증가, 가족부양의식 약화로 가족 내 돌봄은 감소하고, 공적 돌봄 서비스에 대한 욕구는 증가할 전망이다. 노년기에 자녀와의 동거를 희망하는 비율이 감소하고, 부모 부양의 책임이 '가족'에서 '부모 스스로 해결' 등 부양에 대한 가치관이 변화하고 있다. 노인가구 중 독거가구가 증가(2000년 31.4% → 2019년 34.2%)했으며, 고령자의 경제적 책임이 커짐에 따라 돌봄 비용 부담 완화 요구가 증가할 것이다.

가정에서 치매 어르신을 무리하게 감당함에 따라 가족 갈등, 가족 해체 등 고통이 심화하고 있다. 치매 환자 보호자 대상 설문 조사 결과, 치매 환자를 돌보기 위해 직장을 그만두는 비율은 14%, 근무시간을 줄인 경우는 33%로 조사되었다(2018.9. 대한치매학회). 치매 치료 및 간병으로 인한 가계 부담도 가족 간 갈등이 심화하는 요인이다. 치매 환자 가족들은 경제적 부담(49%), 정서적 부담(16.5%), 육체적 부담(14.5%) 순으로 부담을 겪고 있다(2019.9. 문체부·리서치앤리서치 주관 설문 조사). 2011년 이후 치매 배우자 간병살해가 18건(경향신문, 2017.5.16)이 발생하였다. 2019년 치매의심자 및 치매 환자에 관한 노인학대 사례는 1,381건(전체 노인학대 건수의 26.3%)이고, 학대 행위자는 기관(50%), 가족(43%)이 대다수였다.

국가인권위원회가 2018년 발행한 '노노 돌봄 현황 실태조사' 보고서를 보면 노인들이 서로를 돌볼 주체로 배우자를 꼽는 비율이 가장 높았다. 노인 돌봄의 가장 큰 책임자가 배우자라고 응답한 비율이 39.1%로 가장 높았고, 국가 27.3%, 자녀를 꼽은 응답자도 24%나 됐다. 따라서 노인들이 돌봄을 제공할 때의 어려움도 컸다. 신체건강 악화에 대한 우려(45.9%)와 정서적 스트레스(25.6%), 생계활동 제약(20.8%) 등 복합적인 어려움을 호소한 것이다. 따라서 치매안심센터 등 현장에서 치매 환자들을 마주하고 있는 전문가들은 더욱 진전된 치매 대책이 필요하다고 지적한다.

---

2) 60~69세가 두려워하는 질병(2014년 조사)은 치매(43%), 암(33%), 뇌졸중(12%), 당뇨병(12%) 등이다.

치매 '간병살인' 남의 집 일이 아니네

전북 군산에서 80세 남편이 치매에 걸린 아내를 10년간 돌보다 살해한 사건이 발생했다. 증상이 점차 심각해지는데도 아내는 요양병원에 들어가지 않겠다며 고집을 꺾지 않았다. 남편 ㄱ씨는 갈등이 잦아지던 아내를 살해한 뒤 자신도 뒤따라 극단적 선택을 하려 유서까지 작성했다. 그러나 ㄱ씨의 전화를 받고 도착한 아들이 경찰에 신고해 붙잡혔다. 긴 시간의 간병으로 지친 상태에서 돌보는 가족과의 갈등까지 심각해지거나 생활고에 시달리는 등 여러 문제가 겹칠 경우 발생하는 '간병살인'의 단면을 보여준 사건이다.

친밀한 가족이 치매를 앓으면서 간병을 도맡은 이에게 신체적·정신적·경제적 부담이 가해지는 상황은 고령화 추세에 따라 점점 심각해지고 있다.

지난 2월 20일에도 충북 청주의 한 아파트에서 40대 아들이 10년간 돌보던 아버지를 살해하고 스스로 목숨을 끊은 사건이 발생했다. 아들 ㄴ씨(49)는 치매를 앓던 85세의 아버지 병간호를 위해 10년 전 가족과 떨어진 채 홀로 청주에 와서 아버지를 돌보고 있었다. ㄴ씨는 아버지의 건강이 점점 더 악화하자 견디지 못하고 안타까운 결정을 내린 것으로 알려졌다.

지난해 12월에는 역시 치매를 앓고 있던 70대 노모와 40대 딸이 나란히 숨진 채 발견됐다.

지난해 7월에도 70대 노모를 부양하던 아들이 오랜 투병 생활로 인한 생활고 때문에 어머니의 목숨을 끊은 뒤 자신도 극단적 선택을 하려 했으나 경찰에 붙잡혔다. 결혼도 미루고 어머니를 돌본 상황 등이 참작돼 1심에서 징역 10년을 선고받았다가 2심에서 8년으로 감형된 상태다.

출처: 경향신문, 2019. 5. 6.

4. 치매 예방과 관리

우리 사회에서 보호가 필요한 노인을 돌보는 주요 책임은 가족(배우자, 며느리, 아들, 딸 등)이 지고 있지만, 기혼여성의 취업률 증가, 이혼율의 증가 등으로 가족이 보호하기 어려운 노인이 증가하고 있다. 노인에 대한 가족의 보호 부담과 이로 인한 가족 갈등, 노인학대 등의 문제는 일부 가족의 문제라기보다는 사회문제로 대두되고 있다.

급속한 노령화의 진전으로 노령, 치매·중풍 등으로 장기요양을 해야 하는 노인 수는 늘어나고, 가족에 의한 간병은 핵가족화 및 여성의 사회 참여 증가 등에 따라 약화하였다. 반면, 그동안 노인복지서비스 체계는 저소득층을 기반으로 한 공급자 중심의 제한적으로 제공되는 공공부조방식을 유지함으로써, 저소득층 외의(중산층, 서민층) 가정이 이용할 수 있는 요양서비스 체계가 절대적으로 부족하고 노인 의료비는 급증하고 있는 상태였다.

노인이 질병, 장애, 신체허약 등으로 자기관리를 할 수 없는 경우 도움을 제공하는 노인장기요양보험제도가 2008년부터 시행되고 있다. 「노인장기요양보험법」은 고령이나 노인성 질병 등의 사유로 일상생활을 혼자서 수행하기 어려운 노인 등에게 제공하는 신체활동 또는 가사 활동 지원 등의 장기요양급여에 관한 사항을 규정하여 노후의 건강증진 및 생활 안정을 도모하고 그 가족의 부담을 덜어 줌으로써 국민의 삶의 질을 향상하도록 함을 목적으로 한다. 이 법에서 "노인 등"이란 65세 이상의 노인 또는 65세 미만의 자로서 치매·뇌혈관성 질환 등 대통령령으로 정하는 노인성 질병이 있는 자를 말한다.

치매는 노인이면 당연히 겪는 노화 현상이 아니라, 뇌 기능의 장애로 인하여 지적 능력이 떨어지는 퇴행성 질환이므로, 조기에 검진하여 예방하고 꾸준히 진료하면 질환의 진행속도나 증상을 늦출 수 있음에도 불구하고, 치매 환자는 적절한 진단과 치료가 제공되지 못한 채 가족과 사회의 무관심 속에서 방치되고 있으므로 국가적 차원에서의 치료대책과 사회적 인프라 확보가 시급한 실정이다. 이에 따라, 국가가 노인을 대상으로 치매 검진사업 등 치매의 예방과 홍보 및 관리사업을 지원할 수 있도록 필요한 정책을 마련하여 치매 환자의 삶의 질을 개선하고 가족 및 사회경제적 부담을 덜어 주어 국민의 건강과 복리 증진에 이바지하기 위해 2011년 「치매관리법」을 제정하였다.

정부는 '국가치매관리종합계획'을 수립하여 치매 조기발견 및 예방을 강화하고, 맞춤형 치료 및 보호를 강화하며, 효과적인 치매 관리를 위하여 인프라 확충과 가족지원강화, 사회적 인식 개선방안을 마련하는 등 치매 환자 가족의 삶의 질 향상을 도모하고 있다.

치매에 대한 이해와 성공적인 국가정책을 위해서는 무엇보다 현재 '치매 발굴과 치료'에 중점을 둔 국가 치매 정책을 '치매 예방' 중심으로 전환해야 한다.

치매 관련 인프라의 지속적 확충이 필요하다. 국가책임제에 따라 전국에 설립된 치매안심센터가 지역사회에 뿌리를 내려 치매 환자와 간병 가족에게 더 실질적이고 구체적인 지원을 마련하는 역할을 더해야 한다. '치매안심센터'는 치매 관리서비스의 핵심적 지역 인프라로, 2017년도부터 전국 시군구 단위에 설치되기 시작하여 2019년도 말 기준, 256개 설치 완료되었다. '치매 전담형 장기요양기관'은 치매 어르신을 위한 전문화된 장기요양 인프라로서, 노인요양시설 내 치매 전담실(133실), 치매전담형 노인요양공동생활가정(31실), 주야간보호시설 내 치매 전담실(100실)을 구축하였다. '치매안심병원'은 행동심리증상(BPSD)의 치매 환자가 집중적 치료를 받기 위한 시설·장비·인력 기준을 충족하는 병원으로 4개소 지정·운영 중이다. 급증하는 치매 환자 수와 치매 관리부담비용과 비교하면 치매 관리를 위한 공적 인프라는 구축 초기 단계이므로, 공적·사적 기관과 프로그램의 연계 활성화가 필요하다.

제4차 치매관리종합계획 기본방향(2021~2025)

- 기본관점: 치매안심사회(Safe from Dementia) 구현을 위해
① 사회적 연대 지향적(민관협력과 유기적 연계를 통한 재가생활 지원)
② 수요자 지향적(중증도에 따른 치료·돌봄경로 마련)
③ 포괄성 지향적(수요자와 공급자 측면을 아우르는 종합성) 관점
- 과제범위: 노화가 시작되는 장년층부터 고령자 대상으로 치매 중증도에 따른 맞춤형 제도 및 서비스 중심
  * 장년층·고령자 → 고위험군 → 경증치매 → 중등도치매 → 중증·생애말기 등 진행경로에 따라 필요한 서비스 지원
- 지역중심, 연계, 질 관점 강조: 지역기반의 공적 네트워킹
  * 이미 구축된 서비스 자원을 최대한 활용하고, 서비스 접근도 및 질 관리를 통해 정책의 신뢰도 제고
  * 치매안심센터를 중심으로 지역 내 치료, 돌봄, 복지 관련기관 연계

제4차 치매관리종합계획 목표와 추진과제
- 비전: 치매환자와 가족, 지역사회가 함께하는 행복한 치매안심사회 실현
- 목표: 【살던 곳에서 안심하고 지낼 수 있도록 지원하겠습니다.】
      치매안심센터의 치매환자 등록·관리율 : 60%('21년) → 80%('25년)

■ 수요자 관점 생애주기별 치매 관리 강화

전문화된 치매 관리와 돌봄	1. 선제적 치매 예방·관리	1) 치매고위험군 집중관리 및 치매 조기발견 지원 2) 인지건강증진 프로그램 개발 및 확산
	2. 치매환자 치료의 초기 집중 투입	1) 치매환자의 치료·관리 전문성 강화 2) 초기 집중 관리로 치매 악화 지연
	3. 치매돌봄의 지역사회 관리 역량 강화	1) 지역 거주 치매 환자 지원 서비스 다양화 2) 유관자원 연계를 통한 지원체계 강화
	4. 치매 환자 가족의 부담 경감을 위한 지원 확대	1) 지역 기반 치매 환자 가족 지원 서비스 강화 2) 치매 환자 가족의 돌봄역량 강화 지원

■ 치매 관련 인프라의 연계체계 마련, 제도개선을 통한 기반 구축

치매 관련 정책 기반 강화	1. 치매 관리 전달체계 효율화	1) 치매 관리 주요 수행기관의 기능 정립 및 강화 2) 유관기관 연계와 협력을 통한 치매 전달체계 개선
	2. 치매 관리 공급 인프라 확대 및 전문화	1) 치매 의료·요양기관의 서비스 전문화 2) 의료·요양 제공기관 확충 및 지원체계 개선
	3. 초고령사회에 대응한 치매 연구 및 기술개발 지원 확대	1) 치매 관련 통계와 연구 지원체계 마련 2) 치료와 돌봄을 지원하는 과학기술(Technology) 활용
	4. 치매 환자도 함께 살기 좋은 환경 조성	1) 치매 인식개선을 위한 교육과 홍보 2) 치매 환자와 더불어 사는 사회적 환경 조성

치매 예방에 고스톱이 효과가 있다고 알려졌지만, 전문가들은 이미 고스톱의 규칙에 익숙해지면 뇌를 활용하는 정도도 낮아지므로 효과가 그리 크지 않다고 지적한다. 대신 몸을 사용하는 운동이나 산책, 그리고 독서 등으로 뇌에 지속적이면서도 새로운 자극을 가해야 한다. 인간관계를 넓히며 뇌의 활용도를 높이는 일상도 소홀히 해서는 안 된다. 종일 방 안에서 TV만 보는 습관을 교정하고 치매에 악영향을 주는 음주는 되도록 삼가야 한다. 흡연 역시 치매 발병률을 높인다는 통계가 나와 있다.

무엇보다 노년층에서 발병률이 높은 만큼 노인들의 사회적 환경에도 관심을 기울일 필요가 있다. 최신 연구결과 치매 전 단계로 간주하는 경도인지장애 초기에 자살 위험이 크다고 나온 점도 이를 시사한다. 적극적인 예방을 위해선 치매라는 병을 관리하고 환자 주변의 사회적 관계까지 고려해야 한다. 경도인지장애는 같은 나이와 비교해서 인지기능과 기억력이 떨어진 상태다. 이 진단을 받은 환자의 약 80%가 5년 이내에 치매 판정을 받는 것으로 알려져 있다.

치매의 예방에 도움이 되는 방법(박귀영 외, 2013: 164–166)

- 나이가 들수록 책을 읽고 쓰고 이야기하는 등 머리를 많이 쓰고 적극적으로 살아간다.
- 항상 새로운 정보를 접하고 무언가를 배운다.
- 지나친 음주와 흡연을 삼간다.
- 젊어서부터 꾸준히 운동하고 적정 체중을 유지한다.
- 우울증은 치료받고 많이 웃으며, 밝게 살도록 노력한다.
- 기억장애와 언어장애가 있을 때는 빨리 검사를 받는다.
- 매일 일기를 쓰는 것이 큰 도움이 된다.
- 스포츠와 같이 신체적·정신적 긴장과 이완이 반복되는 취미생활을 즐긴다.
- 혼자 지내기보다는 친구를 많이 만들고 자주 만나서 즐겁게 지낸다.
- 고혈압, 당뇨병, 동맥경화증, 고지혈증, 심장 질환, 갑상선 기능저하증 등 성인병을 사전에 관리하고 적극적으로 치료한다.
- 어떤 일을 할 때 주의를 집중해서 하는 습관을 들이고 반복해서 기억하도록 한다.
- 중요한 약속이나 일을 메모하거나 기록해 둔다.
- 걷거나 손을 많이 쓰는 일은 뇌를 자극하여 뇌의 위축을 방지하는 효과가 있다.
- 소리를 내서 노래를 부르거나, 다른 사람과 대화를 하는 것이 좋다.
- 균형 있는 영양 섭취와 노화 방지에 도움이 되는 음식을 섭취하되, 먹을 수 있는 양의 80% 정도만 섭취하고 충분한 수분을 섭취하는 것이 도움이 된다.
- 스트레스가 누적되지 않도록 한다.
- 추운 겨울이나 새벽 온도, 환절기에 급격한 기온 변화를 피한다.
- 깊게 심호흡을 하여 폐활량을 늘리는 것은 심신의 안정에 도움을 준다.
- 실내공해나 환경오염지역 등에서 독성물질에 오래 노출되지 않아야 한다.
- 여성일 경우 폐경기 이후 필요하다면 호르몬 치료를 받는 것도 도움이

된다.

- 여러 가지 약을 동시에 먹는 것은 피한다.

- 충분히 자고 열심히 일한다.

- 알루미늄, 아연, 구리 등 금속이 많이 들어 있는 음식이나 공기 등을 장 기간 섭취·흡입하지 않는 것이 좋다.

- 난청과 시력장애가 있으면 치매로 오인될 수 있으므로 적절한 치료를 받 는다.

- 노후 대책을 미리 세워 놓고 노인이 되어서는 외부활동에 적극적으로 참 여한다.

[더, 오래] 치매 노인과 함께 사는 네덜란드 마을

최근 전 세계적으로 치매 환자가 증가하고 있는 가운데 해외에서는 과거에는 없던 새로운 형 태의 돌봄 사례들이 나오고 있다. 치매 돌봄에 대한 혁신적 사고가 국가 성장과 사회통합을 어떻게 동시에 달성하게 하는지 보여주는 사례이다.

- 치매 노인의 삶이 우선, 네덜란드 '호그백 마을'

네덜란드의 호그백(Hogeweyk) 마을은 일종의 치매 노인 마을이다. '치매 노인도 자유롭게 생활하고 활동하며 삶의 재미를 느낄 수 있어야 한다'는 생각에서 2009년 간호사 이본 반 아메롱겐(Yvonne van Amerongen)이 중앙정부와 지역기관의 협조로 네덜란드 베스프마 을 북쪽 외곽에 마을을 조성했다.

'호그백 마을'은 슈퍼마켓, 커피숍, 미용실, 공원 등이 있는 1만 5,000㎡ 규모의 커다란 마 을이다. 23가구, 152명의 중증 치매 환자와 250명의 스텝이 거주하고 있다.

호그백 마을의 특징은 치매를 기존의 의료상 접근에서 사회적 접근으로 확대했다는 점이다. 이곳에서는 치매 환자라고 해서 시설에 갇혀 살지 않는다. 어디든 자유롭게 돌아다니고, 무료 로 슈퍼마켓, 미용실도 이용할 수 있다. 이러한 생활이 가능한 것은 마을 곳곳에 설치된 CCTV와 교육을 받은 전문 강사, 자원봉사자들이 있기 때문이다.

그들은 마을 내 상주하며 환자들의 활동을 안전하게 지켜준다. 이런 시도가 치매 노인들에게 실제로 긍정적인 영향을 주고 있을까? 결론부터 말하면 그렇다. 연구결과 호그백 마을 거주 치매 노인들은 거주하기 전보다 약물 복용량이나 공격성은 감소했지만 식사량은 늘었고, 상 대적 수명 또한 증가했다.

유럽과 미국에서는 호그백 마을을 벤치마킹하고 있다. 프랑스에서는 파리 외곽 랑드 지역에 알츠하이머 마을을 만들고 있고, 독일과 영국 등지에서도 새로운 시각에서 접근한 치매노인

시설을 마련하고 있다. 치매 노인도 일반인과 같이 삶의 재미를 느껴야 한다는 '인간중심'관점이 만들어낸 결과로 볼 수 있다.

• 자연에서 치유하는 네덜란드 '케어 팜'

'케어 팜(Care Farm, 치유 농장)'은 자연과 치유를 결합한 형태로 건강이 좋지 않은 사람뿐만 아니라 의학적·사회적으로 치료가 필요한 사람들을 위한 새로운 시니어 비즈니스다.

농촌의 소득을 증진하는 동시에 중·고령층의 건강증진에 도움을 주고 있어 최근 국내 귀농현상과 고령화 현상으로 발생하는 사회문제를 해결할 수 있다는 장점이 있다. 케어 팜을 처음 시작한 곳은 북유럽으로, 네덜란드는 1995년 50개에서 출발해 2015년 1,100개로 확대했다. 이 중 15%는 치매 노인을 위한 케어 팜을 제공하고 있다.

네덜란드 케어 팜은 민간농장에서 시작해 지금은 국가 차원에서의 지원으로 발전하고 있다는 점이 특징이다. 그중에서도 최근 치매 노인을 위해 기존 요양원을 대신한 케어 팜을 운영하는 네덜란드의 드포트(De port) 케어 팜을 소개한다. 드포트는 기존요양원의 대안으로도 주목받고 있는 곳이다.

2005년에 노인들을 위한 주간 보호를 시작했으며, 2013년부터는 치매 어르신들을 24시간 돌보는 서비스를 제공하고 있다. 드포트는 총 20명 이내의 적은 인원의 고령층을 대상으로 운영한다. 기본적으로 가족과 같은 분위기를 유지하면서 개인적 삶을 보장하기 위해 6~7명이 한 가구를 구성한다.

특히 활동이 가능한 치매 노인의 경우에는 자존감을 높이고 사회와의 지속적인 관계가 중요하다. 드포트에서는 일반적으로 농장에 나가 걷거나, 동물에게 먹이를 주거나 농장 활동에 참여해 자연과 최대한 교감할 수 있도록 하고 있다. 이를 통해 자신의 육체적 건강상태를 유지·향상한다. 또 동물·자연과의 교감, 참여자 간의 교류를 통해 심리적 안정감을 높이고 음식섭취량도 증가했다는 연구도 발표되고 있다.

최근에는 이용층이 고령층에서 신체적, 정신적 장애를 앓고 있는 자폐아나 마약·알코올·게임 중독자로 다양화하는 추세다. 농장의 소득원이 다양해지는 동시에 사회문제 해결에도 이바지할 수 있다는 장점이 있는 비즈니스 모델이다.

출처: 중앙일보, 2017. 10. 26.

생각해 보기

| 1 | '웰 다잉(well-dying)'에 관해 알아보고 이야기해보자. |

오늘이 내 인생의 마지막 날이라면, 지금 하려고 하는 일을 할 것인가? 하루하루를 인생의 마지막 날처럼 산다면, 언젠가는 바른길에 서 있을 것이다. 죽음을 생각하는 것은 무엇을 잃을지도 모른다는 두려움에서 벗어나는 최고의 길이다. (스티브 잡스의 스탠포드 졸업 축사 중에서)

| 2 | '호그벅 마을'과 '케어 팜' 사례가 주는 의미를 생각해 보고, 새로운 형태의 치매 노인 돌봄 시스템과 치매 환자가 살기 좋은 환경을 논의해보자. |

Chapter 11 건강과 보건의료

1. 건강과 보건의료의 개념

건강문제로 사회 구성원들이 안녕을 위협받을 때, 사회는 그 기능을 제대로 발휘하지 못하게 되고 사회 유지나 경제발전은 어렵게 된다. 그래서 사회복지정책이나 제도 및 사회복지서비스는 궁극적으로 사회 구성원들의 건강, 즉 'welling-being'을 달성할 수 있도록 원조하는 것을 목표로 한다.[1]

1947년 WHO(World Health Organization)가 소개한 광의의 건강이란 신체적·정신적·사회적으로 완전한 상태를 말하는 것이지 단순히 질병이 없거나 허약하지 않다는 상태를 의미하는 것은 아니다. 건강한 개인은 육체적으로나 정신적으로 질병이 없거나 허약하지 않다는 것만이 아니고, 자신의 삶을 즐겁고 만족스럽게 하고, 나아가서는 개인적으로나 사회적으로 행복한 생활을 할 수 있는 적극적인 활력을 증강하는 데까지 도달해야 한다는 의미이다.

WHO는 건강할 때 건강을 지키는 적극적인 건강관리의 개념으로 신체적, 정신적, 사회적 건강을 개인의 건강한 생활습관으로 이어지도록 하는 적극적인 건강관리를 핵심으로 한다. 신체적 건강은 몸의 기능적 동작을 다루며, 신체적인

---

1) 베버리지의 복지국가 구상의 전제조건 중 하나가 보편적 의료서비스이다(아동수당, 완전고용).

요소들을 포함한다. 개인적 습관, 스트레스 관리, 영양과 체중조절, 심장 건강, 신체적 훈련들은 신체적인 건강에 큰 영향을 미친다. 정신적 건강은 정신질환이 없는 상태를 넘어서 우울과 불안, 스트레스가 없이 만족스러운 대인관계를 발전시키고 문제를 적절히 해결함으로써 타인과 공감하고 신뢰를 주고받는 삶에 대한 것이다. 사회적 건강은 개인이 사람들(가족, 친구, 동료, 이웃)과 주변 환경에 성공적으로 상호작용할 수 있는 능력을 의미한다. 사회적 건강은 다른 사람들과 친밀함을 유지하고 발전시키는 능력이며, 다른 견해와 믿음을 가진 사람을 존중하고 관용을 가질 수 있는 능력이다.

건강정책의 궁극적인 목표는 사람들의 건강을 증진하는 데 두어야 한다 (Nicholas Barr, 2009: 415). 건강정책은 매우 다양한 요인들인 전반적인 생활 수준, 개인적 선택행위(식이요법 등과 같은 식생활 양식과 운동, 금연 등과 같은 생활 태도), 외부환경(오염), 개인 환경(직업의 보유 여부, 직업의 종류), 보건의료의 질적 수준과 접근성, 개인의 타고난 기질(신체적·감정적인 힘) 등으로부터 영향을 받는다. 이러한 점에서 볼 때 보건의료(medical care)는 개인의 건강에 영향을 미칠 수 있는 매우 다양한 요인들 가운데 한 부분에 불과하다. 건강정책은 제한적 차원의 보건의료정책에 국한하지 않고 건강에 영향을 미치는 모든 요인을 포함하는 포괄적 차원의 정책을 의미하게 된다.

「보건의료기본법」2)에서 보건의료는 '국민의 건강을 보호·증진하기 위하여 국가·지방자치단체·보건의료기관 또는 보건의료인 등이 행하는 모든 활동을 말한다'라고 정의하고 있다.

보건의료에 대한 정보는 비대칭적으로 존재한다(이준영, 2008: 198). 의료공급자인 의사는 의료에 대한 정보를 독점하는 반면, 환자 자신은 본인이 아프다는 사실 외에는 왜 아픈지, 어떤 치료를 받아야 하고 어떤 약이 치료에 도움이

---

2) 「보건의료기본법」은 21세기를 맞이하여 국민의 새로운 보건의료수요의 변화에 대응하여 국민의 건강권을 보장하고, 보건의료법령 간의 체계성·연계성을 제고시키며, 각 부처의 보건의료기능에 대한 종합·조정기능을 강화하여 종합적이고 체계적인 보건의료정책의 수립·시행 체계를 마련함으로써 보건의료제도의 효율적인 운영과 국민 보건의 향상을 도모하기 위해 2000년 제정되었다.

될지에 대하여 전혀 알지 못한다. 환자는 의사가 지시하는 대로 치료를 받거나 처방해 주는 약을 신뢰하고 먹어야 한다. 결국, 공급자인 의사에 의해 의료수요가 창출되는 현상이 발생하게 된다.

일반적으로 저소득계층의 경우 건강과 관련한 의사결정에서 필요로 하는 정보가 부족할 뿐만 아니라, 심지어는 확보한 정보의 활용능력 또한 제한적일 가능성이 크다. 따라서 이러한 경우에 국가개입이 필요하다(Nicholas Barr, 2009: 433). 국가는 의사나 간호사 등 의료전문가의 자격요건 강화, 의약품 유통질서의 확립 그리고 공공 또는 민간 의료시설에 대한 감독 등과 같은 형태의 규제를 통해 적절하게 개입할 수 있다.

보건의료의 특성에 의해 소비자들은 자신이 필요로 하는 치료의 양 그리고 진료의 질적 수준에 대해 알지 못하는 문제가 있다. 나아가 설령 정보를 입수할 수 있다고 하더라도 정보의 특성상 소비자는 자신이 스스로 의사가 되지 않고서는 그 내용을 이해할 수 없는 기술상의 한계를 가진다.

보건의료의 특성은 다음과 같다(Nicholas Barr, 2009: 422).

- 대부분 의료정보는 기술적으로 매우 복잡하여서 설령 개인적으로 정보의 입수가 가능하더라도 그 정보를 올바르게 이해하기가 어려울 수 있다.
- 잘못된 치료방법의 선택은 매우 높은 비용을 초래할 수 있고, 그에 따른 피해 현상은 종종 불가역성(less reversibility)의 문제를 가지고 있다.
- 일반적으로 질병의 상태가 심각할 경우 개인들은 좋은 병원을 탐색할 시간적 여유를 제약받는다.
- 소비자인 환자들은 종종 서로 다른 의사들의 진료 결과를 비교·평가할 수 있는 지적능력이 부족하다.
- 개인들은 두려움이나 미신 등과 같은 감정적 요인으로 비합리적인 의료소비행위를 할 수 있다.

1년에 병원 2,000번 넘게 간 40대…건강보험 재정 압박하는 '과다 의료'

지난해 병·의원 외래진료를 가장 많이 받은 사람은 그 횟수가 2,000회가 넘는 것으로 나타났다. 150회 이상 외래진료를 받은 사람은 약 19만 명이었다. 이 같은 '과다 의료이용' 의심 사례는 매년 전체 건보공단 부담금의 7% 안팎(약 2조)을 차지한다.

건보공단이 국회입법조사처에 제출한 '2021년 외래진료 횟수 상위 10명 현황' 자료를 보면, 지난해 외래진료를 가장 많이 받은 사례는 24곳 의료기관을 2,050번 이용한 40대로 나타났다. 이 사람은 공휴일을 포함해도 하루 5~6번꼴로 외래진료를 받은 셈이다. '상위 10명'이 방문한 의료기관 수는 적게는 8곳부터 많게는 101곳까지 있었다. 외래진료 횟수에서 상위 10명에 들지는 않지만, 방문 의료기관 수가 가장 많은 사람은 166개 기관을 찾았다.

건보공단은 이들을 실제 필요 이상으로 진료를 받는 과다 의료이용 사례로 의심하고 있다. 병·의원이 건보공단에 허위로 청구했을 가능성도 있다.

건보공단 내부 연구 결과에 따르면 과다 의료이용의 기준은 외래진료 연간 150회 이상이다. 이런 사례는 최근 5년 동안 매년 20만 명 안팎에 달했다. 2017년 21만 149명, 2018년 20만 9,485명, 2019년 22만 1,174명이었다. 2020년과 2021년엔 각각 18만 4,570명과 18만 9,224명으로 다소 줄었다. 코로나 19 유행 이후 병·의원 방문이 줄어든 영향이 반영된 것으로 보인다.

건보공단이 이들의 진료비를 부담한 금액은 전체 부담금의 7% 안팎으로 크게 달라지지 않았다. 금액은 2017년 1조 5,200억 원에서 2021년 1조 9,604억 원으로 매년 늘었다. 한 해 평균 1조 5,000억 원씩 소요된 셈이다. 외래진료 500회 이상 사례만 보면 532명으로 건보공단 부담금은 62억 원이다. 평균 방문일수가 가장 많은 진료과목은 침구과, 한방내과, 내과 순이었다.

국회입법조사처는 "과다 의료이용은 불필요한 의료비 지출과 건보재정 부담을 증가시키는 측면이 있으므로 적정 의료이용을 유도하는 방안을 마련해야 한다"라며 "건보공단이 과다 의료이용 의심 사례자에게 안내문을 보내고 상담을 시행 중이지만 추가로 정확한 실태와 원인 분석이 필요하다"라고 지적했다. 그러면서 "가벼운 증상에도 진료를 지나치게 많이 받는 경우엔 진료비·약제비의 환자 부담률을 높이는 방안을 검토해야 한다"고 밝혔다.

한국은 전반적으로 의료이용 횟수가 많은 국가에 속한다. 보건복지부가 '경제협력개발기구(OECD) 보건통계 2022'를 분석한 결과를 보면 국민 1명당 외래진료 횟수는 연간 14.7회로 OECD 회원국 중 가장 많았다. OECD 회원국 평균은 5.9회다.

출처: 경향신문, 2022. 8. 14.

1) 주관적인 가구 의료비 부담 인식

연간 가구 의료비 지출이 부담스럽다는 인식은 40.7%로, 다섯 가구 중 두 가구는 의료비 지출이 가구에 부담이 된다고 인식하는 것으로 나타났다. 부담수준이 보통이라고 응답한 경우는 23.7%, 부담을 주지 않는다고 응답한 경우는 35.6%로 나타났다.

2) 미충족 의료 경험(병·의원)

지난 1년간 병·의원 치료 또는 검사(치과 치료, 치과 검사 제외)를 받아 볼 필요가 있었으나, 받지 못한 적이 한 번이라도 있었다고 응답한 사람의 비율이다. 2019년 미충족 의료율은 남자 14.9%, 여자 15.3%로 나타났다. 나이별로는 남자는 40~49세가 22.6%로 가장 높았으며, 여자는 19~29세가 19.1%로 가장 높았다.

미충족 의료를 경험한 가장 큰 이유는 '시간을 내기가 어려워서'가 51.7%로 가장 높았다. 다음으로 비용 부담으로 인한 '경제적 이유'가 21.2%로 높게 나타났으며, '거동이 불편해서 혹은 건강상의 이유로 방문이 어려웠음'과 '교통편이 불편해서, 거리가 멀어서'로 응답한 비율이 8.8%로 다음 순이었다.

3) 19세 이상 성인의 건강 수준과 건강 행동

양호한 주관적 건강 수준 인지율은 38.7%였고, 스트레스 인지율은 32.4%, 우울감 경험률은 8.5%로 나타났다. 현재 흡연율은 전체 19.5%, 남자 36.3%, 여자 3.5%로 나타났다. 고위험 음주율은 전체 13.3%, 남자 21.2%, 여자 5.8%로,

---

3) 출처: 한국보건사회연구원, 2019년 한국의료패널 기초분석보고서(Ⅰ, Ⅱ)
   한국의료패널은 국민건강보험공단과 한국보건사회연구원이 컨소시엄을 맺어 공동으로 추진하는 조사사업이다. 한국의료패널은 인구 고령화와 만성질환 중심의 질병 구조에 관한 건강의 높은 사회적 관심과 의료서비스 공급확대, 의료기술의 발전 등 급속하게 변화하는 보건의료 환경과 이로부터 야기되는 국민 의료비 증가에 효과적으로 대응하는 한편, 건강보험 보장성과 건강 형평성에 대한 사회적 요구에 적절히 부응할 수 있는 정책 마련의 근거를 지원하고자 마련되었다.

월간 폭음률은 전체 32.3%, 남자 46.2%, 여자 17.2%로 나타났다. 규칙적 신체활동 실천율은 전체 51.8%였으며, 성별로는 남자 51.6%, 여자 52.0%로 나타났다.

4) 의료이용 건수와 의료비 지출

연간 의료이용률은 81.1%로 나타났으며, 연간 응급의료이용률은 6.4%, 연간 입원 의료이용률은 8.9%, 연간 외래 의료이용률은 80.8%로 나타났다. 2019년 의료서비스 이용 경험자(가구원)의 1인당 연간 의료이용 건수 평균은 16.8회였다. 의료서비스별로 살펴보면, 응급 1.3회, 입원 1.6회, 외래 16.5회였다.

5) 복합 만성질환 현황

복합 만성질환자 비율은 전체 18.9%, 남자 15.0%, 여자 22.7%로 여자가 더 높았다. 나이별로 살펴보면, 만 65세 미만의 복합 만성질환자 비율이 9.0%이지만, 만 65세 이상의 노인의 복합 만성질환자 비율은 60.0%로 나타나 나이가 많을수록 복합 만성질환자 비율이 높았다. 만성질환자 중 복합 만성질환자 비율은 전체 54.1%, 남자는 47.5%, 여자는 59.5%로 여자가 더 높았다. 만 65세 미만 만성질환자 중 복합 만성질환자 비율은 38.3%이었고, 만 65세 이상 노인 만성질환자 중 복합 만성질환자 비율은 72.9%로 나이가 많을수록 만성질환자 중 복합 만성질환자 비율이 높게 나타났다.

6) 돌봄이 필요한 경우

한 해 동안 질병이나 손상 등으로 평소에 하던 일(직업, 가사, 학업 등), 사회생활, 여가생활 등을 하는 데 어려움이 있어 돌봄이 필요한 상태인지 아닌지를 조사하였다. 돌봄 필요 영역의 조사범위는 19세 이상 가구원으로 돌봄이 필요하다고 응답한 294명 중 65세 이상인 자는 202명(68.8%), 19세 이상 65세 미만인 자는 92명(31.2%)으로 나타났다.

돌봄이 필요한 이유는 '장애(신체, 정신) 등급 소지'로 16.1%를 차지하였고, '치매'가 13.6%, '목, 등, 허리 척추질환'이 11.9%, '관절염, 류마티스 질환'이 11.6% 순이었다.

돌봄 주 제공자는 배우자가 26.3%로 가장 많이 차지했으며, '노인장기요양보험 재가 서비스 제공자'가 16.4%, 딸이 12.2%, 부모가 11.5%, 아들이 10.0%였다.

7) 민간의료보험 가입 이유

민간의료보험에 가입한 주된 이유 1순위는 '불의의 질병 및 사고로 인한 가계의 경제적 부담을 낮추기 위해서'라고 응답한 자가 전체의 84.2%로 가장 많았으며, 2순위는 '국민건강보험의 서비스 보장이 부족하다고 판단해서'가 39.4%, 3순위는 '고급 의료서비스를 받기 위해서'로 13.5%를 차지하였다.

3. 건강 불평등

건강 불평등은 '건강에 대한 기본권의 침해와 사회적 차별의 결과로 나타나는 불공평한 의료서비스 이용의 산물로서 개인들이나 집단들 간에 나타나는 건강상태의 차이'이다. 건강 불평등은 사회적, 경제적, 인구학적 또는 지리적으로 정의된 인구집단 간 하나 또는 그 이상의 측면에서 건강상의 잠재적으로 치유가능한 체계적 차이의 부재를 의미한다(초의수 외, 2020: 119). 이러한 사회경제적 조건에 따른 건강상의 차이는 반드시 해결해야 할 사회문제이다.

특정 집단에 속하는 사람들이 다른 사람들에 비해 훨씬 더 양호한 건강상태를 누리는 경향이 있다. 이러한 건강 불평등(health inequalities)은 사회경제적 유형과 관련이 있는 것으로 보인다(앤서니 기든스, 2007: 165-166). 인구집단 내에서의 질환, 질병의 발생과 분포를 연구하는 학자는 사회계급, 성, 인종, 나이, 지리적 특성 등과 같은 변수들과 건강과의 관련성을 설명하기 위해 노력해 왔다. 대부분 학자가 건강과 사회적 불평등의 상관관계는 인정하는 반면, 그 관계의 성격이나 건강상의 불평등에 접근하는 방법에는 의견이 갈리고 있다. 논쟁의 주된 영역 중 하나는 개인적 변수(라이프스타일, 문화적 유형 등)와 환경적 혹은 구조적 요인(소득 분포나 빈곤) 중에서 어느 것이 더 중요하냐 하는 것이다.

건강과 계급에 관한 연구에 따르면, 사망이나 질병과 개인의 사회계급 사이에 분명한 상관관계가 존재한다고 한다. 브라운과 보트릴(Browne & Bottrill)의 계급에 기초한 건강상의 주요 불평등을 요약하면 다음과 같다.

- 직업 분류상 최하위에 속하는 비숙련 육체노동자는 정년 전에 사망할 확률이 직업 분류상 최상위에 속하는 전문직 화이트칼라 노동자와 비교하면 두 배나 높다.
- 비숙련 근로자 가족에서 사산하거나 생후 일주일 이내에 사망하는 아이의 숫자는 전문직 근로자 가족과 비교하면 두 배가 많다.
- 전문직의 일원으로 태어나는 사람은 비숙련 육체노동자의 일원으로 태어나는 사람에 비해 평균적으로 7년 정도 더 오래 산다.
- 사망 원인의 약 90%가 다른 계급 집단에서보다 비숙련 노동자계급에서 더 흔히 발견된다.
- 노동자계급에 속하는 사람들이 전문직 종사자들보다 병원을 더 자주 찾고 질병의 범위도 더 넓다. 만성질환을 앓는 사람의 비율은 비숙련 육체노동자들이 전문직 종사자들보다 50% 더 높다.
- 계급에 기초한 건강상의 불평등은 장기 실업자들 사이에서 훨씬 더 크다. 직업이 있는 사람은 그렇지 않은 사람에 비해 더 오래 사는 경향이 있다.

1997년 경제위기 이후 소득 불평등이 악화한 사실은 비교적 잘 알려졌지만, 소득 불평등을 완화하는 것이 건강 불평등 감소를 위해 무엇보다 중요하다는 사실은 그보다 덜 알려져 있다. 노동시장에서의 유연성 강화로 인한 비정규직 노동자 비율 증가와 같이 고용시장에서의 양극화 또한 건강에 직접적인 영향을 미친다. 아울러 최근 점점 증가하고 있는 교육 불평등 또한 그 자체로서 건강에 영향을 미친다는 점에서도 중요한 사회정책의 대상이 되어야 한다. 이처럼 건강이나 건강 불평등에 영향을 미치는 요인들이 멀리 있는 것이 아니라 우리 사회에서 익숙하게 발생하고 있는 일들임을 고려하면 이제는 이러한 악순환의 고리를 끊기 위한 정책적 개입이 필요하다(김동진 외, 2013).

마멋리뷰(the Marmot review)4)는 영국에서 건강 불평등을 줄이기 위해 모든 건강의 사회적 결정요인들에 걸친 활동이 필요한데, 건강 불평등 해소를 위해 여섯 가지 영역에서의 활동을 제안하였다. 모든 아이가 인생의 출발을 최고의 수준에서 시작할 수 있도록 하는 것, 모든 아이와 어른이 자신의 능력을 최대한 활용할 수 있게 하고 그들의 삶을 통제하는 것이 가능하게 하는 것, 모든 사람이 공정한 고용과 좋은 직장에 다닐 수 있도록 하는 것, 모든 사람에게 건강한 삶의 기준을 보장하는 것, 건강과 오랫동안 지속 가능한 지역, 지역사회를 만들고 발전시키는 것, 불건강 예방을 위해 역할과 영향을 강화하는 것 등이다.

마멋리뷰는 건강불평등의 문제를 사회불평등의 결과로 인식하고, 공평성과 사회정의의 문제로 접근해야 함을 강조하였으며, 건강불평등 해소를 위한 주요 정책 목표를 교육, 고용, 지역사회 개발 등 사회적 건강결정요인을 바탕으로 설정하고 있다.

●● 표 1 영국의 6가지 정책목표

정책목표	우선순위	제언
모든 아이가 인생의 출발을 최고의 수준에서 시작할 수 있게 하라	1. 신체적, 정신건강과 인지·언어·사회적 능력을 어렸을 때 발달시킴으로써 불평등을 감소 2. 임산부 서비스, 부모 역할 프로그램, 아동프로그램과 사회적 격차에 영향을 미치는 어린 시절의 교육이 필요 3. 사회적 격차에 영향을 미치는 아동의 회복력과 well-being을 추구	- 어릴 때 투자를 많이 해야 함. - 아이들의 능력이 개발되도록 가족이 지원해야 함. - 어린 시절에 양질의 교육과 보육을 제공해야 함.
모든 아이와 어른이 자신의 능력을 최대한 활용할 수 있게 하고 그들의 삶을 통제하는 것이 가능하게 하라	1. 기술과 자격에서 사회적 격차를 감소 2. 건강, well-being, 유아와 아동의 회복성에서 사회적 격차를 감소시킬 수 있도록 학교, 가정, 지역사회와의 파트너십을 반드시 포함. 3. 사회적 격차에 영향을 미치는 평생학습을 할 수 있도록 하고, 접근성을 향상	- 교육적 결과의 사회격차를 감소시킴. - 생활기능의 사회적 격차를 감소시킴. - 평생학습을 통해 기술을 계속해서 발전시킴.

4) 영국은 건강 불평등 개선을 위한 정책적 접근으로 블랙 보고서(Black report), 애치슨보고서(Acheson report)를 발간하였고, 그 외 건강 불평등 해결을 위한 활동프로그램은 영국 정부의 건강 형평성에 근거한 사업을 평가하고 향후 방향을 제시한 마멋리뷰(the Marmot review)로 설명할 수 있다.

정책목표	우선순위	제언
모든 사람이 공정한 고용과 좋은 직장에 다닐 수 있도록 하라	1. 좋은 직장을 가질 수 있도록 접근성을 향상하고 사회적 격차에 영향을 미치는 장기적인 실업률을 감소 2. 불이익을 당하며 노동시장에서 일하고, 쉬지 않고 일하는 노동자들이 더 쉽게 일할 수 있도록 만들어 줌. 3. 사회적 격차에 영향을 미치는 직장의 질을 향상	- 적극적인 노동시장 프로그램을 우선시함. - 좋은 직장은 다양한 방법(격려, 인센티브 등)으로 발전시킴. - 직장에서 신체적, 화학적 위험요소와 부상을 감소시킴. - 교대 근무 및 근무시간 관련 요인 - 심리·사회적인 직장환경으로 개선함.
모든 사람에게 건강한 삶의 기준을 보장하라	1. 모든 나이의 사람들이 건강한 삶을 유지하기 위한 최소한의 소득을 보장 2. 누진과세와 다른 재정적 정책을 통해 생활 수준의 사회적 격차를 줄임. 3. 임금과 일(근로) 사이의 사람들이 벼랑 끝으로 가는 것을 감소	- 건강한 삶을 위해 최소한의 소득을 보장함. - 실직한 사람들이 '벼랑 끝'으로 가는 것을 감소시키고, 고용의 유연성(융통성, 탄력성)을 향상함. - 조세제도, 수당, 연금, 세금공제 시스템을 검토하고 시행함.
건강과 오랫동안 지속 가능한 지역, 지역사회를 만들고 발전시켜라.	1. 기후변화와 건강 불평등의 영향을 발전 2. 지역 자본을 향상하고 사회격차에 영향을 미치는 사회적 고립5)을 감소	- 건강 불평등과 기후변화 완화에 대한 우선순위 정책과 개입(중재) - 계획(입안), 운송업, 주거, 환경과 건강의 사회적 결정요인을 다루는 건강정책을 통합시킴. - 지역사회를 조성하고 발전시킴.
불건강 예방을 위해 역할과 영향을 강화하라.	1. 건강 불평등과 가장 밀접하게 관련된 상황을 신속히 발견하여 먼저 예방함. 2. 사회격차에 영향을 미치는 불건강을 예방하기 위해 장기적이고 지속 가능한 자금 조달의 가능성을 높임.	- 예방에 대한 투자를 늘림. - 근거에 기반한 불건강의 예방적 중재(개입)를 시행함. - 사회적 격차를 줄이기 위한 개입에 초점을 둔 공중보건

자료: Marmot, M., Atkinson, T., & Bell, J. (2010). Fair society, healthy lives.

....

5) 영국이 고독을 얼마나 중요한 의제로 다루느냐는 2018년 1월 설립된 '외로움부'(Ministry of Loneliness, 고독부)를 통해 확인할 수 있다. 테리사 메이 보수당 정부가 신설한 이 부처는 우울증, 고독, 분노 같은 마음의 질병을 개인 문제가 아닌 사회적 이슈로 인식하겠다는 의지의 표상이다. 이는 곧 개인의 고독과 고립 문제를 정부와 지역사회가 함께 책임지고 해결해가겠다는 것이다. 고독감을 느낀 사람 가운데 38%는 불면증에 시달린 경험이 있으며, 약 3분의 1에 해당하는 사람은 참기 힘들 정도로 외로움을 느낀 적이 있다. 또한 이민자 가운데 58%는 '고독이 새로운 사회에 정착하는 데 가장 큰 시련'이라고 응답했다. 이러한 외로움은 흡연 또는 비만 같은 수준으로 개인 건강에 심각한 영향을 끼칠 수 있으며, 실제로 사망위험과 심혈관질환, 우울감, 인지능력 저하, 치매와도 관련 있는 것으로 나타났다. 고독이 개인 수준의 건강에 미치는 영향은 하루에 담배 15개비를 피우는 것과 같으며, 영국 전체로 따졌을 경우 매년 320억 파운드(약 49조 4천억 원)에 달하는 사회적 비용을 초래하는 결과와 같다고 한다. 영국 정부는 외로움이라는 문제에 적극 개입하면서, 여러 부처의 협업체계를 형성하고, 외로움을 측정·분류하는 기준을 제정하는 데 힘쓰고 있다. 종합대책에 따르면, 사회적 고립에 대처하는 가장 큰 방향은 개개인 사이의 사회관계망을 강화하는 것이다. 특히 생애주기에 따른 외로움을 포착해 고립의 위험이 극대화되는 취약계층을 포용하고 지지할 수 있는 지역사회 건설에 힘을 쏟는다는 비전을 제시하고 있다. 종합대책은 변화하는 사회적 맥락에 따라 통합적이고 연결된 사회관계망을 형성하

우리나라의 제5차 '국민건강증진종합계획'[6] 비전은 모든 사람이 평생 건강을 누리는 사회이다. 즉, 성, 계층, 지역 간 건강 형평성을 확보하고 적용대상을 모든 사람으로 확대하고, 출생부터 노년까지 전 생애주기에 걸친 건강권 보장과 정부를 포함한 사회전체를 포괄하는 것이다. 총괄목표는 건강수명 연장과 건강 형평성[7] 제고이다.

기본원칙

① 국가와 지역사회의 모든 정책 수립에 건강을 우선하여 반영
- 건강의 사회적 결정요인(Social Determinants of Health)을 확인하고, 건강 증진과 지속 가능한 발전을 도모하기 위한 다부처·다분야 참여 추진
- 모든 정책에서 건강을 우선하여 고려(Health in All Policies)하는 제도 도입 지향

② 보편적인 건강 수준의 향상과 건강 형평성 제고를 함께 추진
- 중점과제별로 특히 취약한 집단·계층을 확인하고, 이들에게 편익이 돌아갈 수 있도록 정책목표와 우선순위 설정
- 세부사업 및 성과지표 선정 시 기본적으로 성별 분리지표를 설정하고, 소득·지역 등 건강의 사회적 결정요인에 따른 격차 감소를 고려

③ 모든 생애과정과 생활터에 적용
- 영유아·아동·청소년·성인·노인 등 생애주기별 단계와 학교·군대·직장 등 생활터 내에서 적절한 건강 정책이 투입될 수 있도록 정책 설계

는 일이 중앙정부 단일 차원에서는 불가능하고, 공공과 민간, 비영리 시민단체 같은 다양한 행위자들의 참여가 필수적이라고 말한다(한겨레 21, 영국 정부에는 '외로움부'가 있다, 2021.10.29.).

6) 「국민건강증진법」에 따라 질병 사전 예방 및 건강 증진을 위한 중장기 정책 방향을 제시하고자 2002년부터 10년 단위로 계획을 수립하고 5년마다 보완계획을 마련하여, 현재까지 총 5차례 종합계획을 수립·시행하며 효율적인 운영 및 목표 달성을 위해 모니터링, 평가, 환류하는 사업이다.

7) 건강수명의 소득 간, 지역 간 형평성을 확보하고자 한다. 건강수명은 기대수명에서 질병이나 부상으로 활동하지 못한 기간을 뺀 기간으로 '얼마나 건강하게 오래 사는가'에 초점을 두고 산출한다. 소득수준 상위 20%의 건강수명과 소득수준 하위 20%의 건강수명 격차를 7.6세로 낮춘다. 건강수명 상위 20% 해당 지자체의 건강수명과 하위 20% 해당 지자체의 건강수명의 격차를 2.9세 이하로 낮춘다.

④ 건강 친화적인 환경 구축
- 모든 사람이 자신의 건강과 안녕(well-being)을 위한 잠재력을 최대한 발휘할 수 있는 사회적·물리적·경제적 환경 조성

⑤ 누구나 참여하여 함께 만들고 누릴 기회 보장
- 전문가·공무원뿐만 아니라 일반 국민의 건강정책 의견 수렴 및 주도적 역할 부여

⑥ 관련된 모든 부문이 연계하고 협력
- 지속가능발전목표(SDGs) 등 국제 동향과 국내 분야별·지역별 건강정책과의 연계성 확보, 향후 분야별·지역별 신규 계획 수립 시 지침으로 기능

고소득자–저소득자 건강수명 11년 격차… "건강 불평등 심각"

고소득자가 건강하게 삶을 유지하는 기간은 저소득자보다 11년이나 긴 것으로 분석되는 등 우리나라의 건강 불평등이 여전히 심각한 것으로 나타났다.

보건사회연구원의 보건복지포럼에 실린 '포용복지와 건강정책의 방향' 보고서에 따르면, 우리나라의 건강 불평등은 소득, 사회계급, 학력, 지역 차이에 따라 일관되게 나타나고 있다. 대표적인 건강지표인 '기대수명'과 '건강수명'은 소득계층별, 지역별 격차가 뚜렷했다.

기대수명은 0세의 출생아가 앞으로 생존할 것으로 기대되는 평균 생존 연수이고, 건강수명은 기대수명 중 질병이나 부상으로 고통받은 기간을 제외하고 건강한 삶을 유지한 기간을 의미한다.

2010~2015년 건강보험공단 자료와 2008~2014년 지역사회건강조사 자료 등을 분석한 결과, 소득 상위 20% 인구의 기대수명은 85.1세, 건강수명은 72.2세였고, 소득 하위 20% 인구의 기대수명은 78.6세, 건강수명은 60.9세였다. 고소득층은 저소득층보다 기대수명은 6년, 건강수명은 11년이나 길었다.

지역별로 보면 17개 광역시도 중에서 기대수명이 가장 긴 지역과 가장 짧은 지역의 격차는 2.6년이었고, 건강수명은 격차는 5.3년이었다.

정신건강과 삶의 질의 수준을 보여주는 자살사망에서도 불평등이 드러났다. 2015년 학력에 따른 나이 표준화 자살 사망률을 보면, 65세 미만 남성 인구에서 전문대 졸업 이상의 학력을 가진 이들은 10만 명당 24.5명이 자살했지만, 초등학교 졸업 이하 학력자는 10만 명당 166.7명이 자살했다. 65세 미만 여성 인구에서도 두 집단의 자살률은 10만 명당 12.0명, 97.0명으로 차이가 컸다.

불평등 현상은 각종 질환의 대표적 위험요인 중 하나인 흡연과 고혈압 등 만성질환 등에서도 관찰됐다. 2017년 국민건강통계자료에 따라 소득 상위 20%와 소득 하위 20%를 비교했을 때 양측의 현재 흡연율은 각각 15.9%, 26.0%였고, 우울감 경험률은 각각 9.1%, 17.4%

로 고소득층의 건강관리 수준이 훨씬 높았다.

활동 제한율(현재 건강·신체·정신적 장애로 활동에 제한을 받는 인구 비율)은 각각 3.3%, 9.6%, 당뇨병 유병률은 8.5%, 14.5%로 역시 격차가 컸다.

시민건강연구소 건강 형평성연구센터장은 "다양한 건강 결과와 건강 행동에서 사회적 불평등이 뚜렷이 관찰되는데 이는 의료보장 강화만으로는 해결할 수 없다"라며 "건강보험 보장성 강화 정책을 통해 의료에서 경제적 부담이 크게 줄어들 것으로 예상하지만, 의료급여 수급자 선정의 까다로운 기준, 노동시장 불평등, 주거 불안정, 전통적 가족 해체로 인한 건강보험 장기 체납 문제 등 이슈는 여전히 남아있다"라고 지적했다.

출처: 동아사이언스, 2020. 1. 15.

건강 불평등은 피할 수 없는 문제? 노! 정부가 불평등 해소 정책 추진하면 ↓

한겨레경제사회연구원과 〈한겨레〉는 최근 마이클 마멋(Marmot) 유니버시티 칼리지 런던 역학 및 공중보건학 교수와 김창엽 시민건강증진연구소장을 초청해 대담을 열었다. 마멋(Marmot) 교수는 건강 불평등 분야에서 세계 최고의 권위를 가진 석학으로 2005년부터 세계보건기구(WHO) '건강의 사회적 결정요인 위원회' 위원장과 세계의사협회 회장 등을 지냈다. 국내에서는 〈건강 격차〉의 저자로 널리 알려졌다. 김창엽 소장 또한 서울대 보건대학원 교수로서 건강과 보건의료 불평등 현황을 진단하고 그 해결책을 모색하는 연구와 실천을 꾸준히 해온 대표적인 학자로 명성이 높다.

이들은 대담에서 "건강 불평등은 피할 수 없는 구조적인 문제가 아니며, 사회통합을 해치는 불평등 현상으로, 사회적인 해결 노력이 필요하고 해결 또한 가능하다"라고 강조했다. 마멋(Marmot) 교수는 "제프 베조스, 빌 게이츠, 워런 버핏 등 세계 최고의 부자 세 사람이 미국의 소득 하위 50%에 속하는 1억 6천만 명보다도 더 많은 재산을 소유하고 있다는 게 말이 되지 않는다"라며 "모두가 중요하게 여기는 가치인 건강에 있어서 형평성을 주장하는 것은 급진적인 논리가 아니다"라고 지적했다. 김 소장은 특히 한국 상황을 언급하며 "한국에서는 경제적 불평등이 경제발전에는 오히려 도움이 된다는 주장이 있는 데다, 대기업이 성장하면 결국 모든 사람에게 도움이 된다는 '낙수효과' 주장도 여전히 강하다"고 진단했다.

마멋(Marmot) 교수와 김 소장의 대담 요약이다.

김창엽(이하 김): 한국에서 불평등이 사회적 관심사가 된 것은 1990년대 말 외환위기 이후, 그 가운데에서도 건강 불평등은 2000년대 초반인 것 같다. 하지만 사회 불평등과 건강 불평등은 정치·사회·경제적으로 시급한 과제로 인정되지 않는 분위기다. 이런 상황에서 불평등 전반과 건강 불평등 문제를 심각하게 받아들여야 하는 이유는 우선 도덕적 차원 또는 가치의 문제로, 불평등이 '정의'에 어긋난다는 것이다. 건강에 대해서는 이런 측면이 더 강하다. 또 한 가지 차원은 사회적·정치적 차원이다. 불평등이 심하면 사회는 나뉘고 갈등이 심해지며 통합성이 약화한다. 국제통화기금(IMF)도 심각한 불평등이 경제발전을 저해한다고 할 정도다.

마멋(Marmot): 먼저 모든 사람이 건강에 가치를 부여하는 것은 당연하다. 물론 어떤 경우에도 개인 사이의 건강은 차이가 날 것이다. '유전자 로또'라는 말이 있듯 누군가는 장수하고 누군가는 조기 사망을 맞을 수 있다. 하지만 사람들이 건강이 중요한 가치로 여기는 사회에서 어떤 사회적 특성에 따라 집단 사이에 건강 격차가 발생하고, 이것이 적절한 조처를 통해 피할 수 있는 격차라면 이것은 공정하지 않다. 왜 불평등이 중요한지는 사람들이 그런 격차에 대해 '옳지 않다'라고 생각하기 때문에 문제가 된다. 부유한 부모에게서 태어난 아이와 가난한 부모에게서 태어난 아이의 생애 기회가 달라지는 것은 옳지 않다는 것이다.

김: 세계보건기구의 건강 불평등 보고서에서 제시한 최종 제안 세 가지 중 하나는 건강 불평등을 해소하기 위해서 권력, 돈, 자원의 재분배가 필요하다는 제안이었다. 사실 개인적으로는 세계보건기구가 이런 종류의 제안을 할 것으로 생각하지 못했기 때문에 깜짝 놀랐다. 국제기구 기준에서 이런 종류의 통상적이지 않으며 어떻게 보면 정치적으로 조금 위험할 수도 있는 제안을 하는 부담은 없었는지 궁금하다. 이 질문을 하는 이유는, 한국에서는 아직도 건강 불평등 논의를 '편향된' 이념으로 생각하는 경향이 있기 때문이다.

마멋(Marmot): 나는 스스로 그다지 정치적이지 않은 사람이라고 생각한다. 세계보건기구 보고서가 권력과 돈과 자원의 불평등을 이야기하는 일은 흔히 있는 것은 아니지만, 누군가를 놀라게 하려고 작정하고 한 제안이 아니며 그저 명백한 '근거'가 있었기 때문이다. 건강 불평등에 대한 가능한 모든 근거를 수집했고, 그랬더니 건강 불평등의 근본 원인이 권력, 돈, 자원의 불평등으로 나타났다. 그래서 이를 해결해야 한다고 제안했을 뿐, 다른 수가 없었다.

김: 건강 또는 건강 불평등은 여러 사회 불평등, 예를 들어 가난이나 비정규직 노동 같은 불리한 조건이 사람들의 몸과 마음에 '체화'된 것 같다. 한국의 비정규직 노동이 좋은 예인데, '동일노동 동일임금'이 보장되면 비정규직 문제가 해결된다는 주장이 있다. 하지만 연구 결과에서는 소득수준이 같아도 비정규직이 정규직보다 건강이 나쁘다. 비정규직 노동은 소득 이외에도 고용 불안정, 자기 효능감, 자기 존중, 불확실성 등 건강에 해로운 여러 위험요인을 같이 갖고 있다는 뜻이다. 영국에서 사회적 불평등이 몸으로 나타나 건강 불평등으로 포착된 다른 예를 들어줄 수 있는지?

마멋(Marmot): 오랜 기간 관찰한 영국 공무원들을 대상으로 한 연구인데, 내가 책임을 졌다. 비슷한 환경에서 일하는 공무원들의 건강이 대체로 비슷할 것으로 생각하기 쉽지만, 막상 연구를 해보니 사회적 위계에 따라 건강에 상당히 차이가 난다는 것을 확인했다. 직위가 높을수록 건강 수준이 좋고, 평균수명도 길었다. 건강 불평등은 가장 빈곤한 계층, 즉 가장 나쁜 환경에 있는 사람만의 문제가 아니라는 것이다. 이런 결과는 중산층이라도 전체 불평등이 줄어들면 더 건강해질 수 있다는 것을 의미한다.

김: 건강의 '사회적 결정요인'이라는 말을 짚고 넘어가는 것이 좋겠다. 건강은 유전 등 타고난 것과 같은 요소 이외에도 소득, 교육 수준, 노동조건, 고용, 주거 등 여러 사회적 요인의 영향을 받는다. 쉽게 말해 가난이 대표적인 사회적 결정요인이라 하겠다. 그런데 사람들은 음주와 흡연 등 개인의 건강 행태나 건강식품, 명의, 명품 의료, 고급 건강진단에는 관심이 많지만, 가난에 따른 건강의 구조적 문제에는 소홀하다.

우리 정부가 10년 전부터 공식적으로는 건강 불평등 해소를 정책목표에 포함했지만, 실제 시행되는 정책은 그리 많지 않다. 다른 나라는 정부가 먼저 나서서 적극적인 의지를 보이고 정책을 주도했다고 하는데 그런 정부의 동기는 무엇인가?

마멋(Marmot): 브라질에서는 노동당이 집권하면서 룰라 정권의 의지가 가장 중요하게 작동했던 것 같다. 룰라 대통령은 개인적으로 건강 불평등 문제에 큰 관심이 있었다. 가난한 사람들이 건강하지 못한 것이 단지 충분히 의료서비스를 이용하지 못하는 것이 문제가 아니라 더 근본적인 원인이 있다고 생각했다.

슬로베니아에서는 사회민주주의의 전통이 강하게 작용한 것으로 생각한다. 체코를 비롯한 남동부 유럽 국가도 가능성이 있는 나라들이다. 이런 나라들은 대체로 불평등에 큰 관심이 있지만 무엇을 해야 하는지 아이디어가 부족한 상황이고 그래서 좀 더 적극적으로 외부의 자극이나 제안을 수용하는 것으로 보인다.

미국도 변화가 있다. 대만에서 우연히 미국 관료 한 사람을 만났는데, 그는 세계보건기구의 건강 불평등위원회나 보고서에 대해 전혀 들은 적이 없었는데, 그렇지만 중요한 보건 문제라며 건강의 '사회적 결정요인'을 말했다. 캘리포니아같이 진보적인 주도 아니고 공화당을 지지하는 주에서 온 보건 담당자가 우리가 주장하는 용어를 사용해 설명한다.

김: 최근 영국에서 나오는 유명 의학 학술지인 〈랜싯〉에 2030년이 되면 한국 남성과 여성이 모두 세계에서 가장 긴 건강수명을 누리게 된다는 논문이 실렸다. 이는 한국 사회와 보건이 '성공'한 증거이기도 하지만 그것이 전부인 것 같지는 않다. 주관적 건강상태는 경제협력개발기구(OECD) 평균 이하이고 자살률은 세계 최고 수준이다. 일상의 삶도 어려움이 많고 사회적 불평등과 건강 불평등이 심해지는 것을 걱정하는 목소리도 점점 더 강해진다. 어떻게 보면 이런 역설 및 모순적 상황에서 한국의 독자들에게 전하고 싶은 메시지는 무엇인가?

마멋(Marmot): 한국의 사회 및 경제발전은 하나의 기적이라고 해야 할 것이다. 가난한 나라에서 부유한 나라로, 아픈 나라에서 건강한 나라로 이렇게 짧은 기간 동안 성취한 바에 대해 자랑스러워할 만하며, 건강수명의 증가 역시 경탄할 만하다. 하지만 경제와 건강수명이 성공의 잣대였다면 앞으로 무엇을 성공의 기준으로 삼을 것인지, 어떤 사회를 만들어나갈 것인지 정해야 한다. 미래에는 경제발전이 아니라 사람들의 사회적 필요를 충족하는지, 삶의 질은 어떤지를 성공과 성취의 기준으로 삼아야 할지도 모른다.

출처: 한겨레, 2017. 12. 7.

질병 그 자체의 성격과 규모가 변화하고 있다(앤서니 기든스, 2007: 177). 과거에는 질병이란 결핵, 콜레라, 말라리아, 소아마비 등과 같은 전염성 질환이었다. 이러한 질병은 인구 전체를 위협하기도 했다. 산업화한 사회에서는 급성 전염병들이 원인이 되어 사망하는 경우는 극히 드물다. 선진 산업 사회에서 가장 흔한 사망 원인은 암, 심장병, 당뇨, 순환계 질병 등과 같은 비전염성 만성 질환들이다. 이러한 변화를 일컬어 건강 이행(health transition)이라 한다. 전근대 사회에서는 영유아들 사이에서 사망률이 가장 높았지만, 오늘날에는 나이가 많을수록 사망률도 증가한다. 사람들이 더 오래 살게 되었고 만성 퇴행성 질환으로 고생하는 사람이 압도적으로 많아졌기 때문에 보건에 대한 새로운 접근 방식이 요구된다. 또한, 흡연, 운동과 다이어트 등과 같은 만성질환의 발병에 영향을 미친다고 간주하는 '라이프스타일 선택'이 점점 더 많이 강조되고 있다.

질병에 따른 사회적 손실은 막대하다(이준영, 2008: 193–194). 병에 걸린 환자 본인이 고통을 겪는 것은 물론이고 질병으로 소득이 결손나고 치료에 큰 비용이 소요되기 때문에 가족들의 고통도 따르게 마련이다. 질병의 사회적 손실은 여기에서 멈추지 않는다. 근로자의 질병으로 초래되는 생산의 차질은 경제성장에 상당히 부정적인 영향을 줄 것이다. 질병이라는 위험은 매우 불확실한 위험이다. 대부분 사람이 언제 어떤 병에 걸리게 될지 알 수 없다. 현실적으로 많은 수의 사람들은 자신들의 질병을 알지 못한 채 살아가고 있다.

질병의 치료에 대비하는 것이 의료보장이다. 개인 각자가 저축하였다가 필요한 경우 치료받고 비용을 지급하는 방식이 있지만, 질병의 종류에 따라 큰 비용이 들 수도 있다. 특히, 소득이 낮아서 충분한 저축이 가능하지 않은 사람들이 있을 수 있다. 의료보장의 방법으로서 의료보험은 강제가입 및 현물급여 방식의 사회보험의 원리를 적용하여 가장 효과적으로 대응할 수 있다.

국민건강보험은 질병, 부상이라는 불확실한 위험의 발생과 분만, 사망 등으로 인해 개별가계가 일시적으로 과다한 의료비를 지출함에 따라 겪게 되는 경제적 어려움을 덜어주고 국민건강을 향상하기 위한 사회보장제도로서 보험원리를 이용하여 보험가입자 전원에게 소득과 재산에 따라 매겨지는 보험료를 갹출하여 보험급여를 해주는 의료보장제도이다.

    국민건강보험은 법률에 따른 강제가입을 원칙으로 하고 있다. 보험 가입을 피하면 국민 상호 간 위험부담을 통하여 의료비를 공동으로 해결하고자 하는 건강보험 제도의 목적을 실현하기 어렵기 때문이다. 질병 위험이 큰 사람만 역[8])으로 보험에 가입할 경우 보험재정의 문제로 원활한 건강보험 운영이 불가능하게 된다.

---

8) 시장에 참가한 거래당사자 간에 쌍방이 같은 양의 정보를 가지기보다는 어느 한쪽이 더 많은 정보를 가지기 쉽다는 것이 정보의 비대칭성이다. 원칙적으로 시장에서의 공정한 경쟁과 교환이 이루어지기 위해서는 교환하려는 쌍방이 같은 정보를 가지고 있어야 한다. 하지만 상당히 많은 경우에 어느 한쪽이 더 많은 정보를 갖기 쉽고, 이 경우 정보가 적은 사람이 손해를 볼 수밖에 없다. 역선택은 보험가입자와 보험회사 간의 정보의 비대칭성 (보험가입자는 자신의 위험도에 대해 자세한 정보를 가지고 있지만, 그에 반해 보험회사 는 보험가입자에 관해 낮은 수준의 정보를 가지고 있는 경우)으로 인해 민간보험시장에서 바람직하지 않은 결과가 초래되는 현상을 의미한다. 예를 들어 질병 발생 확률이 높은 사람이 보험에 가입하여 더욱 많은 급여를 수급함으로써 보험회사와 질병 발생 확률이 낮은 사람에게 손해를 끼치는 경우를 생각해 볼 수 있다. 질병 발생 확률이 높은 사람의 경우 의료비용이 많이 발생하고 이로 인해 보험회사는 보험료를 인상하게 되고 건강한 사람의 경우에는 실제 부담해야 하는 것보다 많은 보험료를 부담하게 되어 보험 가입을 피하거나 보험료가 낮은 보험회사를 찾게 되는 경우가 발생할 수 있다. 이런 경우 민간보험시장에 서 질병 발생 확률이 높은 사람들의 가입률은 높아지고 질병 발생 확률이 낮은 건강한 사 람들의 가입률은 낮아지는 현상이 발생할 수 있다. 이러한 정보의 비대칭성과 역선택이라 는 시장 실패 현상 때문에 국가가 운영하는 사회보험의 필요성이 제기된다.

생각해보기

1	의료민영화를 주제로 논의해보자.

_____

_____

_____

_____

민영화는 정부에서 공급하던 재화나 서비스를 민간기업에 매각하거나 위탁하는 것이다.

의료민영화를 찬성하는 측에서는 의료서비스의 질 향상, 의료 관련 일자리 창출, 의료산업의 발전, 경제성장에 이바지한다고 주장한다. 의료민영화를 반대하는 측에서는 병원 간 과도한 경쟁, 의료비가 굉장히 비싸질 수 있고, 가난한 사람들은 기본적 의료서비스를 받지 못할 수 있다고 주장한다.

2	만성질환을 앓고 살아가는 사람들의 삶의 경험에 관해 생각해보자.

_____

_____

_____

_____

만성질환을 앓고 있는 사람들은 일상적 삶의 절차들이 바뀌게 된다. 투석, 인슐린 주사, 혹은 다량의 약물 복용 등은 개인들에게 자기 삶의 스케줄을 투병 생활에 맞게 조정할 것을 요구한다. 만성질환을 앓고 있는 사람들은 그저 흔한 일상적 관례에 불과한 사회적 상호작용들도 위험이나 불확실성을 띤 것이 되곤 한다. 질병은 사람들의 시간, 정력, 체력, 정서적 능력에 막대한 소모를 초래할 수 있다.

> **3** 사회적 결속력은 건강 증진의 열쇠인지 논의해보자.

_____

_____

_____

_____

뒤르켐은 한 문화 내에 존재하는 연대의 정도와 유형을 그 문화의 가장 결정적인 특성 중 하나로 간주했다. 예를 들어 자살 연구에서 그는 사회에 잘 통합된 개인이나 집단은 그렇지 않은 경우보다 자살할 확률이 낮다는 것을 발견했다.

리처드 윌킨슨은 〈건강하지 못한 사회: 불평등이라는 질병(1996)〉에서 세계에서 가장 건강한 사회는 물질적 부가 가장 많은 사회가 아니라 소득이 가장 평등하게 분배되고 사회적 통합의 수준이 가장 높은 사회라고 주장했다. 윌킨슨에 따르면 높은 수준의 국부가 반드시 전 국민의 건강 증진으로 이어지지는 않는다. 소득분배 유형 사이에 명백한 상관관계가 있음을 발견했다. 세계에서 가장 소득분배가 평등하다고 생각되는 나라 중 하나인 스웨덴 같은 나라의 국민은 빈부 격차가 큰 미국 같은 나라의 국민과 비교하면 평균적으로 더 양호한 수준을 누리고 있다. 윌킨슨의 관점에 따르면, 소득분배상의 격차가 커지면 커질수록 사회적 결속이 약화하며, 사람들이 위험과 도전에 대처하기가 점점 더 어려워진다고 한다. 사회적 고립의 고조와 스트레스 해소의 실패는 건강지표에 그대로 반영된다. 사회적 접촉의 강도, 공동체 내부의 유대, 사회적 지지의 확보 가능성, 안정감 같은 사회적 요인들이 사회의 상대적 건강을 결정하는 주요 인자들이라고 윌킨슨은 주장한다(앤서니 기든스, 2007: 170).

1. 세계화의 의미

세계는 자본, 생산, 경영, 시장, 노동, 정보, 기술이 국경을 초월하여 조직되고 있는 지구촌 경제 시대를 맞이하였다(서용석 외, 2012: 15). 국민국가[1])가 여전히 경제의 주요 행위자로 남아 있는 것은 분명하지만 기업가, 노동자, 농민 등 다양한 경제 행위자들이 한 나라의 경제를 뛰어넘어 전 세계적으로 경쟁하면서 자본시장, 생산시장, 노동시장에서의 국경 개념이 사라지고 있다.

사회학자들은 전 지구적 사회적 관계와 상호의존성을 심화시키는 이러한 과정을 지칭하기 위하여 세계화라는 용어를 사용한다(앤서니 기든스, 2007: 69). 세계화는 세계가 보는 방식과 우리가 세계를 보는 방식을 변화시키고 있다. 전 지구적 외형을 선택함으로써, 우리는 다른 사회의 사람들과 연계되어 있다는 것을 더 잘 알게 된다. 전 지구적 관점에서 다른 사회와의 연계가 더 증가한다는 것은 우리의 행동이 다른 사람들에게 영향을 미치고 세계의 문제가 우리에게 영향을 미친다는 사실이다.

세계화는 우리가 모두 한층 더 하나의 세계에 살게 되고, 그래서 개인들,

---

1) 단일국가의 형태를 가지며 통일된 법과 정부체계를 갖춘다. 일정한 영토와 그곳에 사는 사람들로 구성된 독립된 정치조직이다.

집단들과 국가들이 점점 더 상호의존하게 된다는 사실을 지칭한다. 경제가 세계화의 핵심적인 부분이지만, 경제가 세계화를 낳는다고 주장하는 것은 오류이다. 세계화는 정치적, 사회적, 문화적, 경제적 요소들이 함께 등장함으로써 만들어졌다. 무엇보다도 세계화는 전 세계 사람들 간의 상호작용 속도와 범위를 확대하는 정보와 통신 기술의 발달 때문에 촉진되었다. 우리나라에서 열렸던 월드컵을 생각해보면 전 지구적인 TV 망 때문에 일부 경기는 전 세계 20억 인구 이상이 시청하였다. 인터넷과 핸드폰이 광범위하게 사용되면서, 세계화 과정이 심화하고 가속화되고 있다. 점점 더 많은 사람이 이러한 기술을 사용하면서 서로 연결되었고, 이전에 고립되었거나 전통적인 통신에 도움을 크게 받지 못한 지역도 서로 연결되었다.

세계화는 지리적으로 국가 단위의 경제활동 경계가 무너지고 각 경제활동 주체들이 전 지구적 차원에서 상호의존과 통합과정에 포섭되는 과정이며, 그로 인하여 경제적 영역은 물론 정치, 사회, 문화 모든 영역에서 인간의 생활이 질적으로 변화되어가는 일련의 과정이다.

2008년 미국발 금융위기

2000년대 초 미국 정부는 닷컴 버블(Dot-com bubble, IT 버블) 붕괴, 9·11 테러 등으로 악화하고 있는 경기를 부양하기 위해 초저금리 정책을 펼쳤다. 대출 이자가 낮으니 통화량이 증가했고 부동산 시장 활성화로 주택가격도 폭등하자 돈을 빌려줘도 부동산으로 갚을 수 있다고 생각한 금융기관들이 저소득층에게도 대출을 시작하였다.

저소득층들은 주택담보대출인 서브프라임 모기지론(Subprime Mortgage Loan, 신용도 기준 Prime→Alternative A→Subprime)을 융자받아 부동산을 구매하였고, 대출 은행들은 이러한 주택담보대출 자산을 기초자산으로 증권을 발행하여 리먼브라더스와 같은 투자 은행에게 판매하였고, 투자 은행들은 다시 이러한 증권을 기초자산으로 파생상품을 만들어 전 세계 투자자에게 판매하였다.

하지만 2004년 미국 정부가 달러화 가치 하락과 인플레이션 압력에 대응하기 위해 금리 인상 정책을 단행했고, 이자 부담이 커진 저소득층은 부동산 가격 폭락과 거래 실종으로 인해 원금과 이자를 갚지 못하여 파산하기 시작하였다. 이처럼 부동산 거품이 붕괴하자 서브프라임 모기지론을 배경으로 만들어진 증권(MBS, Mortgage backed Securities)과 파생상품(CDO, Collateralized Debt Obligation)에 투자한 대출 은행, 투자 은행, 투자자들이 자금을 회수하지 못해 줄줄이 파산하게 되었다.

리먼브라더스, 메릴린치 등 투자 은행들의 파산은 전 세계에 영향을 끼치게 되어 글로벌 금융위기가 발생하였다. 이로 인해 국내외 금융기관으로부터 자금을 공급받지 못한 기업들이 어려움을 겪게 되어 재화와 서비스의 생산, 판매, 소비 활동 등 실물경제가 급격하게 위축되면서 1929년의 세계 경제 대공황에 버금가는 세계적 수준의 경제 혼란과 경기 침체를 초래하였다.

2008년 서브프라임 모기지론으로 촉발된 미국발(發) 글로벌 금융위기는 우리나라 경제에 상당한 영향을 끼쳤다. 당시 우리나라의 금융기관들은 리먼브라더스와 메릴린치 관련 각각 7억 2천만 달러 수준, AIG(American International Group Inc.) 관련 국내 보험계약자의 자산 등을 보유하고 있고, 동북아 금융허브 추진전략에 따라 2005년 설립된 한국투자공사(KIC, Korea Investment Corporation)도 메릴린치에 20억 달러를 투자하였다가 2008년 10월 메릴린치가 뱅크오브아메리카(BOA, Bank of America)에 인수되면서 주가가 추락하여 투자금의 절반을 잃는 등 큰 손실을 본 것으로 알려졌다.

출처: 국가기록원

2. 세계화의 원인

세계화를 급진전시킨 요인들은 동유럽 사회주의권의 몰락과 신자유주의의 확산, 과학기술의 발달, 경제 제도의 급격한 변화와 상호의존성의 증대, WTO 체제의 영향 등이 있다(이철우a, 2007: 434-436).

첫째, 동유럽 사회주의권의 몰락과 신자유주의[2]의 확산이다. 동유럽 국가들의 몰락으로 자본주의 체제가 확립되고, 1970년대 이후 생겨난 신자유주의적 질서가 그것을 뒷받침하면서 세계화는 빠르게 추진되었다. 신자유주의 이데올로기는 사회주의권 국가들이 경제개혁과 대외개방을 촉진하는 요인으로 작용하였다. 신자유주의는 모든 경제활동에 대한 국가간섭 철폐를 주장하는 것으로, 자유

---

2) 신자유주의(Neo-Liberalism)는 국가의 개입이 최소화되고, 개인의 자유가 중심이 된 사회체제를 지향하는 사상이다. 1970년대 초 선진 자본주의 경제체제의 위기 이후, 사회민주주의에 대한 정당성이 약화하고, 복지국가 위기의 현상으로 국가재정의 적자 누적, 경제성장의 둔화 등이 나타나면서 새롭게 영향력을 얻게 되었다.

경쟁의 실현과 이윤의 극대화 추구, 시장원리의 준수, 공기업의 민영화, 정부 기구 및 기업의 구조조정, 사회복지 부문에서의 공공예산 삭감 등을 토대로 한다.

둘째, 과학기술의 발달이다. 교통·통신의 발달을 통해 전 세계 사람들과 언제든지 교류를 가능하게 만들었다. 특히 컴퓨터와 정보통신기술의 발달로 초고속통신망이 세계 곳곳에 거미줄처럼 깔림에 따라 한 나라의 경제활동이 전자조직망 상거래를 통해 세계적으로 확장되어 나가고 있다. 정보통신기술의 혁명이 세계시장의 통합을 촉진하고 세계화의 확대를 가속하고 있다. 따라서 교통 및 정보통신기술의 발달로 전통적 산업사회와 구별되는 후기산업사회, 지식 정보화 시대로의 변화가 일어난 것이다.

셋째, 경제 제도의 급격한 변화와 상호의존성의 증대다. 국경을 초월하는 강력한 무역과 생산의 흐름으로 인해 새로운 지구적 경제 질서가 형성되고 있다. 전 세계의 다양한 상품이 국경 없이 넘나드는 지구적 생산체제가 만들어지고 소비 유형의 동질화, 표준화가 이루어지고 있다. 전 지구적 금융시장의 통합, 즉 금융의 세계화, 전자화폐 등이 지구적 자본주의를 확산시키고 있다.

넷째, WTO 체제의 영향이다. 1986년 7월에 추진되어 1993년 12월 우루과이라운드 다자간 무역협정이 타결됨에 따라, 1994년에 출범한 WTO 협정은 상품뿐만이 아니라 서비스, 자본, 무역 관련 투자 등 광범위한 분야에 걸쳐 인위적인 제한조치를 철폐하거나 완화함으로써 무역과 자본의 세계적 자유화를 획기적으로 확대했다. 이처럼 상품, 서비스, 자본 등이 WTO 협정에 따라 다른 나라의 국경을 마음대로 넘나들게 됨으로써 경제적 의미의 국경이 소멸하였다. 즉, WTO 협정은 상품이 국내시장처럼 다른 나라의 국경을 규제받지 않고 자유롭게 넘나들 수 있게 하였다. 이러한 체제의 출범으로 경제적 의미의 국경이 사실상 붕괴하였다.

3. 세계화의 영향

세계화의 영향은 긍정적인 측면과 부정적인 측면을 모두 가지고 있다. 여기서는 세계화의 부정적인 측면의 문제점을 알아보고자 한다(서용석 외, 2012: 18 – 23).

1) 국가 자율성의 약화와 시장 자율성의 강화

'세계화'라는 전함을 이끄는 것은 신자유주의이다. 신자유주의 견해에서는 세계화가 경제적 비효율성과 정치적 억압의 근원이었던 국가주의를 종식하고 시민사회를 해방할 것이라고 주장한다. 세계화는 보호 지대와 기득권의 온상이 되어 온 국경의 장벽을 해체함으로써 국경의 보호 속에 독점적 기득권을 누려 온 집단의 영향력을 약화하고 개인의 자유로운 선택권을 증대시킬 것이라고 주장한다. 그러나 세계화 물결은 개인의 선택권을 확대하는 긍정적인 결과와 더불어 사회적 불평등을 심화시키는 부정적인 결과를 초래하고 있다.

국민국가는 주어진 영토에 기반을 두고 오랫동안 시민들의 자유와 복지를 보장하였다. 국민국가는 국가를 구성하고 있는 사람들의 경제적 복지, 신체적 안전, 문화적 정체성의 보장을 통하여 국가의 보편성과 정통성을 획득하고 유지해 왔다. 그러나 이러한 역할은 주어진 영토 내에서 인적, 물적 자원을 통제할 수 있는 강제적 수단을 독점하고 있을 때만 가능한 것이었다.

그러나 세계화 시대에는 다국적 기업, 주식중개인, 국제통화, 증권과 같은 글로벌한 행위자의 등장으로 생산과 투자 결정이 국가와 국민 통제 밖에서 이루어지는 경우가 적지 않다. 이러한 세계화 과정에서 초래되는 심각한 문제는 글로벌 행위자들이 국가와 국민에 대한 책임은 지지 않으면서 국민의 경제적 복지에 영향을 주는 생산과 투자에 관한 결정을 한다는 점이다. 또한, 세계화 시대의 경쟁은 국가 단위로 승자와 패자가 결정되는 것이 아니라 지역, 부문, 산업, 기업 단위로 승자와 패자가 결정되기 때문에 세계화의 물결은 지역 간, 부문 간, 사회집단 간의 불평등을 더욱 강화하는 결과를 초래한다.

세계화 때문에 불평등을 해소할 수 있어야 할 국가의 능력이 더욱 축소될 수밖에 없는 현실이다. 결국, 세계화는 국가 주권을 약화했고 시장의 힘을 강화했지만, 그에 비례해서 사회적 불평등을 심화시키는 결과를 초래했다.

2) 자본의 강화와 노동의 약화

전후 유럽의 민주국가들은 복지국가로의 전환을 통해서 자본주의의 경제적 불평등과 민주주의의 정치적 평등 사이의 타협점을 찾았다. 복지국가는 공공부조, 노령연금, 건강보험, 실업보험, 가족수당, 무상교육 등의 복지를 사회적 임금의 형태로 노동자들에게 제공함으로써 노동자들의 시장의존도를 감소시켰고, 그 결과 자본주의 시장으로부터 노동자들을 보호하면서 노동자들의 자본주의에 대한 저항을 약화했다. 시장의 횡포를 묵인하는 시장 민주주의와는 달리 복지 민주주의는 국가의 적극적인 개입을 통해 계급 갈등을 체제내화하게 된다. 그 결과 노동자들은 민주주의(투표권)를 자본주의를 폐지하기 위한 수단으로 이용하지 않고, 자본가들은 그들의 경제적 지배를 유지하기 위해서 권위주의를 불러들이지 않겠다는 상호 간의 타협이 가능케 된 것이다.

그러나 세계화의 물결은 이러한 사회민주주의적인 계급 타협의 기초를 붕괴시키고 있다. 신자유주의적 세계화의 이데올로기가 전 세계적으로 확산함에 따라 기존의 사회민주주의[3]를 채택해 왔던 유럽 대륙의 복지국가도 축소의 위기에 직면하고 있다. 이제 상품, 서비스, 노동 모두가 국제경쟁에 노출됨으로써 국경 내에서 국가가 탈상품화[4]정책을 통해 시장의 횡포로부터 노동자들에게 사회안전망을 제공해준다는 사회민주주의적 대안이 갈수록 유효하지 않게 된 것이다.

사회민주주의적 계급 타협은 조합주의적인 중앙집중식 노사협상 제도에 기초하고 있었다. 그러나 중앙집중식 노사협상 제도는 노동시장의 국경이 전제되

---

3) 스칸디나비아반도(북유럽)의 사회민주주의 국가는 모든 시민을 대상으로 한 평등한 급여와 서비스를 국가의 일반재정을 사용하여 제공함으로써 보편주의·연대주의적 사회복지정책을 발전시켜 왔다. 정부의 일반재정을 사용한 프로그램이 많으므로 높은 수준의 재분배를 달성할 수 있었으며, 성장과 분배를 성공적으로 조화시켜온 것으로 평가되고 있다, 시장이 초래하는 불평등한 결과로부터 평등하고 완전한 고용을 위해 적극적 노동 시장정책과 보편주의적 복지제도를 시행한다.

4) 탈상품화(de-commodification)는 노동자가 자신의 노동력을 상품으로 시장에 내다 팔지 않고도 살 수 있는 정도이다. 즉, 자신이 노동시장에서 일할 수 없는 여러 가지 상황에 처했을 때 국가가 어느 정도 수준의 급여를 제공해주는가의 정도를 의미한다. 탈상품화가 높을수록 복지선진국을 의미한다.

어야 가능한 것이었다. 국경의 경계 내에 갇힌 노동자들을 중앙집권화된 노조가 독점적으로 대표하여 자본가와 대등한 위치에서 노동자들의 이익 실현을 위한 협상을 전개할 수 있었다. 그러나 세계화로 인해 일국의 노동시장이 무너진 상황에서 중앙집권적 노조가 자본가와 대등한 위치를 유지하기는 점점 더 어려워지고 있다. 노동을 포함한 모든 상품이 국제적으로 교역되면서 노조는 독점적 노동 공급자의 힘을 빌려서 임금을 결정할 수 있는 능력을 상실할 수밖에 없게 되었기 때문이다. 또한, 각 국가는 기업조직의 유연성과 자본 자율성을 증대시키기 위하여 중앙집권적인 단체교섭 구조를 산업과 기업 단위로 분산시킴으로써 노동조합의 교섭력을 약화하는 조치들을 단행하였다.

결국, 세계화로 인하여 자본가들이 노동력을 어디서나 쉽게 구할 수 있고, 자본을 언제 어느 곳으로나 이동시킬 수 있는 상황에서 임금노동자에 대한 자본가들의 협상 능력은 강화될 수밖에 없는 것이다.

3) 성장강화와 분배 약화

세계화로 인한 국가 간 소득 격차의 증가는 국가들 내 소득불평등의 증가를 수반한다. 소득불평등의 심화는 기업의 이윤 증가와 임금생활자의 임금하락을 동반한다. 숙련노동자와 미숙련노동자 간 소득 격차가 일반적으로 확대되고 있다. 세계화가 진행되면서 임금생활자들은 실업, 소득 불안정, 기업합병과 도산에 따른 직업 불안정, 소득불평등 등에 시달리고 있다. 이러한 경향은 신자유주의 정책이 노동은 약화하고 자본은 강화한 결과이다.

지난 2차 세계대전 이후 30여 년 동안 케인주의 의견일치는 산업화한 국가들에서 특별한 도전 없이 유지되었다. 모든 주요 정당들이 주요 목표로서 완전고용을 채택하였고 그것을 이루기 위한 직접적인 재정 및 통화정책을 수용하였다. 1950~1970년대는 완만한 인플레이션으로 상대적으로 낮은 실업률과 높은 경제성장을 유지한 기간으로써 '복지황금기'로 불렸다.

그러나 자본과 노동의 자유로운 유통과 모든 행위자 간 자유경쟁을 촉진하는 세계화는 결과적으로 임금노동자에 대한 복지제도의 축소와 해체를 초래하고 있다. 세계화는 인구 고령화와 맞물려 실업자 증가, 저소득층의 소득 저하, 빈곤층의 증가 등을 일으킴으로써 사회복지 수요를 증가시켰으며, 이를 해결하기 위해서는 국가가 재정 지출을 확대해야만 한다. 그러나 불행히도 정부는 기업의 경쟁력을 고려하여 기업에 대한 조세를 낮추고 있다. 그리하여 국가들은 임금노동자를 보호하던 다양한 복지제도를 경쟁적으로 축소하고 조정하고 있다. 복지 축소의 패턴은 국가에 따라 다양하게 변화하고 있다. 그러나 대체로 공통적인 점은 공적 부조 등을 줄이고 한정된 복지 예산을 노동과 연계5)시킴으로써 복지 수혜자들을 최대한 노동시장을 끌어들이려 한다는 점이다.

4. 전 지구적 통치의 필요

세계화가 진전되면서 기존의 정치구조와 모형들이 국경을 넘는 위험, 불평등과 도전으로 가득 찬 세계를 관리하는 데 적합하지 않은 것으로 보인다(앤서니 기든스, 2007: 90). 전염병의 확산을 막고, 지구온난화 효과를 막거나 불확실한 금융시장을 규제하는 것은 개별 정부의 능력 밖에 있다. 전 세계 사회들에 영향을 미치는 많은 과정은 현재 통치 기제의 지배를 벗어난다. 이러한 통치 결함으로 일부는 전 지구적 문제를 전 지구적인 방식으로 다룰 수 있는 새로운 전 지구적 통치형태를 요구한다. 점점 더 많은 수의 과제가 개별 국가 수준을 넘어서 작동하면서, 이러한 과제들에 대한 대응 또한 초국가적이어야 한다고 주장되었다.

비록 민족 국가 수준을 넘는 정부를 말하는 것이 비현실적으로 보이겠지만, 유엔과 유럽연합과 같이 전 지구적인 민주적 조직이 이미 시작되었다. 특히 유럽연합은 세계화에 대한 혁신적인 대응으로 볼 수 있고 또한 지역적 결합이 강한 세계 다른 곳에서도 유사한 조직의 모델이 될 수 있다. 새로운 형태의 전 지

---

5) 근로연계복지(workfare)는 '근로＋복지'이다. 복지급여에 대한 조건으로 근로가 요구되는 복지프로그램이다. 1970년대 복지국가 위기 이후 개인의 자발적인 노력을 강조하면서 나타난 현상으로 높은 실업률, 복지에 대한 의존성과 도덕적 해이 등의 문제를 해결하기 위한 것이다. 우리나라는 자활 근로(국가로부터 공공부조인 국민기초생활보장제도의 자활급여를 받기 위한 조건으로 하는 근로), 근로장려세제 등이 해당한다.

구적 통치는 인권의 보호와 같이 국제적 행동에 필요한 투명한 규칙과 기준이 만들어지고 준수되는 세계주의적 질서를 촉진하는 데 도움을 줄 수 있다.

칼국수 가격 내리려나… 밀값, 우크라이나 전쟁 이전으로

지난해 코로나 19로 공급망에 문제가 생기면서 세계 농산물 가격은 상승세를 타기 시작했다. 이어 지난 2월 러시아의 우크라이나 침공이 곡물 가격 폭등에 기름을 부었다. 지난달 31일 월스트리트저널에 따르면 러시아와 우크라이나는 전 세계 밀 수출의 28%, 옥수수 수출의 15%를 담당한다. 또 러시아는 농업용 비료의 주요 수출국이고, 우크라이나는 해바라기 씨 기름을 가장 많이 생산한다. 전쟁의 여파로 전 세계 식량 가격은 급등했다. 지난 3월 유엔식량농업기구(FAO)의 세계식량가격지수는 전달 대비 13% 올랐다.

우크라이나 전쟁이 장기화하는 가운데 미국과 유럽 일부 지역에서 이상 기온 현상이 나타나는 것도 농작물 수확에 부정적 영향을 미칠 전망이다. 미국 농무부(USDA)는 스페인, 이탈리아, 미국 일부 지역에서 나타나는 고온과 가뭄 현상이 쌀 가격을 밀어 올릴 수 있다고 밝혔다. 아시아·태평양 지역의 경우 식품 가격이 아직 정점을 지나지 않았다는 분석도 나온다.

출처: 매일경제, 2022. 8. 1.

[경제 산책] 새로운 세계화

산업혁명 이전까지 전 세계 경제성장률은 평균 1%가 안 되는 수준이었다. 대량생산 체제가 들어선 후 잉여(剩餘) 개념이 등장했고 대항해 시대와 맞물려 세계 경제가 성장했다. 두 차례의 세계대전을 거치며 실물경제에서 과학과 기술의 경계가 허물어지고 다양한 제품이 등장했다. 1960년대에서 1980년대까지는 세계화의 초석이 다져진 시기로 봐야 한다. 국제통화기금(IMF)·세계무역기구(WTO) 등 국제기구를 중심으로 자유무역을 강조하는 분위기가 고조되며 경제영역에서 국가 간 경계가 허물어졌다. 인터넷이 등장하며 개인 소비자 중심의 세계화도 확장되었다.

세계화에서 중요한 점은 생산 국제화가 이뤄졌다는 것이다. 기업은 지역에 구애받지 않고 비용·입지 측면에서 경쟁력 있는 곳에서 제품을 생산했다. 과학기술 발달과 이를 응용한 물류·통신 시설이 비약적으로 변화하며 세계화 양상은 극에 달했다. 동시에 세계화가 좋은 점만 있는 것은 아니라는 비판론도 등장했다.

세계화 흐름은 현재 변곡점을 맞았다. 시작은 러시아의 우크라이나 침공이었다. 전쟁 후 국제 유가가 상승하며 인플레이션 우려가 커졌다.

공급사슬망에 하나라도 문제가 발생하면 소비자가 당연히 사용했던 일상 제품의 구매가 어려울 수 있다. 소비를 중심으로 하는 오늘날의 생활은 글로벌 공급사슬망에 의존하는 바가 크다. 이는 과거와 다른 세계화가 전개될 가능성을 의미한다. 특히 생산과 소비에서 과거와 다른 새로운 현상이 등장할 가능성이 크다. 최근의 변화는 세계 경제 질서를 넘어서 개인에게도 영향을 미칠 것으로 보인다.

개인이 글로벌 공급사슬망 변화에 영향을 받는다는 사실을 인지하기란 쉽지 않다. 세상이 많이 달라져야 개인의 소비형태가 변화하기에 그렇다. 피부로 느낄 수 있는 가장 큰 변화 가운데 하나는 물가다. 시장에 유통되는 제품과 수출품목도 달라질 수 있다. 물론 모든 변화는 예측일 뿐이다. 상황변화가 개인에게 부정적 영향으로만 나타나지도 않을 수 있다. 생산자의 어려움이 곧 소비자의 어려움은 아니기 때문이다.

다만 새로운 세계화 등장과 맞물려 나타나는 현상을 도외시하는 것은 현명한 처사가 아니다. 과거에도 그랬듯 변화를 준비하는 국가적 대응은 기업 위주일 가능성이 크다. 이를 고려할 때 지금의 흐름에 대비하려는 개인의 노력은 중요하다. 산업혁명을 포함해 새로운 경제 질서의 등장에서 준비된 개인은 기회를 얻었기에 그렇다.

앞으로 변화는 4차 산업혁명을 포함한 기술적 다변화, 냉전 이후 등장한 새로운 국가 간 갈등까지 다양한 요소를 포함하고 있다. 21세기 들어 가장 혼란스러운 시대가 오고 있는지도 모른다. 새로운 세계화 시대가 어떻게 다가올지 정확히 알 수 없더라도 변화의 물결이 시작된 것은 분명하다. 또 어떤 세상이 펼쳐질지 기대 속에서 상황을 예의주시하자.

출처: 농민신문, 2022. 8. 22.

생각해보기

1	여러분이 관심이 있는 세계화가 반영된 대표적인 사례는 무엇인가?

_____

_____

_____

_____

슈퍼마켓은 급격한 사회변동과 심화하는 전 지구적 사회를 말해주는 공간이다(앤서니 기든스, 2007: 69). 슈퍼마켓은 전 세계 사람과 지역이 연결된 공간이다. 매장에 전시된 다양한 상품들은 세계의 서로 다른 지역을 연결하는 과정인 대규모 사회변동의 과정을 반영하고 있다. 파인애플의 원산지, 아보카도의 원산지, 커피의 원산지, 포도주의 원산지, 비스킷이나 초콜릿의 원산지나 원료에 대한 설명을 보라.

세계화의 효과는 여러 가지 방식으로 슈퍼마켓 진열대에서 나타난다.

첫째, 지난 수십 년 동안 슈퍼마켓에서는 물건의 엄청난 양적 증가와 함께 물건이 다양화되었다. 슈퍼마켓은 유용한 물건을 광범위하게 갖다 놓기 위하여 규모를 확대하고 있다. 다양한 지역의 물건이 시장으로 들어오면서 국제 무역 장벽이 급격히 허물어지고 있다.

둘째, 슈퍼의 물건들이 백여 개 이상의 나라에서 재배되었거나 생산되었다. 이전에는 장거리 수송이 실질적으로 거의 불가능했었다. 특히 시드는 물건이면 더 그러했다.

셋째, 이전에는 '다른 나라 식품'이라고 했던 것과 같이 요즘 슈퍼에서 가장 잘 팔리는 물건들은 이전에는 지역에서 잘 알려지지 않았었다. 이것에 대한 설명은 전 지구적 이민 형태에서 찾을 수 있다. 전 지구적 이민은 문화적으로 다양한 사회들과 새로운 문화적 취향을 낳는다.

넷째, 슈퍼에서 흔하게 볼 수 있는 많은 물건은 특정한 나라의 슈퍼에만 있는 것이 아니라 다른 많은 나라에서도 동시에 판매된다. 상표가 이러한 지리적 다양성을 반영한다. 흔히 여러 나라의 소비자들이 구매할 수 있도록 설명서와 원료들이 여러 언어로 표기되어 있다.

_____

_____

_____

_____

세계화가 지속하는 가운데 과학기술의 발달은 세계화를 급진전시키고 인간의 삶의 질이 향상될 것이다. 값싼 노동력이 풍부하고 생산단가가 싼 곳으로 공장이 이전됨으로써 저렴한 제품이 유입되고 값싼 농산물 구매가 가능하다. 정치적으로는 선진국의 정치체제 방식이 그렇지 못한 나라들에 유입됨으로써 민주주의의 확산 및 자유와 평등이 정착되고 향유될 것이다. 2011년 중동지역의 이슬람 사회에서 전자통신기술, 즉 인터넷이나 SNS, twitter 등의 영향으로 민주화운동이 전개되어 튀니지와 이집트, 리비아 등의 독재정권이 무너졌다. 세계화는 전 세계의 다양한 문화를 쉽게 접하고 공유하게 될 것이다.

1. 환경 문제의 개념

환경이란 개별 유기체 또는 유기체 집단을 둘러싸고 그에 영향을 미치는 모든 조건 및 주변 여건을 말하고, 유기체 생존과 삶의 질에 영향을 미치게 된다 (지은구 외, 2016: 143).

「환경정책기본법」[1] 제3조 정의

- "환경"이란 자연환경과 생활환경을 말한다.
- "자연환경"이란 지하·지표(해양을 포함한다) 및 지상의 모든 생물과 이들을 둘러싸고 있는 비생물적인 것을 포함한 자연의 상태(생태계 및 자연경관을 포함한다)를 말한다.
- "생활환경"이란 대기, 물, 토양, 폐기물, 소음·진동, 악취, 일조(日照), 인공조명, 화학물질 등 사람의 일상생활과 관계되는 환경을 말한다.
- "환경오염"이란 사업활동 및 그 밖의 사람의 활동에 의하여 발생하는 대기오염, 수질오염, 토양오염, 해양오염, 방사능오염, 소음·진동, 악취, 일조 방해, 인공조명에 의한 빛공해 등으로서 사람의 건강이

---

[1] 「환경정책기본법」은 환경보전에 관한 국민의 권리·의무와 국가의 책무를 명확히 하고 환경정책의 기본 사항을 정하여 환경오염과 환경 훼손을 예방하고 환경을 적정하고 지속가능하게 관리·보전함으로써 모든 국민이 건강하고 쾌적한 삶을 누릴 수 있도록 함을 목적으로 한다(제1조).

나 환경에 피해를 주는 상태를 말한다.
- "환경훼손"이란 야생동식물의 남획(濫獲) 및 그 서식지의 파괴, 생태계질서의 교란, 자연경관의 훼손, 표토(表土)의 유실 등으로 자연환경의 본래적 기능에 중대한 손상을 주는 상태를 말한다.
- "환경보전"이란 환경오염 및 환경훼손으로부터 환경을 보호하고 오염되거나 훼손된 환경을 개선함과 동시에 쾌적한 환경 상태를 유지·조성하기 위한 행위를 말한다.
- "환경용량"이란 일정한 지역에서 환경오염 또는 환경훼손에 대하여 환경이 스스로 수용, 정화 및 복원하여 환경의 질을 유지할 수 있는 한계를 말한다.
- "환경기준"이란 국민의 건강을 보호하고 쾌적한 환경을 조성하기 위하여 국가가 달성하고 유지하는 것이 바람직한 환경상의 조건 또는 질적인 수준을 말한다.

환경 문제는 인간의 생존과 삶의 질에 부정적인 방향으로 환경에 영향을 미치는 모든 문제라고 할 수 있다. 환경이 쇠퇴 또는 악화하는 것이 환경 문제다.

환경 문제는 다음과 같은 특징이 있다.

첫째, 환경 문제는 인간의 모든 활동, 즉 개발·생산·소비 과정에서 다양하게 발생한다.

둘째, 환경 문제는 환경의 개방 체제적 특성으로 인해 공간적으로 광범위한 영향권을 형성한다.

셋째, 환경 문제는 시간상으로 문제의 발생부터 그 영향을 발견하는 사이에 상당한 시차가 존재한다.

넷째, 환경 문제는 상호작용하는 여러 요인이 화학반응을 통한 상승 작용을 일으켜 문제를 더욱 악화시키기도 한다.

다섯째, 대기·물·토양 등 자연환경은 어느 정도의 오염물질들을 스스로 정화할 수 있는 자정 능력이 있으나, 그 능력 이상으로 오염물질이 부하 되면 자정 작용할 수 없게 되어 오염 현상이 더욱 심화한다.

2. 환경 문제의 실태

1) 기후변화와 환경위기[2]

지구온난화[3] 진행으로 지난 130여 년(1880년~2012년) 동안 전 지구 연평균 기온은 0.85℃ 상승했으며 지구 평균 해수면은 19cm 상승하였다. 우리나라의 경우 20세기 초(1912년)와 비교하여 평균기온이 1.8℃ 상승했으며, 특히 최근 30년간 평균기온이 큰 폭으로 상승(1.4℃)하였다.

> **기후변화로 몸살 겪는 지구촌…1,000년 만의 폭우·가뭄·산불**
>
> 지난 8~9일 중부지방을 중심으로 115년 만의 기록적 폭우가 내렸다. 최대 400mm가 넘는 폭우에 서울과 경기 지역 곳곳이 물에 잠기고 지반 침하와 정전 등 사고가 잇따랐다. 해외에서도 기후재앙이 잇따르고 있다. 영국은 폭염과 함께 건조한 날씨가 이어지며 화재 위험 최고 경보가 내려졌고 곧 가뭄이 공식 선언될 것으로 예상하며 프랑스는 대형산불에 시달리고 있다. 미국 데스밸리에는 1,000년 만의 폭우가 오기도 했다. 이 모든 기후재앙의 원인으로 기후변화가 지목된다.

---

2) 출처: 제4차 지속가능발전기본계획

3) 바다거북의 성별은 온도에 따라 결정된다. 지구온난화로 바다거북의 80% 이상이 암컷이다. 지구온난화는 대기에 이산화탄소와 다른 가스의 농도가 높아짐에 따라 지구의 온도가 점차 상승하는 것을 말한다. 지구온난화는 인류 모두에게 잠재적인 위험인데, 그 원인과 결과가 너무 광범위하여 효과적으로 대처하기가 어렵다. 지구온난화의 결과는 매우 심각하다.

- 해수면 상승: 지구온난화는 극지방의 빙하를 녹게 하여 해양의 온도를 상승시키고 해양의 면적을 확산시킨다. 빙하가 녹게 되면 해수면이 상승하게 되어 해안에 가까이 있는 도시나 저지대 지역은 홍수의 피해를 보게 되고 결국에는 거주할 수 없는 지역으로 변할 것이다. 해수면이 1m 상승하면 방글라데시 전체 면적의 17%, 이집트 12%, 네덜란드 6%의 면적을 잃게 된다.
- 사막화: 지구온난화는 비옥한 토지를 사막으로 바꾸어 놓았다. 특히 사하라 사막 이남 지역, 중동 및 남아시아 지역 등은 사막화의 영향을 더욱 심하게 받을 것이며 토양 부식도 심하게 일어날 것이다.
- 질병의 확산: 지구온난화는 말라리아 같은 열대병을 옮기는 유기체의 서식지를 확산시킬 것이다. 만약 기온이 3~5℃ 정도 상승하면 말라리아의 발생 건수는 1년에 5,000~8,000만이 증가한다.
- 수확 감소: 지구온난화가 진행되면 저개발 국가에서 농업 생산이 크게 저하될 것이다. 특히 동남아시아, 아프리카, 라틴아메리카 지역에 거주하는 사람들은 가장 큰 영향을 받게 될 것이다.
- 기후변화: 수많은 사람이 홍수와 태풍으로 고통받고 있다.

유럽은 이례적 폭염과 가뭄을 겪고 있다. 스페인과 프랑스, 영국은 지난달 40도를 웃도는 기온이 이어졌고 폭염과 가뭄을 겪으면서 대규모 산불이 발생하기도 했다. 올해 7월은 유럽에서 역대 6번째로 더운 날씨를 기록했다.

8월 역시 상황은 현재 진행형이다. BBC와 가디언은 영국 환경청(EA)이 12일 잉글랜드 남부와 동부 지역에 가뭄을 공식 선언할 것으로 보인다고 전망하고 있다. 영국은 1976년 이후 46년 만에 가장 건조한 여름을 보내고 있다. 최근 가뭄이 선언된 것은 2011년과 2018년이다. 11일(현지시각) 프랑스 남서부 지롱드주에서는 지난 9일 시작된 산불이 74㎢에 달하는 면적을 태웠다. 약 30만 명이 거주하는 프랑스 서부 도시 낭트보다 큰 규모다.

미국 캘리포니아주 데스밸리 국립공원에는 지난 5일 하루 37.1mm의 비가 내렸다. 기상 관측 이래 두 번째로 많은 비가 내린 날로 1년 치 강수량의 75%에 달하는 양이다. 3시간 만에 이런 비가 내리면서 북미에서 가장 건조한 지역이자 지구에서 온도가 가장 높은 곳으로 꼽히는 데스밸리에서 1,000여 명이 고립되기도 했다.

과학자들은 기후재앙이 더욱 두드러질 것으로 예상한다. 극한 폭염과 호우, 가뭄의 강도와 빈도가 기후변화로 강화되고 있다는 연구들이 이어지고 있다. 미국 우드웰기후연구센터 선임연구원은 뉴욕타임스에 "기후변화 시대가 극심한 날씨를 유발하고 있다"며 "지구 어느 한 곳의 극심한 날씨가 다른 지역의 극심한 날씨를 유발하고 또 다른 극심한 날씨를 불러일으키는 형태로 모든 것이 함께 연결돼 있다"고 말했다.

출처: 동아사이언스, 2022. 8. 12.

전 세계적으로 기후재해로 인한 피해가 재난 손실의 78%를 차지하고 있다. 1998년~2017년 재난 피해국들의 경제적 손실 2,908억 달러 중 기후재해로 인한 손실이 2,245억 달러(78%)였다. 우리나라에서는 지난 10년(2010년~2019년)간 자연재해로 인명피해 205명 재산피해 3.5조가 발생하였으며, 이 중 태풍·호우로 인한 피해가 대부분을 차지하였다.

●● 표 1 최근 10년 자연재해별 재산피해액

원인	총 피해액(백만 원)
태풍	1,893,844
호우	1,244,834
대설	228,082
풍랑	13,349
강풍	31,211
지진	98,253
계	3,516,917

2) 환경의 위협

환경의 측면에서 위협을 가져오는 원인은 다양하다. 이러한 위협은 대기오염, 산성비, 수질오염, 재활용할 수 없는 고형 폐기물 등으로 인해 대기에 방출되는 오염과 쓰레기와 관련되어 있다. 또 다른 위협은 물, 토양, 산림 등 자연자원의 고갈을 포함한다(앤서니 기든스, 2007).

(1) 대기오염

대기오염은 해로운 가스 방출에서 비롯된다. 대기오염은 호흡기 질환, 암, 폐 질환 등을 포함하는 건강 문제와 연관되어 있다.

대기오염은 인간의 건강에만 영향을 미치는 것은 아니며 생태계의 다른 구성 인자에도 영향을 미친다. 대기오염이 가져온 해로운 결과로 산성비가 있다. 산성비는 일반적으로 빗물의 pH 5.6 미만이다. 산성비는 산림, 작물과 동물에 해롭다. 산성비가 산림에 내리면 나무들의 성장이 느려지는 게 일반적이다. 산성비는 호수의 산성화를 가져온다. 일반적으로 pH가 5 이하로 떨어지면 대부분의 물고기 알은 부화하지 못하고, 이보다 낮은 pH에서는 일부 성어가 죽기도 한다. 어떤 산성 호수에서는 물고기를 한 마리도 찾아볼 수 없는 예도 있다. 스웨덴의 경우 85,000개의 호수 중 8,000개가 산성화되었으며, 캐나다에서는 산성비로 인해 어류가 절멸한 호수 또는 절멸에 직면한 호수가 각각 4%와 15%나 된다. 산성비는 건물 자재와 페인트의 부식을 가속하기 때문에 피해를 준다. 산성비는 그 근원과 결과가 국경을 초월해서 발생하기 때문에 대처하기가 힘들다.

「대기환경보전법」[4]

• "대기오염물질"이란 대기 중에 존재하는 물질 중 제7조(독성, 생태계에 미치는 영향, 배출량, 환경기

....

[4] 「대기환경보전법」은 대기오염으로 인한 국민건강이나 환경에 관한 위해(危害)를 예방하고 대기 환경을 적정하고 지속가능하게 관리·보전하여 모든 국민이 건강하고 쾌적한 환경에서 생활할 수 있게 하는 것을 목적으로 한다.

준에 대비한 오염도)에 따른 심사·평가 결과 대기오염의 원인으로 인정된 가스·입자상물질로서 환경부령으로 정하는 것을 말한다.

- "유해성대기감시물질"이란 대기오염물질[5] 중 제7조에 따른 심사·평가 결과 사람의 건강이나 동식물의 생육(生育)에 위해를 끼칠 수 있어 지속적인 측정이나 감시·관찰 등이 필요하다고 인정된 물질로서 환경부령으로 정하는 것을 말한다.
- "기후·생태계 변화유발물질"이란 지구 온난화 등으로 생태계의 변화를 가져올 수 있는 기체상물질(氣體狀物質)로서 온실가스와 환경부령으로 정하는 것을 말한다.
- "온실가스"란 적외선 복사열을 흡수하거나 다시 방출하여 온실효과를 유발하는 대기 중의 가스상태 물질로서 이산화탄소, 메탄, 아산화질소, 수소불화탄소, 과불화탄소, 육불화황을 말한다.
- "가스"란 물질이 연소·합성·분해될 때에 발생하거나 물리적 성질로 인하여 발생하는 기체상물질을 말한다.
- "입자상물질(粒子狀物質)"이란 물질이 파쇄·선별·퇴적·이적(移積)될 때, 그 밖에 기계적으로 처리되거나 연소·합성·분해될 때에 발생하는 고체상(固體狀) 또는 액체상(液體狀)의 미세한 물질을 말한다.
- "먼지"란 대기 중에 떠다니거나 흩날려 내려오는 입자상물질을 말한다.
- "매연"이란 연소할 때에 생기는 유리(遊離) 탄소가 주가 되는 미세한 입자상물질을 말한다.
- "검댕"이란 연소할 때에 생기는 유리(遊離) 탄소가 응결하여 입자의 지름이 1미크론 이상이 되는 입자상물질을 말한다.
- "특정대기유해물질"이란 유해성대기감시물질 중 제7조에 따른 심사·평가 결과 저농도에서도 장기적인 섭취나 노출에 의하여 사람의 건강이나 동식물의 생육에 직접 또는 간접으로 위해를 끼칠 수 있어 대기 배출에 대한 관리가 필요하다고 인정된 물질로서 환경부령으로 정하는 것을 말한다.

---

5) 1. 입자상물질 2. 브롬 및 그 화합물 3. 알루미늄 및 그 화합물 4. 바나듐 및 그 화합물 5. 망간화합물 6. 철 및 그 화합물 7. 아연 및 그 화합물 8. 셀렌 및 그 화합물 9. 안티몬 및 그 화합물 10. 주석 및 그 화합물 11. 텔루륨 및 그 화합물 12. 바륨 및 그 화합물 13. 일산화탄소 14. 암모니아 15. 질소산화물 16. 황산화물 17. 황화수소 18. 황화메틸 19. 이황화메틸 20. 메르캅탄류 21. 아민류 22. 사염화탄소 23. 이황화탄소 24. 탄화수소 25. 인 및 그 화합물 26. 붕소화합물 27. 아닐린 28. 벤젠 29. 스틸렌 30. 아크롤레인 31. 카드뮴 및 그 화합물 32. 시안화물 33. 납 및 그 화합물 34. 크롬 및 그 화합물 35. 비소 및 그 화합물 36. 수은 및 그 화합물 37. 구리 및 그 화합물 38. 염소 및 그 화합물 39. 불소화물 40. 석면 41. 니켈 및 그 화합물 42. 염화비닐 43. 다이옥신 44. 페놀 및 그 화합물 45. 베릴륨 및 그 화합물 46. 프로필렌옥사이드 47. 폴리염화비페닐 48. 클로로포름 49. 포름알데히드 50. 아세트알데히드 51. 벤지딘 52. 1,3-부타디엔 53. 다환 방향족 탄화수소류 54. 에틸렌옥사이드 55. 디클로로메탄 56. 테트라클로로에틸렌 57. 1,2-디클로로에탄 58. 에틸벤젠 59. 트리클로로에틸렌 60. 아크릴로니트릴 61. 히드라진 62. 아세트산비닐 63. 비스(2-에틸헥실)프탈레이트 64. 디메틸포름아미드

(2) 수질오염

인간은 요리, 세탁, 농업, 어업, 다른 필요 때문에 물을 사용해 왔다(앤서니 기든스, 2007: 543-544). 비록 물이 가장 가치 있고 본질적인 자연 자원의 하나이 지만 인간이 남용함으로써 중대한 문제를 가져왔다. 오랫동안 인간이 버리거나 공장에서 나온 쓰레기가 강이나 바다에 별생각 없이 그대로 버려졌다. 20세기 후반에 이르러서야 비로소 깨끗한 물을 위한 수질 보호에 관심을 두고 갖가지 노력을 하고 있다. 그러나 이러한 노력에도 불구하고 수질오염은 심각한 상태를 보인다.

수질오염은 유해 화학 성분이 물에 녹아 수질이 악화하는 현상을 말한다. 수질오염은 전체 인구의 30%가 안전한 물을 확보하기 어려운 개발도상국의 국 민에게 커다란 위협이 되고 있다. 빈곤한 국가에서는 위생체계가 발달하지 못했 고 폐기물은 계곡, 강, 호수에 그대로 버려지고 있다. 위생 처리되지 않은 수질 에서 비롯된 높은 수준의 박테리아는 이질, 설사, 간염 등 수질과 관련된 각종 질병을 가져온다. 매해 설사를 앓고 있는 20억은 오염된 물에서 비롯된 것이며, 이 중 500만 명이 설사병으로 죽어가고 있다.

환경오염으로 인한 사망, 매년 전 세계 6명 중 1명꼴

환경오염과 관련된 사망이 전 세계적으로 매년 900만 명 이상 또는 6명 중 1명꼴이라는 조 사 결과가 나왔다.

연구팀은 2019년도 데이터를 분석하여 2017 란셋 환경오염·보건 위원회(Lancet Commission on pollution and health)에서 보고된 내용을 업데이트한 결과, 가정 및 수 질오염으로 인한 사망은 2015년 이후로 감소했지만, 2019년에도 여전히 환경오염에 의해 매년 900만 명 이상이 사망하는 것으로 나타났다고 전했다.

2019년 세계질병부담 연구(Global Burden of Disease, Injuries, and Risk Factors Study)의 데이터를 이용했다.

가정 공기 오염 및 수질오염으로 인한 사망은 2000년~2019년 사이 특히 아프리카에서 물 자원의 공급이 향상되고 위생·항생제·더 깨끗한 연료를 확보하게 됨에 따라 꾸준한 감소 추 세를 보였다.

한편, 다른 형태의 오염으로 인한 사망은 상승했는데, 대표적으로 2000년도와 2015년도에 각각 290만 명, 420만 명이었던 '미세먼지 대기오염'으로 인한 사망은 2019년에는 450만 명으로 증가했다.

또 연구원들은 환경오염 관련 사망의 90% 이상이 북·동·북동아시아의 저·중간소득 국가에서 발생했고, 2019년 전체 사망 중 90만 명은 납(Lead) 노출 때문이었다고 전했다.

이어서 그들은 상업적으로 유통되는 가공 화학물질 가운데 안전성과 독성이 적절하게 평가된 것은 소수에 불과하다고 언급하며 화학적 환경오염으로 인한 질병 부담이 과소평가되었다고 주의했다.

결론적으로 연구원들은 2017년 발표된 환경 관련 보건 상태에 대한 보고서와 권고사항에도 불구하고 대부분 국가가 이를 완화하기 위한 정책을 수립하려는 노력을 거의 하지 않았다고 평가했다.

그들은 다시 한 번 국가적·국제적으로 환경오염과 보건 증진을 최우선시할 것을 당부하며, 추가로 환경오염 예방을 위한 국제 재정 지원 확대·환경오염 조절 시스템 수립·납을 비롯한 화학적 오염 모니터링·수질 및 공중위생 모니터링·환경오염 통제를 위한 다중 협력체계 구축 등을 권고했다.

또, 국제기구와 각국 정부가 환경오염을 국제적인 환경 문제로 인식하여 환경오염을 줄일 수 있는 지역적·연방 정책을 수립해야 한다고 강조했다.

마지막으로 기후변화가 문제가 되지 않았더라도, 현재 미세먼지 대기오염으로 인한 상당한 사망 통계를 고려했을 때 화석연료에서 재생 가능한 대체 에너지로 옮겨가는 것이 시급할 것으로 보인다.

연구팀은 이러한 변화를 위한 기술적인 준비는 마련이 된 상태이며, 필요한 것은 실질적인 정책을 수립해 시행할 정치적 의지라고 전했다.

출처: 메디컬투데이, 2022. 5. 22.

「물환경보전법」[6]

• "물환경"이란 사람의 생활과 생물의 생육에 관계되는 물의 질(이하 "수질"이라 한다) 및 공공수역의 모든 생물과 이들을 둘러싸고 있는 비생물적인 것을 포함한 수생태계(水生態系, 이하 "수생태계"라

6) 「물환경보전법」은 수질오염으로 인한 국민건강 및 환경상의 위해(危害)를 예방하고 하천·호소(湖沼, 호수와 늪) 등 공공수역의 물환경을 적정하게 관리·보전함으로써 국민이 그 혜택을 널리 누릴 수 있도록 함과 동시에 미래의 세대에게 물려줄 수 있도록 함을 목적으로 한다.

한다)를 총칭하여 말한다.
• "폐수"란 물에 액체성 또는 고체성의 수질오염물질이 섞여 있어 그대로는 사용할 수 없는 물을 말한다.
• "수질오염물질"이란 수질오염의 요인이 되는 물질로서 환경부령[7]으로 정하는 것을 말한다.

(3) 폐기물

산업화한 사회들은 버려지는 종류와 양이 너무 많아서 '쓰고 버리는 사회(throw-away societies)'라고 일컬어진다(앤서니 기든스, 2007: 544-545). 대부분의 산업국가에서 쓰레기 수집 서비스는 일반화되었으나 그 쓰레기를 재활용하는 데는 아직도 큰 어려움을 겪고 있다. 쓰레기 매립장은 빠르게 포화상태에 이르고 있고 도시 지역은 쓰레기를 처분하기 위한 매립장을 거의 다 사용한 상태이다. 특히 음식을 포장하는 플라스틱은 다시 사용할 수 없는 쓰레기이기 때문에 그냥 묻어 버릴 수밖에 없다.

개발도상국에서의 쓰레기 문제는 쓰레기 재수거 서비스의 부재에서 찾을 수 있다. 개발도상국의 경우 20~50%에 이르는 쓰레기가 수집되지 못하고 있는 것으로 추정된다. 체계화되지 못한 쓰레기 처리 시스템으로 인하여 길에는 쓰레기가 넘쳐나고 질병의 원인을 제공한다. 앞으로 개발도상국은 선진국과 비교하면 훨씬 심각한 쓰레기 문제에 직면하게 될 것이다. 이는 사회가 점점 부유해질

---

7) 1. 구리와 그 화합물 2. 납과 그 화합물 3. 니켈과 그 화합물 4. 총 대장균군 5. 망간과 그 화합물 6. 바륨화합물 7. 부유물질 8. 삭제 <2019. 10. 17.> 9. 비소와 그 화합물 10. 산과 알칼리류 11. 색소 12. 세제류 13. 셀레늄과 그 화합물 14. 수은과 그 화합물 15. 시안화합물 16. 아연과 그 화합물 17. 염소화합물 18. 유기물질 19. 삭제 <2019. 10. 17.> 20. 유류(동·식물성을 포함한다) 21. 인화합물 22. 주석과 그 화합물 23. 질소화합물 24. 철과 그 화합물 25. 카드뮴과 그 화합물 26. 크롬과 그 화합물 27. 불소화합물 28. 페놀류 29. 페놀 30. 펜타클로로페놀 31. 황과 그 화합물 32. 유기인 화합물 33. 6가크롬 화합물 34. 테트라클로로에틸렌 35. 트리클로로에틸렌 36. 폴리클로리네이티드바이페닐 37. 벤젠 38. 사염화탄소 39. 디클로로메탄 40. 1, 1-디클로로에틸렌 41. 1, 2-디클로로에탄 42. 클로로포름 43. 생태독성물질(물벼룩에 대한 독성을 나타내는 물질만 해당한다) 44. 1,4-다이옥산 45. 디에틸헥실프탈레이트(DEHP) 46. 염화비닐 47. 아크릴로니트릴 48. 브로모포름 49. 퍼클로레이트 50. 아크릴아미드 51. 나프탈렌 52. 폼알데하이드 53. 에피클로로하이드린 54. 톨루엔 55. 자일렌 56. 스티렌 57. 비스(2-에틸헥실)아디페이트 58. 안티몬 59. 과불화옥탄산(PFOA) 60. 과불화옥탄술폰산(PFOS) 61. 과불화헥산술폰산(PFHxS)

수록 쓰레기 발생량이 증가하고 이를 처리하기 위한 어려움도 가중될 것이기 때문이다.

「폐기물관리법」[8]

- "폐기물"이란 쓰레기, 연소재(燃燒滓), 오니(汚泥)[9], 폐유(廢油), 폐산(廢酸), 폐알칼리 및 동물의 사체(死體) 등으로서 사람의 생활이나 사업활동에 필요하지 아니하게 된 물질을 말한다.
- "생활폐기물"이란 사업장폐기물 외의 폐기물을 말한다.
- "사업장폐기물"이란 「대기환경보전법」, 「물환경보전법」 또는 「소음·진동관리법」에 따라 배출시설을 설치·운영하는 사업장이나 그 밖에 대통령령으로 정하는 사업장에서 발생하는 폐기물을 말한다.
- "지정폐기물"이란 사업장폐기물 중 폐유·폐산 등 주변 환경을 오염시킬 수 있거나 의료폐기물(醫療廢棄物) 등 인체에 위해(危害)를 줄 수 있는 해로운 물질로서 대통령령으로 정하는 폐기물을 말한다.
- "의료폐기물"이란 보건·의료기관, 동물병원, 시험·검사기관 등에서 배출되는 폐기물 중 인체에 감염 등 위해를 줄 우려가 있는 폐기물과 인체 조직 등 적출물(摘出物), 실험 동물의 사체 등 보건·환경보호상 특별한 관리가 필요하다고 인정되는 폐기물로서 대통령령으로 정하는 폐기물을 말한다.
- "재활용"이란 다음 각 어느 하나에 해당하는 활동을 말한다.
  - 폐기물을 재사용·재생이용하거나 재사용·재생이용할 수 있는 상태로 만드는 활동
  - 폐기물로부터 「에너지법」 제2조제1호에 따른 에너지를 회수하거나 회수할 수 있는 상태로 만들거나 폐기물을 연료로 사용하는 활동으로서 환경부령으로 정하는 활동

---

(4) 자원고갈

인류는 물, 나무, 물고기, 동물, 식물 등 자연 세계의 많은 자원에 의지해 왔다(앤서니 기든스, 2007: 545). 이러한 것들은 건강한 생태계에서 시간이 지남에 따라 자동으로 대체가 되기 때문에 다시 사용할 수 있는 자원이라는 특성을 보인다. 그러나 이러한 자원도 균형을 벗어나거나 과도하게 사용되면 아예 사라지게 된다.

....

8) 「폐기물관리법」은 폐기물의 발생을 최대한 억제하고 발생한 폐기물을 친환경적으로 처리함으로써 환경보전과 국민생활의 질적 향상에 이바지하는 것을 목적으로 한다.
9) 오니(汚泥): 더러운 흙. 특히, 오염물질을 포함한 진흙

① 물

물은 비에 의해 끊임없이 보충된다는 생각에서 고갈되지 않는 자원으로 인식하는 경향이 강하다. 그러나 이 지구상 대부분 지역에서 물 공급 문제는 매우 심각하다. 특히 인구가 조밀한 지역에서 물 공급 문제는 더욱 심각하다. 북아프리카와 중동지역에서는 물 공급 문제가 심각하며 물 부족 사태는 일상화되어 있는 과제이기도 하다. 물 부족 문제는 더욱 심각해질 것으로 예상한다.

이러한 상황이 전개되는 데는 다양한 이유가 있다.

첫째, 인구 증가가 이미 물 부족 상황을 겪고 있는 지역에 집중될 것이기 때문이다. 인구 성장의 대부분은 도시 지역에서 이루어질 것이며, 그 결과 급증하는 인구에 필요한 물과 위생 시설은 크게 부족하게 될 것이다.

둘째, 전 지구적 온난화 역시 물 부족에 영향을 미친다. 기온이 올라감에 따라 마시고 농사짓는 데 더욱 많은 물이 필요하다. 지하수도 예전과 같이 이른 시간 안에 다시 채워지지는 않으며, 증발하는 비율도 증가하고 있다. 지구의 온난화를 수반하는 기후변화도 강수량에 영향을 미치는 것으로 여겨지고 있다.

세계적 맥주 생산중단 이유가… 모두 두려움에 휩싸였다.

[이상기후 현장을 보다] 가뭄으로 일상이 파괴된 멕시코
"얼마나 달콤한 더위인가!"

수년 전, 섭씨 영상 40도를 훌쩍 넘어선 멕시코 북부 도시 몬테레이(Monterrey)에서 택시 기사한테서 들은 말이다. 사람의 체온을 훌쩍 넘어선 더위를 두고 에어컨은커녕 선풍기조차 없는 택시 안에서 불평하는 나에게 돌아온 말이었다. 처음엔 내가 더위를 먹어 헛소리를 들은 줄 알았다. 아니, 영상 40도의 끈적거리는 더위 앞에 '달콤한'이라는 수식어라니.
겨우 정신을 가다듬고 그 뒷말을 듣고 나서야 '그럴 수도 있겠다'라는 생각이 들었다. 스페인어 문법상 모든 수식어는 뒤쪽으로 오는 법칙에 따라 '달콤한 더위' 뒤에 이어진 말은 '맥주를 마시기에'라는 말이었다. 그러니까, 섭씨 영상 40도를 넘어서지만 맥주를 마시기엔 더할 나위 없이 좋은 날씨였다. 이런 날일수록 맥주는 한없이 달아진다는 것이었다.
그 말을 듣는 순간, 이 더운 날씨에도 어김없이 작동하는 멕시코 사람들 특유의 무한긍정이 조금은 얄밉게 느껴졌다. 그런데 이상하게도 그날 이후 덥다 싶으면 택시기사한테서 들었던

'달콤한 더위'라는 말이 주문처럼 살아나 나를 위로해줬다. 물론, 얼음에 쟁여진 맥주와 함께 말이다.

• 맥주 생산중단

다행히, 멕시코는 맥주가 맛있는 나라다. 세계에서 맥주를 가장 많이 수출하는 나라이기도 하다. 전 세계 맥주 시장의 30%를 점하고 있다. 덕분에 우리나라에까지 투명한 병에 담긴 황금색 '코로나 맥주'가 닿을 수 있었으리라. 라임 혹은 레몬을 곁들이고 굵은 소금 한 꼬집을 뿌려 마시는 멕시코인들의 습관까지 우리나라에 전파되어 유행을 타기도 했다. 우리나라뿐 아니라 미국에서도 가장 강한 대중성을 확보한 맥주가 바로, 멕시코의 코로나 맥주다.

멕시코 사람들의 맥주 사랑은 지극하다. 물론, 멕시코를 대표하는 술 데낄라(Tequila)가 있긴 하지만 성공적인 해외 마케팅에 힘입어 정작 멕시코 내에서는 서민들의 접근이 어려운 술이 되어버렸다. 포도주 역시 마찬가지다. 다만, 맥주라면 계층과 계급에 상관없이 누구라도 접근이 쉽다. 맥주 역시 가격이 천차만별이지만, 저렴한 것은 355mL 한 병당 약 500원 미만으로도 구할 수 있다. 그나마 이런 맥주가 있어 힘든 일에 지친 노동자와 농민 그리고 서민들이 잠깐 위로를 얻을 수 있다. 우스갯소리겠으나, 멕시코 사람들의 행복 지수가 높이 나오는 이유가 당장 손에 맥주 한 병 들고 있다면 그것 자체로 행복이기 때문이란다. 일리가 있다.

그런데 최근, 서민들의 술 맥주 생산에 큰 지각변동이 발생하고 있다. 멕시코 맥주 생산의 메카인 북부 도시 몬테레이에서 더는 맥주 생산을 하지 않는 쪽으로 방향이 잡혀가고 있다. 지난 7월 대통령이 생산중단을 권고하였고, 멕시코 맥주의 양대 산맥이라 할 수 있는 모델로 그룹(Grupo Modelo, 코로나 맥주를 생산하는 기업)과 하이네켄 콰우테목 목테수마(Heineken Cuauhtémoc Moctezuma) 두 회사가 이를 따르기로 한 것이다.

충격적인 뉴스였다. 130년 이상 멕시코의 대표적인 맥주 생산 기지였던 몬테레이에서 더는 맥주가 생산되지 않을 것이라니, 사람들이 술렁거렸다. 멕시코 맥주 생산의 대표 주자인 두 개 기업이 맥주의 상징 도시인 몬테레이에서 더는 맥주를 생산하지 않겠다고 발표하자 불과 2년 전 코로나바이러스가 창궐하던 시기 맥주 생산이 중단되면서 파생된 혼란이 다시 재현되지 않을까 하는 걱정이 일기도 했다.

이를 의식하여 정부는 연일 시민들을 상대로 친절한 설명을 덧붙인다. 맥주 생산 기지를 이전할 뿐, 맥주 생산을 중단하진 않겠다는 내용이다. 지난주에도 대통령은 정례기자회견 자리에서 몬테레이에서 중단된 맥주 생산은 멕시코의 남동부 지역으로 이전해 계속될 것이며 정부는 이에 최대한 지원을 아끼지 않을 것을 약속하면서 맥주 파동을 염려하는 국민을 달랬다.

'물맛이 좋아야 술맛이 좋다'는 통설은 이곳 멕시코에서도 통하는 말이다. 맥주도 그렇고 코카콜라도 그렇고, 멕시코에서 생산되는 이 두 가지가 유난히 맛있는 이유는 공장이 들어선 곳의 물맛이 좋기 때문이라고, 멕시코 사람들은 굳건히 믿고 있다. 심지어 오래전 미국으로 간 멕시코인들이 맥주와 콜라를 사러 멕시코로 내려오기도 한다. 그런데 그 공장을 이전하겠다 하니, 그것도 갑작스레 그러겠다 하니, 사람들 마음이 심란할 수밖에 없다. 일부 가게에선 벌써 맥주 품귀 현상이 벌어지고 있다.

• 먹을 물도 없다.

130년 이상 맥주 생산의 메카로 자리매김했던 몬테레이에서 맥주 생산이 중단되는 데 따른 혼란이 충분히 예상됨에도 생산이 전면 중단될 수밖에 없는 이유는 '물 부족'이다. 멕시코 최대 공업도시인 몬테레이가 지난 6월부터 극심한 물 부족을 겪고 있고, 당분간 해결 실마리조차 찾을 수 없는 상황에서 결국 맥주와 청량음료 생산중단 조치가 나온 것이다.

상황은 심각하다. 검색창에 몬테레이 도시 이름과 가뭄이란 말을 조합하여 넣으면 거북이 등처럼 쩍쩍 갈라진 저수지 바닥, 그 바닥에 주저앉은 배, 마른 풀숲 한복판에 있는 수상가옥, 급수차에 온갖 통을 들고 몰려든 사람들, 문 닫힌 학교 등의 이미지가 올라온다. 사나흘에 한 번씩 들어오던 물은 제한 급수의 간격을 점점 넓히다가 급기야 일주일에 한 번, 혹은 기약 없는 안녕을 고하고 말았다.

주 정부는 지난 7월 중순 가용할 수 있는 모든 상수원이 소진되어 더는 기능을 하지 못한다는 의미의 '제로의 날'을 선포했다. 몬테레이와 주변 권역의 5백만 인구가 쓰고 마시는 상수원이 바닥을 드러냈다. 주변에 세 개의 댐이 있지만, 각각 저수율이 5% 미만으로 더는 생활 용수로 사용할 수 없는 수준에 이른 것이다.

부자들이야 각 가정에 어떻게든 물 저장 탱크를 갖추고 그곳을 통해 자체 급수하며 버티고 있지만, 서민들은 섭씨 영상 40도를 넘어서는 폭염 속에 제한 급수를 견디고 있다. 그야말로 가혹한 삶의 연속이다. 차라리 홍수가 나더라도 허리케인이 한 번 왔으면 하는 바람까지 간절하다. 정부 역시 허리케인이 아니고서는 당장 해결 방법 없음을 시인했다.

물 부족은 겨우 코로나바이러스의 여파에서 벗어나 정상화를 향해가는 학교 교육까지 영향을 미치고 있다. 화장실에서 쓸 수 있는 물이 사라지자 그나마 화장실을 쓸 수 있는 주변 학교로 학생들을 분산하다 그마저 한계에 달한 듯하다. 일부 학교에서는 학생들에게 등교 시 각자 1ℓ의 생활용수를 들고 올 것을 요구하기도 한다. 이 또한 제한 급수가 이어지면서 한계에 닿았고, 결국 수많은 학교가 여름방학을 앞당길 수밖에 없었다. 이제 곧 개학이 다가오고 있지만, 여전히 뾰족한 수가 없으니 교육 당국은 다시 비대면 수업으로의 회귀를 대안으로 내세우고 있다.

• 가뭄, 산불의 악순환… 두려운 변화

이 고통의 이유는 분명하다. '기후위기'다. 수년간 강수량이 지속해서 줄어들었다. 게다가 '라니냐(La Niña)' 현상이 3년 이상 멕시코 북부 지역에 영향을 미치면서 가뭄이 가속화되었다. 산불도 잦아졌다. 악순환이 시작되었다. 정부와 여론은 재난을 선포했다. 그리고 그 근간에 '기후위기'가 있음을 강조한다. 맞는 말이다. 어디 멕시코뿐이겠는가. 지구 전체가 기후위기에서 벗어나지 못하니, 어찌 보면 정부로선 가장 안전하고 쉬운 결론일 것이다.

그런데도 유독 몬테레이라는 도시와 그 권역에 가뭄 피해가 극대화되고 있는 상황 앞에 기후위기 너머의 또 다른 이유에 대해서도 생각해봐야 한다. 이 지역은 지난 20년간 인구가 50% 이상 증가했고 대규모 산업 시설들이 빠른 속도로 집중되었다. 한국 국적의 자동차 산업 시설도 이곳에 터를 잡았으니 제법 규모가 큰 한인 타운이 만들어지기도 했다. 도시 성장은 물 소비와 항상 축을 함께한다는 점을 고려한다면, 지금 이 도시가 직면한 어려움의 이유를 온전히 기후위기로만 돌리기엔 염치가 없다.

'물 부족'을 둘러싼 반갑지 않은 변화들이 비단 대규모 도시나 산업단지만의 문제는 아니다. 온전히 농업에 기반한 삶을 사는 우리 마을도 이미 오래전부터 기후위기라는 거대한 수레바퀴 안으로 빨려 들어가고 있다. 우리 마을은 건기와 우기가 매우 뚜렷하게 나뉘는 곳이다. 두 계절이 일 년의 절반씩을 차지하기에 우기에 충분한 물을 저장해 둬야 비 한 방울 내리지 않는 건기를 견딜 수 있다. 그런데, 해가 갈수록 우기의 시작이 점점 늦어진다. 마을 모두의 걱정이다.

대략 6월경 비가 내리면 메말랐던 대지가 온통 초록으로 변하고 마른 풀만 먹던 소와 말과 양들이 이제 막 돋아나는 연한 풀을 먹으면서 건기보다 훨씬 많은 우유를 내준다. 그러면 마을 치즈 가게들은 넘쳐나는 우유와 치즈를 감당하지 못하고 파격 할인판매를 시작하는데, 올해 6월까지도 건기의 막바지가 이어지면서 우유를 내어주는 짐승들과 치즈를 먹어야 하는 마을 사람들이 같이 힘든 시절을 보냈다.

서서히 다가오지만, 분명 두려운 변화다. 마을을 둘러싼 사탕수수밭들도 오직 천수에만 의존하기 때문에 강수량에 따라 작황에 큰 차이가 날 수밖에 없다. 마을 사람들이 비를 '금'에 비유하는 이유이기도 하다. 생활용수도 마을 공동 관정에서 하루걸러 한 번씩, 그것도 한 번에 약 두 시간 정도 내려주는 물을 받아쓰는데 혹여 올해 비가 적으면 내년 물 사정이 어려워질까 걱정이 된다.

그나마 다행인 것은 늦게 시작된 우기임에도 꾸준히 비가 내려준다는 사실이다. 덕분에 세상은 다시 초록으로 돌아왔다. 소들은 살을 찌우며 우유를 내줄 것이고, 사탕수수는 쑥쑥 자랄 것이고, 옥수수는 연하게 영글어 갈 것이다. 비가 곧 생명이고 돈이다.

이른 아침 길에서 만나는 마을 사람들은 항상 간밤 내린 비에 대한 감사로 인사를 대신하고 하루를 시작한다. "어제 비 어땠어요?" 매일 내리는 비지만, 소중하고 자세하게 서로의 감흥을 묻는다. 비에 기대어 살아가는 사람들의 마음에 밴 습관적 의례다. 부디, 이 마음의 감사가 오래도록 이어지길 간절히 바란다.

출처: 오마이뉴스, 2022. 8. 25.

② 산림 벌채

산림은 생태계의 본질적인 요소이다. 산림은 대기에 산소를 넣어 주며 토양 부식을 예방하는 데 도움을 준다. 산림은 연료, 식량, 목재, 기름, 허브 및 의약 등의 원천으로서 많은 사람의 생계에 이바지하고 있다. 이러한 중요성에도 불구하고 이 지구상에 있는 산림의 $\frac{1}{3}$이 사라졌다.

산림 벌채는 숲을 이룬 면적이 파괴되는 것이다. 산림 벌채는 다양한 종류의 산림에서 이루어졌지만, 특히 열대우림에서의 벌채가 주목을 받아 왔다. 지구 표면의 7%를 덮고 있는 열대우림은 지구의 생물학적 다양성에 이바지하는 식물과 동물의 주요 서식지이다. 열대우림은 또한 약의 원료가 되는 식물과 기름이 존재하는 곳이다. 그런데 열대우림은 1년에 1%씩 사라지고 있다. 열대우림이 광범위하게 퍼져 있는 남아메리카의 여러 지역에서 가축을 키우는 데 필요한 목장을 만들기 위해 열대우림 지역이 사라지고 있다. 그 밖에 서아프리카 지역, 남태평양 지역에서는 매력적인 활엽수의 국제적인 수요가 열대우림의 파괴를 부추기고 있다. 소비의 증가는 또한 개발도상국이 자연 그대로의 상품을 수출하게 했는데, 이 과정에서 환경파괴와 생물학적 다양성의 상실이 나타났다.

산림 벌채는 인간적인 차원과 환경의 차원에서 비용을 지니고 있다. 인간적인 비용의 측면에서 가난한 사회는 이전에는 산림을 통하여 생계를 지탱하고 보충할 수 있었으나 이제는 더는 그렇게 사는 것이 가능하지 않게 되었다. 환경적인 측면에서의 비용은 토양의 부식과 홍수가 좋은 예이다. 산림은 비를 잘 보존하고 필요할 때 활용하는 데 중요한 역할을 담당한다. 그러나 일단 산림이 파괴되면 이러한 기능은 기대할 수 없으며 홍수를 가져오게 된다.

3. 환경 문제의 원인

1) 인구 성장과 자본주의, 소비

인구가 증가하면 기본적인 의식주를 해결하기 위해 더 많은 재화와 서비스가 요구된다(지은구 외, 2016: 147). 이러한 재화와 서비스를 생산하기 위해서는 더 많은 자원이 필요하며, 필연적으로 자원고갈과 환경 문제를 일으키게 된다.

환경에 대한 영향의 결정적인 요인으로 인구증가율이 문제이긴 하지만, 실제로는 인구수의 정도보다는 소비수준과 생활 수준 정도에 더 밀접한 관계가 있다(김영화 외, 2016: 327). 즉 적은 인구라 하더라도 높은 수준의 소비율을 보인다면 낮은 수준의 소비율을 가진 대규모의 인구보다 더 큰 부정적인 영향을 준다는 것이다. 그동안 서구 선진국들은 아시아와 아프리카 개발도상국의 인구 증가에 대해 우려의 목소리를 높이면서 환경 악화에 대하여 이들 국가에 상당한 책임을 부과했다. 그러나 문제는 인구 증가 자체에서 발생하기보다는 증가하는 인구들이 서구 산업 사회의 소비 유형과 생활방식을 그대로 답습하게 만드는 자본주의 경제체제에 있는 것이다.

자본주의 경제체제는 생산품의 증가한 수요에 의존하는 개별기업의 성장에 근거하고 있다. 생산품의 증가한 수요는 개인의 증가한 소비를 통해서 달성되며 소비를 증가시키기 위해 기업은 막대한 광고와 불필요한 상품들을 만들어낸다. 이러한 방식으로 상품의 소비는 증가하며 결국 이는 불필요한 쓰레기의 증가요인으로 작용하는 것이다.

의복은 다양하고 고급화되며, 주거시설은 커지고, 실내장식은 고급화되며, 자동차 등 내구소비재[10]의 소비가 증가한다. 자동차 등 내구소비재나 의복 등의 생산업자는 제품의 물리적 수명에는 관심이 없다. 이들은 다양한 형태의 모델을 제시하여 소비자에게 신제품을 구매하도록 유도한다. 이러한 소비행태의 변화로 자원과 에너지가 더 빨리 낭비되고 각종 폐기물이 증가하여 환경오염은 더욱 심해진다.

2) 산업화와 과학기술

산업화의 특징은 생산방식의 혁명이다. 산업화는 기계의 이용과 화석연료의 사용을 확대함으로써 재화의 생산량을 급속히 증대시켰다. 끝없는 경제성장을 추구하는 산업화가 생태계의 수용 용량을 넘어서게 되면 환경파괴는 걷잡을 수 없는 속도로 진행될 수밖에 없다.

기술발전은 경제성장의 원동력이다. 산업혁명 이후 사람들이 기계를 생산하여 이용하기 시작하면서 작업효율은 크게 향상되었다. 자원의 유한함과 자연의 수용 능력 한계를 고려하지 않은 기술개발은 자연 자원의 고갈을 가속하고 환경

---

10) 내구소비재는 오래도록 쓸 수 있는 소비재로 자동차·주택·가구·냉장고 등이다.

문제를 일으켰다(지은구 외, 2016: 148).

자동차는 편리함을 주었지만, 대기를 오염시켰으며 매년 수많은 사람을 죽음으로 몰고 갔다. 전기가 없는 생활을 상상한다는 것은 어려운 일이지만, 전기를 위한 화력발전으로 대기와 하천의 온난화를 가져왔다. 살충제와 화학비료는 농업에서 기적을 보여주었지만, 식량과 개울은 오염되었다.

3) 빈곤

풍요와 함께 빈곤도 환경 문제의 원인이 된다(지은구 외, 2016: 151). 빈곤은 환경 문제에 관심을 기울일 수 없게 한다. 빈곤은 환경 위험을 더욱 심각하게 만든다. 자원을 거의 갖지 못한 사람들은 가용 자원을 최대한 활용할 수밖에 없는 상황이며, 그 결과 더 많은 자원이 고갈되고 있다.

가난한 사람들은 땔감과 식량 부족을 해결하기 위해 무조건 개간하고 야생 동·식물을 무차별하게 포획하여 자연을 파괴하고 자연 자원을 고갈시킨다. 농업과 목축업을 중심으로 하는 개발도상국에서는 자연환경이 중요한 생산요소가 된다. 이러한 자연훼손은 토양침식과 홍수, 가뭄 등을 일으켜 토지를 황폐화하고 농업 생산성을 하락시킨다. 이는 다시 가난의 원인이 되어 빈곤의 악순환이 되풀이된다.

4. 사회계층과 환경오염

환경오염은 모든 사람에게 동시에 그리고 똑같이 영향을 미치지 않는다. 가난한 사람들은 자원이용에 대한 접근이 어려웠지만 환경오염에 대한 피해는 더 많이 받는다(김영화 외, 2016: 322−323). 잘사는 사람이 파괴하고 못사는 사람이 피해를 보는 불평등한 구조로 되어 있다. 환경이 오염되더라도 잘사는 사람들은 깨끗한 환경에서 살 수 있으므로 그 피해를 최대한 줄일 수 있지만, 가난한 사람들은 이전에는 향유 할 수 있었고 즐길 수 있었던 많은 것을 잃은 채 환경오염의 피해를 고스란히 볼 수밖에 없다.

대기오염의 경우 빈곤층은 직업상 환경오염지역을 떠나서 살 수 없지만, 상류층은 공기가 좋은 주거지로 이전할 수 있다. 미국의 경우 쓰레기 매립장 등 유해물질 처리시설의 대부분이 흑인 거주지역 근처에 분포되어 있다는 사실은 널리 알려져 있다. 수질오염도 수돗물이 오염되면 돈이 있는 사람은 생수를 구매하거나 고가의 정수기를 이용하지만 가난한 사람은 별다른 대안이 없다. 수돗물이 깨끗하다는 정부의 발표를 믿고 그대로 이용하는 수밖에 없는 것이다.

환경과 경제 개발을 둘러싼 논쟁의 많은 부분은 소비 유형의 이슈들에 관심을 보인다(앤서니 기든스, 2007: 541). 소비란 상품, 서비스, 에너지, 자원 등이 제도, 사람, 사회에 의해 사용되는 것을 의미한다. 소비는 긍정적·부정적 차원을 모두 포함하고 있는 현상이다. 전 세계에 걸친 소비수준의 향상은 사람들이 과거보다 나은 생활환경에서 살고 있음을 뜻한다. 소비는 생활수준이 향상됨에 따라 식품, 의류, 여가, 휴가 등을 더욱 풍부히 가질 수 있게 하는 경제 개발과 밀접하게 연관되어 있다. 다른 한편으로 소비는 부정적인 측면을 지니고 있다. 소비는 환경 자원을 손상하고 불평등을 악화시키기 때문이다.

소비의 확대는 경제성장을 반영하는 것이나 환경 자원에 피해를 가져오고 전 지구적 불평등을 악화시킨다. 에너지 소비와 천연자원의 소비는 전 세계 어느 지역에서보다 서구 사회에서 높게 나타난다. 그러나 소비 확대에 의한 환경 피해는 경제적으로 취약한 계층에게 심각한 영향을 미치고 있다.

부국과 빈국 소비의 불평등은 주목의 대상이다. 세계 인구 중 부유한 20%는 개인 소비 지출의 86%를 차지하고 있는 데 반해, 가난한 80%는 단지 1.3%만을 소비하고 있을 뿐이다. 또한, 부유층의 10%는 전체 에너지의 58%, 종이 소비의 84%, 고기와 생선 소비의 45%를 차지하고 있으며 자동차의 87%를 소유하고 있다. 현재의 소비 추세는 평등하지 않을 뿐만 아니라 환경에도 심각한 영향을 미치고 있다. 어획량의 감소, 야생종의 멸종, 물 공급의 감소, 산림 지역의 축소도 환경 문제를 악화시키고 있다. 소비는 자연 자원을 고갈시킬 뿐만 아니라 쓰레기와 유해물질의 방출로 인해 그 질을 저하하고 있다.

부유한 국가의 사람들이 전 세계의 중요한 소비자이지만 점증하는 소비에 의한 환경 폐해는 가난한 국가 사람들에게 심각한 영향을 미친다. 부유한 사람들은 소비의 부정적 영향에 그다지 피해를 받지 않으면서 소비의 혜택을 누릴 수 있는 위치에 있다. 지역적 수준에서 가난한 사람들은 환경 문제를 다 짊어지고 살아가야 하지만, 부유층들은 문제가 발생한 지역에서 멀리 떨어져 지낼 수 있는 여유를 지닐 수 있다. 화학 공장, 발전소, 중심도로, 철도, 공항 등은 저소득층이 거주하는 지역에 근접하는 경우가 많다. 전 지구적 수준에서도 상황은 마찬가지이다. 토양 악화, 산림 황폐, 물 부족, 납 방출, 공기 오염 등은 개발도상국 내에서 발생하는 경우가 대부분이다.

산업국가에는 세계 인구의 약 1/5이 거주하고 있다. 그런데 이들은 대기를 오염시키고 지구온난화를 촉진하는 전 세계 가스의 75%를 배출하고 있다. 또한, 선진국에 거주하는 사람들은 저개발국 사람들보다 천연가스를 10배 이상 사용하고 있다.

5. 환경 문제의 대안

1) 경제학적 대안들

경제학적 측면에서 제안하는 환경오염 줄이기의 방법들이다(김영화 외, 2016: 336-337).

첫째, 생산을 줄여 자원사용량을 낮추는 것이다. 생산과정에서 기술적 효율성을 높여 주어진 자원의 양으로부터 더 많은 생산물을 만들어내는 방법과 폐품을 재활용하는 것, 물건의 내구성을 높이는 것 등이 포함된다.

둘째, 배출되는 오염물질을 처리하여 덜 해로운 형태의 물질로 바꾸는 것이다. 공장의 분진이나 자동차의 매연 처리가 여기에 해당한다.

셋째, 오염 배출의 장소와 시간을 바꾸어서 집중적인 오염물질의 배출을 분산시키는 것이다. 환경의 자정 능력은 공간과 시간에 의해 규정되므로, 오염물질의 배출을 공간적·시간상으로 분산함으로써 환경오염의 정도를 감소시킬 수 있다는 것이다.

넷째, 투자를 통해 환경의 자정 능력을 확대하는 것이다. 이 방법은 여러 가지 종류의 인공적인 시설을 만들어 자정 능력을 향상하는 것이다. 하수종말처리장의 건설이나 오염된 강이나 호수에 인공적으로 산소를 집어넣는 시설의 설치 등이 여기에 속한다.

그러나 이와 같은 방법이 이용되기 위해서는 일차적으로 경제성이 있어야 한다. 아무리 기술적으로 뛰어난 자원 절약방법이 개발된다고 하더라도 기존 방식과 비교해서 경제적으로 큰 부담을 유발한다면 채택되지 않는다. 이러한 방법들은 해로운 오염물질이 덜 해로운 다른 형태의 물질로 바뀔 뿐이지 결코 오염물질의 생성 자체가 사라지는 것은 아니다. 결국, 경제학적 대안들은 현 경제 제도 내에서 인간의 합리적이고 효율적인 관리를 통해 환경 문제를 해결할 수 있다는 견해로, 환경 문제의 사회 구조적인 측면에는 무관심하다.

2) 지속 가능한 개발

최근의 개발은 경제성장을 늦추는 데 관심을 두기보다는 지속 가능한 개발 (sustainable development)의 개념에 주목하는 경향이 강하다(앤서니 기든스, 2007: 540-541). 지속 가능한 개발이란 성장은 적어도 이상적인 수준에서나마 물질 자원을 고갈시키기보다는 재활용하는 방법을 활용하여 수행되어야 한다는 것을 의미한다. '지속 가능한 개발'이란 용어는 유엔에서 발간한 《우리의 일상적인 미래》에서 처음 소개되었다(앤서니 기든스, 2007: 540-541).

지속 가능한 개발은 생물 다양성의 보호, 환경용량의 제약, 천연자원의 보존 등을 중시한 개념규정으로, 자연의 재생능력의 범위 내에서의 자연이용과 자연의 정화능력이나 처리능력 범위 내에서의 오염물질이나 폐기물을 배출해야 한다는 것이다. 또한, 세대 간의 공평성을 강조하여 지속 가능한 개발은 자연환경 이용에 관한 미래 세대의 권리도 인정하고 있다(김영화 외, 2016: 337).

그러나 지속 가능한 개발을 너무 막연한 것으로 그리고 빈국의 특수한 요구를 무시하고 있다는 점이 비판받고 있다. 지속 가능한 개발이라는 개념이 부유한 국가의 요구에만 초점을 맞추며 풍요로운 국가들의 높은 소비수준이 가난한 국가들의 희생을 통해서 만족하고 있는 과정을 고려하지 않는다는 것이다.

3) 생태적 패러다임

성장 우선 패러다임(Dominant Social Paradigm)이 20세기 후반기를 기점으로 생태 우선 패러다임(New Ecological Paradigm)으로 전환되고 있다. 경제적 효율성 보다 환경보전을, 인간중심에서 생태 우선 사고로, 자연에 대한 인간 우월 사상에서 자연 본래의 가치인정으로, 경제적 이익을 위해 환경오염의 불가피함을 인정하는 사고에서 생태계의 건강성 유지의 중요성을 강조하는 사고로, 전문가에 의한 계획 및 정책 수립에서 주민참여의 적극적 유도의 필요성 인정 등으로의 변화가 패러다임 전환의 핵심이다. 두 패러다임의 근본적인 차이점은 인간을 자연과 분리된 것으로 보느냐, 자연 일부분으로 보느냐의 관점에 있다.

생태적 패러다임은 기존의 인간 중심적인 사회체제를 전면적으로 재구성하여 인간과 자연이 동등한 관계로 존재하는 완전히 새로운 형태의 사회구성을 제안한다(김영화 외, 2016: 338-339).

생태적 패러다임은 사회체제 짜임의 방식, 생산과정, 과학기술과 소비양식, 제도 및 일상생활의 전반에서 자연을 탐구와 개발의 대상이 아닌 친교와 공존의 반려자로서 생각하는 생태학적 사고 및 가치체계를 의미한다. 생태적 패러다임은 현대사회의 심각한 생태위기에 직면하여 기존의 인간 중심적 패러다임을 극복할 필요성이 있다는 문제 제기와 함께 등장하였다. 생태적 패러다임을 통하여 인간과 자연의 관계를 재정립할 수 있으며 현대사회의 환경 문제와 성장의 한계를 인식하고 자연에 높은 가치를 부여할 때 환경 문제와 생태학적 생명 위기를 극복할 수 있는 것이다(김선우·전미영, 2013).

4) 우리나라 환경보호 현황과 계획

2019년 우리나라 '국민환경보호지출률'은 2.18%로 42조 2,199억 원으로 집계되었다. '국민환경보호지출률'은 국민경제 전체적으로 환경보호를 위해 얼마만큼의 비용을 지출했는지를 나타내는 지표이다.

환경영역별로는 폐수가 전체의 37.2%로 가장 큰 비중을 차지했으며 폐기물 (23.7%), 대기(20.9%) 등의 순으로, 이 세 영역이 전체 지출의 80% 이상을 차지

●● 표 2 환경영역별 환경보호지출액(단위: 10억 원, %)

	2017		2018		2019		
대기	7,082.1	(3.3)	7,896.5	(11.5)	8,824.7	(11.8)	20.9
폐수	15,539.2	(-3.0)	16,320.4	(5.0)	15,710.7	(-3.7)	37.2
폐기물	8,844.1	(1.4)	9,388.3	(6.2)	10,012.0	(6.6)	23.7
토양지하수	1,606.8	(7.7)	1,620.7	(0.9)	1,780.2	(9.8)	4.2
생물 다양성	3,354.2	(-9.8)	3,418.4	(1.9)	3,202.7	(-6.3)	7.6
기타	2,248.1	(2.1)	2,322.0	(3.3)	2,689.6	(15.8)	6.4
환경보호지출액	38,674.3	(-0.9)	40,966.4	(5.9)	42,219.9	(3.1)	100

주: ( ) 안은 전년 대비 증감률, 기타는 소음 진동, 방사선, 연구개발 등
출처: 환경부

했다. 주요 국가와 비교하면 환경보호지출률이 상대적으로 낮은 편으로 좀 더 적극적으로 환경 관련 지출을 확대·유도하는 정책이 필요하다. 주요 국가의 환경보호지출률(2018년)은 오스트리아 3.23%, 네덜란드 2.5%, 독일 2.15%, 스웨덴 2.07%, 프랑스 1.91%이다.

『제4차 지속가능발전기본계획(2021~2040)』[11)]에서 환경부문의 전략은 미래 세대가 함께 누리는 깨끗한 환경이다. 목표는 건강하고 안전한 물관리, 에너지의 친환경적 생산과 소비, 기후변화와 대응, 해양생태계 보전, 육상생태계 보전이다.

• 건강하고 안전한 물관리

세부목표 주요 내용: 안전한 식수와 하수도 서비스를 공평하게 공급하고 수질을 개선하며 수자원을 효율적으로 사용하여 물 공급 안정성 도모

− 수생태계 건강성을 회복하고 건강한 물관리를 위한 지역공동체 참여 강화

주요정책: 건강한 물을 안정적으로 이용, 하수처리장 개선 및 기능 확대, 상수 오염원 억제, 물 부족에 대한 대응역량 강화, 물순환 정책 강화, 수생태

---

11) 지속 가능한 발전 관련 국제적 합의 이행과 국가 지속 가능한 발전을 촉진하기 위하여 20년 계획 기간으로 지속 가능한 발전 기본계획을 5년마다 수립한다. 제3차 기본계획 (2016~2035) 후 5년 경과에 따라 제4차 기본계획 마련하였고, 법적 근거는 「저탄소 녹색성장 기본법」 제50조 제1항이다.

계 보호 및 복원, 물관리 시민 참여 지원 확대 등

• 에너지의 친환경적 생산과 소비

세부목표 주요 내용: 에너지 서비스의 안정적 접근 보장 및 청정에너지 공급을 증대하고 에너지 효율을 향상하며 대기오염을 최소화

주요정책: 친환경 에너지의 사회적 수용성 강화, 재생에너지 발전 비중 증대, 신축 건물 에너지 효율화, 그린 뉴딜 관련 에너지 산업 육성 등

• 기후변화와 대응

세부목표 주요 내용: 기후변화 위험을 감소시키고 자연재해 회복 및 대응능력을 강화하며, 지구 온도 상승을 산업화 이전 대비 2℃ 아래로 유지

주요정책: 기후변화 정책 통합 모니터링, 기후재난 대응역량 강화 및 제도 정비, 기후변화 중장기 영향 평가 능력 강화, 기후변화 교육 강화, 온실가스 감축 이행 점검 평가 체계 고도화 등

• 해양생태계 보전

세부목표 주요 내용: 오염물질로부터 해양환경을 보전하고 바다 생태환경 및 수산자원 서식처를 관리하며 해양 산성화 영향을 최소화

－ 수산자원 관리를 위해 과도한 어업을 지양하고 해양보호구역 면적을 확대하며, 해양과학 연구역량 제고 및 어업인의 안정적 어업 행위 지원

주요정책: 육상 오염물질 차단, 해양 플라스틱 저감, 해양생태계 서식지보호 및 해양생물 보호, 불법 어업 근절, 해양보호구역 확대, 해양 신산업 육성, 어업인 복지여건 개선 등

• 육상생태계 보전

세부목표 주요 내용: 생태계 다양화를 위한 보전 활동을 활성화하고 황폐해진 산림 및 토지를 복원하며, 생물 다양성 손실 예방 및 멸종위기종 보호

주요정책: 습지 보전, 산림생물 다양성 확보 및 DMZ 생태보전 강화, 산림복원 및 토지복원, 멸종위기종 관리·복원, 야생동물 이용 및 접촉 관리 강화,

침입외래종 관리체계 구축, 도시 생태 축 복원 등

한국 환경성과지수(EPI) 180개국 중 28위… 미국 예일대 평가

미국 예일대에서 최근 공개한 2020년 국가별 환경성과지수(Environmental Performance Index, EPI)에서 한국이 세계 180개국 중에서 28위를 차지했다. 2년마다 진행되는 EPI 평가에서 한국은 지난 2002년 136위를 차지한 이래 등락을 거듭했고, 이번에 가장 좋은 성적을 얻었다.

10일 예일대 EPI 홈페이지에 따르면 대기 질과 위생·수돗물, 폐기물 관리 등 2개 부문, 11개 분야, 32개 지표에 대한 평가에서 한국은 평균 66.5점을 받아 28위에 올랐다. 아시아-태평양 지역에서는 일본 1위, 한국이 2위로 평가됐다. 전체 180개국 가운데 1위는 82.5점을 받은 덴마크, 2위는 82.3점을 받은 룩셈부르크, 3위는 81.5점을 받은 스위스가 차지했다. 일본은 75.1점으로 전체 12위를, 미국은 69.3점으로 24위를, 중국은 37.3점으로 120위를 기록했다.

EPI는 각국이 환경정책 목표를 정하는 데 도움을 주기 위해, 또 유엔의 지속가능발전 목표(Sustainable Development Goals, SDGs)를 달성하도록 유도해 환경과 생태계의 건강성 등 각국의 지속가능성 수준을 비교·평가하고 있다. 환경의 질뿐만 아니라 환경개선 노력, 환경정책 시행 성과 등을 반영하고 있다.

한국은 대기 질·수질 등을 포함한 '건강 부문'의 4개 분야, 7개 지표에서는 종합 27위였으나, 생물 다양성 등 '생태계 활력도(Vitality) 부문'의 7개 분야, 25개 지표에서는 종합 39위로 상대적으로 낮은 평가를 받았다. 건강 부문 중에서 대기 질은 28위로 평가됐는데, 세부적으로는 초미세먼지가 45위였고, 오존이 91위로 낮게 평가됐다. 과거에 낮게 평가됐던 초미세먼지(PM2.5)는 이번에 비교적 높은 점수를 받았다.

예일대 측은 PM2.5나 오존 농도 자체보다는 대기오염물질에 노출됨으로써 나타나는 장애 보정 생존연수(Disability-adjusted Life Years, DALY)를 기준으로 평가했다. DALY란 질병 탓으로 조기 사망해 손실된 수명과 질병을 안고 생활하는 기간의 합계로, 건강하게 살 수 있는 기간이 얼마나 사라졌는지를 10만 명당으로 수치화한 것이다. 또, 가정용 고체연료 지표에서 한국은 1위를 기록한 것도 도움이 됐다. 가정용 고체연료는 개발도상국에서 실내 공기 오염의 주범이 되고 있는데, 고체연료 사용에 따른 DALY 수치로 이 지표를 평가했다. 한국은 연탄 사용량이 크게 줄어들면서 높은 순위를 차지한 것으로 보인다. 위생·수돗물 분야에서는 23위를 기록했다. 위생 지표는 1위, 수돗물 지표는 26위였다. 이들 지표도 DALY로 평가했다. 중금속 분야 단일 지표인 납 노출은 16위, 폐기물 관리 분야의 단일 지표인 고체폐기물 처리는 13위였다. 납 노출은 DALY로, 고체폐기물은 가정·상업 폐기물의 적정 처리 비율로 평가했다. 생태계 활력도 부문 중에서 생물 다양성·서식지 분야는 84위로 쳐졌다. 특히, 보호구역의 대표성 지수(Protected Areas Representativeness Index, PARI)는

128위로 낮게 평가됐다. 이 지표는 국가별 육상 보호구역 내 생물 종이 국토 전체의 생물 종 수에서 차지하는 비율을 말한다.

생태계 서비스 분야에서는 100위를 차지했는데, 숲 면적 감소 지표는 81위, 초지 면적 감소 165위, 습지 면적 감소 115위였다. 생태계 서비스는 이산화탄소 흡수와 생물 서식지 제공과 같이 생태계가 인간의 복지와 환경에 제공해주는 중요한 서비스를 말한다.

농림축산식품부에 따르면 국내 초지는 2019년 기준으로 3만 2,000ha에 불과하고 매년 약 200ha 정도의 초지가 축산업 이외의 목적으로 전용되고 있다.

어업 분야는 전체적으로 70위였다. 어족자원 상태는 13위로 높았지만, 생태계 파괴적인 트롤어업 지표는 70위, 어족자원의 건강성을 나타내는 해양 영양 지수는 86위를 기록했다.

기후변화 분야는 전체적으로 50위를 기록했지만, 1인당 온실가스 배출량은 158위로 바닥 수준이었고, 육지로부터의 이산화탄소 배출도 122위로 낮았다.

온실가스 증가 속도는 75위, 온실가스 강도(intensity) 증가 속도는 106위였다. 온실가스 강도는 국내총생산(GDP)이 일정 수준 증가할 때 온실가스가 얼마나 늘어났느냐를 따진 것이다.

오염 배출 분야에서는 한국이 1위로 높게 평가됐는데, 이산화황(SO_2)이나 질소산화물(NO_x) 배출량이 2005~2014년 사이 많이 감소한 덕분이다. 농업 분야에서는 비료 성분이자 수질·대기 오염물질인 질소 관리를 따졌는데, 한국은 47위를 기록했다.

폐수처리 비율을 따진 수자원 분야에서는 21위를 차지했다.

예일대의 EPI 평가에서 한국은 2002년 136위로 역대 최악의 성적표를 받았고, 2004년 122위, 2006년 42위, 2008년 51위, 2010년 94위, 2012년 43위, 2014년 43위, 2016년 80위, 2018년 60위 등을 기록한 바 있다. 일부에서는 EPI 평가가 매번 지표가 달라지는 바람에 순위가 들쭉날쭉해 신뢰성이 낮다는 비판을 제기하고 있다.

실제로 초미세먼지 노출 정도를 기준으로 했던 2016년 평가에서 한국은 공기 질 부문에서 45.51점을 받아 180개국 중 173위로 최하위 수준을 기록했으나, 이번에는 28위로 올라섰다.

출처: 중앙일보, 2020. 6. 10.

생각해보기

1 서구 사회가 산업화를 거의 이룬 오늘날 개발도상국에 '성장의 한계'를 적용하는 것은 공평한가에 관해 논의해보자.

---

2 지구를 위한 탄소다이어트, 일상 속 에너지 절약 방법을 생각해보자.

항목	세부 항목
실내 온도를 적정하게 유지하기	여름철 실내 온도를 26~28℃로 하기
	겨울철 난방온도를 20℃ 이하로 하기
	여름철에는 간편한 복장을 하기
	겨울철에는 내복을 입기
승용차 사용을 줄이고 대중교통을 이용하기	대중교통 이용하기
	가까운 거리는 걷거나 자전거로 가기

	승용차 요일제에 참여하기
	카풀에 참여하기
	경차를 타기
친환경 제품 구매하기	환경마크가 붙은 제품을 구매하기
	에너지 소비효율이 높은 가전제품 쓰기
	재활용 제품을 애용하기
물을 아껴 쓰기	샤워기와 양변기는 절수형으로 설치하기
	양치질과 세수할 때 물을 받아서 쓰기
	세탁은 한 번에 모아서 하기
쓰레기를 줄이고 재활용하기	쓰레기를 철저히 분리 배출하기
	1회용품 사용을 줄이기
	장바구니 이용을 생활화하기
	리필제품을 구매하기
올바른 운전 습관을 유지하기	출발 전에 목적지를 미리 파악하기
	서서히 출발하고 서서히 정차하기
	경제속도로 운전하기
	공회전하지 않기
	타이어 공기압을 유지하기
	불필요한 짐을 싣고 다니지 않기
전기제품을 올바르게 사용하여 에너지를 절약하기	텔레비전을 보지 않을 때는 끄기
	컴퓨터를 사용하지 않을 때는 끄기
	냉장고에 음식물을 가득 채우지 않기
	에어컨보다 될 수 있으면 선풍기를 사용하기
	고효율 조명등 사용하기
	불필요한 전등 끄기
	사용하지 않는 전기기기는 플러그를 뽑아두기
	낮은 층은 엘리베이터를 이용하지 않기
나무를 심고 가꾸기	나무를 심고 가꾸기

출처: 김윤재 외, 2015: 281－282

많은 사람이 인류가 자연환경에 미치는 악영향에 대해 걱정해 왔다. 환경보호 운동은 다양한 뿌리를 가지지만 자원을 소비하기보다 보존하고 남아 있는 동물의 종을 보호하는 데 국제적인 노력을 기울인다는 공통점이 있다.

그린피스(Greenpeace)는 1971년 설립된 독립적인 국제환경단체로 지구 환경보호와 평화를 위해 비폭력 직접행동의 평화적인 방식으로 캠페인을 진행하고 있는 단체이다.

지구의 벗(Friends of the Earth)은 1971년 미국, 스웨덴, 영국, 프랑스 단체의 연합으로 설립된 국제 환경단체이다. 현재 전 세계 75개국 단체들의 연합으로 성장한 지구의 벗은 당대에 중요한 이슈들에 대해 공동 캠페인을 펼치고, 격년으로 열리는 총회와 지역별·주제별 회의를 통해 연대를 강화하고 있다. 환경운동연합은 지난 2002년 지구의 벗 한국지부로 가입해 전 세계 200만 명의 세계시민들과 활동하고 있다.

세계 최대 비영리 자연보전기관 WWF(세계자연기금, WORLD WIDE FUND FOR NATURE)는 1961년에 설립되었으며, 국제본부는 스위스 글랑에 있다. 해양과 기후·에너지, 산림, 담수, 야생동물, 식량 등 자연보전 전 영역에 걸쳐 활동하고 있는 WWF는 이에 대한 효과를 더욱 높이고 지속 가능한 발전을 이루기 위해 각 분야의 전문가들을 비롯해 국제기구와 지역사회, 기업, 정부 및 시민단체와 파트너십을 형성하여 일하고 있다. WWF는 자연 서식지의 보전, 생물종 멸종 방지, 생산과 소비의 생태 발자국 감소를 세부목표로 두고 2030년까지 자연을 보전 및 회복시키고, 2050년까지 지속할 수 있고 건강한 지구에서 사람과 자연이 조화롭게 살아갈 수 있는 미래를 만들고자 힘쓰고 있다.

4 지구 환경오염의 심각성을 깨닫고 환경 문제에 관한 관심을 불러일으킬 수 있는 슬로건이나 메시지를 만들어보자.

_____

_____

_____

_____

● 4월 22일은 '지구의 날'

환경오염의 심각성을 깨닫고 지구를 보호하자는 취지로 세계 자연보호 단체들이 정한 기념일이다. 지구의 날은 1969년 미국 캘리포니아주에서 원유를 땅속에서 뽑아내는 작업을 하던 중 원유가 바다로 흘러간 해양오염 사고를 계기로 만들어졌다.

우리가 환경에 관심을 가져야 하는 이유는 무엇일까? 그것은 바로 환경 문제는 현세대뿐만 아니라 미래 세대에까지 영향을 미친다는 점에서 미래 세대에 대한 현세대의 책임을 요구하는 성격을 지니고 있기 때문이다. 미래 세대에 대한 우리의 책임 문제를 제기하는 가장 분명한 이유는 현재 우리가 행하는 모든 행위가 우리 뒤에 올 사람들에게 좋건 나쁘건 간에 영향을 끼치기 때문이다.

5 생활 속 환경보호 10대 수칙을 정하고 실천해 보자.

_____

_____

_____

_____

참고문헌

김선우 · 전미영, 2013, 한국, 미국, 스웨덴의 생태적 패러다임과 친화경구매성향 비교 연구, 소비문화연구 제16권 제4호, pp.49-77.

김윤영, 사회문제로서의 빈곤과 개인화된 가난의 분절을 넘어-반빈곤운동의 의제와 난제, 2021, 비판과 대안을 위한 사회복지학회 학술대회 발표논문집, pp.3-11

김윤재 · 김병학 · 이금주 · 오영숙, 2015, 사회문제론, 공동체

Nicholas Barr 저, 이정우 · 이동수 공역, 2009, 복지국가와 경제이론, 학지사

R. H. 라우어 지음, 정근식·김해식 역, 1989, 사회변동의 이론과 전망, 한울

국가인권위원회, 2021, 성소수자 차별 관련 해외 입법동향 및 사례연구

김대원 · 남미애 · 노병일 · 신창식 · 심우찬 · 윤경아 · 황명진, 2010, 현대사회문제와 사회복지, 학지사

김동진 · 이소영 · 기명 · 김명희 · 김승섭 · 김유미 · 윤태호 · 장숙랑 · 정최경희 · 채희란 · 이정아, 2013, 한국의 건강불평등 지표와 정책과제, 한국보건사회연구원

김보기 · 박미란 · 권붕 · 김덕선 · 김향미 · 정수일, 2016, 사회문제론, 양서원

김상균 · 최일섭 · 최성재 · 조흥식 · 김혜란 · 이봉주 · 구인회 · 강상경 · 안상훈, 2011, 사회복지개론 개정3판, 나남

김수현 · 이현주 · 손병돈, 2010. 한국의 가난, 한울

김영선, 2021, 건강한 어머니 넘어서기: 한국 여성운동문화의 모성담론과 구술분석, 한국여성체육학회지, 제35권 제2호, pp. 1-23

김영화 · 신원식 · 임성옥 · 손지아, 2016, 사회문제, 양서원

김태성 · 성경륭, 복지국가론 개정 2판, 2016, 나남

김태완, 2022, 2022년 소득보장정책의 전망과 과제, 보건복지포럼

박귀영·김재열·이영주·김순옥·최명옥, 사회문제론, 2013, 정민사.

박병현, 복지국가의 비교, 2007, 공동체

서수경, 2002, 근대 모성담론을 통해 본 한국 가족정책의 방향, 대한가정학회지, 제40권 8호, pp.1-16

서용석·은민수·이동우, 2012, 사회변동과 사회복지정책, 고려대학교출판부

안홍순, 사회복지정책론, 2013, 공동체

앤서니 기드슨 저, 김미숙 외 역, 현대사회학, 2007, 을유문화사

여성가족부, 2020년, 가족실태조사 분석 연구,

여유진·김미곤·김태완·양시현·최현수, 2005, 빈곤과 불평등의 동향 및 요인 분해, 한국보건사회연구원

윤홍식·남찬섭·김교성·주은선, 2019, 사회평론아카데미

이영환, 2001, 한국시민사회의 변동과 사회문제, 나눔의 집

이준영, 2008, 사회보장론, 학지사

이철우 a, 2017, 신사회학초대 5판, 학지사

이철우 b, 2017, 현대사회문제, 학지사

지은구·장현숙·김민주·이원주, 2016, 최신사회문제론, 학지사

진재문, 부산의 빈곤, 불평등 그리고 빈민의 삶, 2011, 영하우스출판사

초의수·정원철·최선경·한지나·아영아·박선숙·박해긍, 2020, 사회문제와 사회복지, 양서원

최점숙, 2009, 노인의 빈곤 원인과 개선방안, 한국자치행정학회, vol 23, no 1, pp.461-480.

한국보건사회연구원, 2019년 한국의료패널 기초분석보고서(Ⅰ)

한국보건사회연구원, 2019년 한국의료패널 기초분석보고서(Ⅱ)

한국여성정책연구, 2008, 일가족양립정책의 국제비교연구 및 한국의 정책과제

참여연대, 2021. 12. 22, 비정규직 고용안정, 노동기본권 보장 촉구 기자회견

찾아보기

강정희

부산대학교 의류학과(학사)
경성대학교 사회복지학과(석사)
경성대학교 사회복지학과(박사)
현) 동아대학교 사회복지학과 교수

사회변동과 복지

초판발행	2023년 1월 15일
지은이	강정희
펴낸이	노 현
편 집	전채린
기획/마케팅	정성혁
표지디자인	이수빈
제 작	고철민·조영환
펴낸곳	㈜ 피와이메이트
	서울특별시 금천구 가산디지털2로 53 한라시그마밸리 210호(가산동)
	등록 2014. 2. 12. 제2018-000080호
전 화	02)733-6771
f a x	02)736-4818
e-mail	pys@pybook.co.kr
homepage	www.pybook.co.kr
ISBN	979-11-6519-358-4 93330

정 가   17,000원

박영스토리는 박영사와 함께하는 브랜드입니다.